本书受"上海市高峰学科建设计划"资助

中国现代化思想史研究丛书

九流并美：
新文化运动与新子学话语体系的生成

The New Culture Movement and the Formation of the Discourse System of New Scholars

何爱国 著

吉林大学出版社
·长春·

图书在版编目（CIP）数据

九流并美：新文化运动与新子学话语体系的生成 / 何爱国著. —长春：吉林大学出版社，2020.10
ISBN 978-7-5692-7171-3

Ⅰ.①九… Ⅱ.①何… Ⅲ.①五四运动—研究 ②中华文化—研究 Ⅳ.① K261.107 ② K203

中国版本图书馆 CIP 数据核字（2020）第 186221 号

书 名	九流并美：新文化运动与新子学话语体系的生成
	JIULIU BING MEI: XINWENHUA YUNDONG YU XINZIXUE HUAYU TIXI DE SHENGCHENG
作 者	何爱国 著
策划编辑	李承章
责任编辑	安 斌
责任校对	王 洋
装帧设计	中正书业
出版发行	吉林大学出版社
社 址	长春市人民大街 4059 号
邮政编码	130021
发行电话	0431-89580028/29/21
网 址	http://www.jlup.com.cn
邮 箱	jdcbs@jlu.edu.cn
印 刷	天津雅泽印刷有限公司
开 本	787mm×1092mm 1/16
印 张	15
字 数	270 千字
版 次	2021 年 1 月 第 1 版
印 次	2021 年 1 月 第 1 次
书 号	ISBN 978-7-5692-7171-3
定 价	60.00 元

版权所有，翻印必究

目　　录

引　言 ……………………………………………………………………001

第一章　"急急建设"：新文化运动与新子学话语体系的建构……003
　一、"进化"话语下子学的重估 …………………………………004
　二、"科学"话语下子学的重估 …………………………………007
　三、"民主"话语下子学的重估 …………………………………010
　四、"法治"话语下子学的重估 …………………………………013
　五、"革命"话语下子学的重估 …………………………………015
　六、"个人"话语下子学的重估 …………………………………017
　七、"社会主义"话语下子学的重估 ……………………………019
　八、新子学话语体系建设的得失 …………………………………022
　结语 …………………………………………………………………025

第二章　"建设墨家店"：新文化运动与新墨学话语体系的生成……026
　一、新墨学兴起的背景 ……………………………………………026
　二、新墨学的学理与方法 …………………………………………030
　三、新墨学对墨学的价值重估 ……………………………………035
　四、新墨学对墨学"中绝"原因的探讨 …………………………038
　五、新墨学对墨学核心要义的探讨 ………………………………042
　六、新墨学对墨学现代性的发掘 …………………………………046

结语 053

第三章　"言盈天下"：近代中国启蒙与革命运动中的新墨学 055
　　一、自信与不自信的纠结及其原因 055
　　二、新墨学与自信的重建 057
　　三、启蒙运动中的新墨学 059
　　四、革命运动中的新墨学 064
　　结语 068

第四章　个人主义与爱利主义：新文化运动与新杨朱话语体系的生成 069
　　一、"无名主义"的方法论 071
　　二、"个人主义"的人生哲学 072
　　三、"自然主义"的养生哲学 074
　　四、"爱利主义"的政治哲学 077
　　五、杨朱学派的价值重估 079
　　结语 081

第五章　何以致富强：新管学话语体系的生成 083
　　一、新管学话语体系的生成过程 083
　　二、"法为天下至道"："法治"的现代诠释 089
　　三、"与民一体"："立宪政治"的本土回应 092
　　四、"轻重"与"侈靡"：现代经济的本土回应 094
　　五、"万民之不治，以贫富之不齐"：社会主义的本土回响 100
　　六、新管学话语体系的生成原因 102
　　结语 105

第六章 "自国自心"：章太炎与新老学话语体系的生成 106
- 一、从批判到表彰 106
- 二、从西方到本土 111
- 三、从重政治走向重道德 115
- 四、从佛老会通走向儒老会通 117
- 结语 123

第七章 "九流并美"：新文化运动与陈独秀新子学话语体系的生成 124
- 一、树立"价值重估"的新标准 125
- 二、老庄：赞其"薄礼""非教""民权"，批其"雌退""虚无" 127
- 三、孔子：赞其"进取""不言神怪""均无贫""实践道德"，批其"礼教""作伪干禄" 129
- 四、墨子：赞其"兼爱非命节葬""制器敢战"，批其"尊天明鬼" 133
- 五、阴阳家：赞其"明历象"，批其"惑世诬民" 135
- 六、反思："百家立说都有积极的独特主张" 136
- 结语 138

第八章 "再造文明"：新文化运动与胡适新子学话语体系的生成 139
- 一、为何建构 139
- 二、建构方法 144
- 三、特点 149
- 四、影响 154
- 五、合理性 158
- 六、问题 175

结语……183

第九章　解构与建构：胡适与新老学话语体系的生成……185
　　一、自由主义话语的引入：胡适老子研究的大体取向……186
　　二、解构性自由主义话语体系下的老子研究……190
　　三、非经济自由主义话语下的老子研究……193
　　四、建构性自由主义与经济自由主义话语下的老子研究……198
　　结语……201

第十章　国学思潮与多元现代性的中国建构……202
　　一、第一次国学思潮：从现代性本土化中寻找中国的现代性……202
　　二、第二次国学思潮：从现代性反思中寻找中国的现代性……206
　　三、第三次国学思潮：从现代化道路反思中寻找中国的现代性……209
　　结语……212

第十一章　"拿来主义"：向西方学习的思潮的反思……214
　　一、寻找富强路：向西方学习的思潮的发生……214
　　二、失去自信力：向西方学习的思潮的激化……218
　　三、重拾自信力：向西方学习的思潮的限度……225
　　结语……228

主要参考文献……229

后　　记……234

引　言

新文化运动对近代新子学话语体系的建设产生了重要的影响。

首先,新文化运动的"研究问题",成为近代新子学话语体系建设的问题意识。为什么要建设新子学话语体系?为了拯救中国危局,近代士大夫与知识分子先后领导了洋务运动、戊戌维新、辛亥革命,从物质建设与制度建设两方面进行了不懈的努力,但都没有改变国危民困的局面。为了进一步纾危解困,新文化学人认为要从文化建设,主要是思想建设、道德建设与学术建设方面去进一步努力,被陈独秀称为"吾人最后之觉悟"。

其次,新文化运动的"输入学理",成为近代新子学话语体系建设的重要方法。近代新子学话语体系之新,新在西方学理得以大规模输入和运用。西方学理以"现代学术"和"科学"的名义广泛传播和运用,子学得到新的理解,同时也刺激了中国的传统学理不得不进行回应与对话,传统学理开始有了对"现代性"的调适功能与批判反思功能,从而得以更新再造,新子学话语体系得以形成。

再次,新文化运动的"整理国故",成为近代新子学话语体系建设的动力。为何要"整理国故"?所谓"国故",指的是传统的学术与文化,新文化学人认为要以新的价值标准来重新认识"国故",即"重新估定一切价值",以新的理论与方法来重新研究"国故"。新的价值标准既有来自现实的诉求,又有来自西方业已形成的"现代性",即所谓"新教伦理"与"启蒙理想"。新的理论与方法则主要来自西方现代学科的学理及其本土调适,当然也包括传统学理的继承转化创新与本土经验的学理总结提升。整理"国故"是"再造文明"的基础。

最后,新文化运动的"再造文明",成为近代新子学话语体系建设的目标。所谓"再造文明",就是通过借鉴西方学理"整理国故",实现中西文明的"化合",即所谓的"结婚",再造中国的"现代文明"。"再造文明"是新文化运动"唯一的目的"。近代新子学话语体系建设,正是"再造文明"的一种手段,新子学则成为"再造"的"文明"成果之一。

近代新子学话语体系具有明显的西学主导、中西糅合、现代性、紧急救世等特点。就西学主导而言，新子学话语体系的价值理念、理论与方法基本来自西方与苏联，实验主义、唯物史观、进化论、功利主义、实证主义等的影响比较大；就中西糅合而言，新子学话语体系，是传统子学与现代西学会通融合的产物，二者的融合主要表现在理念的贯通；就现代性而言，新子学话语体系既是西方现代性价值对传统子学重新估定的产物，又对西方现代性有一定的批判性反思，从而使得现代性在中国得以重撰；就紧急救世而言，新子学话语体系的构建不是为学术而学术，而是为紧急救世而从事学术，紧急救世是子学复兴的关键因素。

近代新子学话语体系的出现，是中国进入"千年大变局"时代的需求，既是紧急救世的需要，也是重建核心价值的需要；既是向西方学习的产物，也是重建文化自信的需要；既是现代学科形成的产物，也是文化复兴的需要。就紧急救世而言，新子学的直接目标就是拯救危局，就是为了让中国富强，让中国文化免于衰亡；就重建核心价值而言，新子学是儒学衰亡的替代物，随着儒学的不断衰退而复兴，在"打倒孔家店"之时，不得不急急推动"非儒学派的复兴"；就向西方学习而言，新子学为西学传播提供了扎根的土壤，有利于西学在中国的迅速传播；就重建文化自信而言，新子学具有民族性与本土性，在一定程度上能够为民族国家建设提供文化认同；就现代科学形成而言，新子学之新，主要新在运用现代学科的理论与方法，是现代学科形成的产物，同时也推进了现代学科的形成与成长；就文化复兴而言，新子学的唯一目的是"再造文明"，其建设有利于中国的文化建设与文化复兴。

新子学建设无疑是近代中国"再造文明"的核心构成之一，有力地推动了中国的学科成长与文化建设。但新子学在近代中国"千年大变局"的特殊环境中形成，急急向西方学习，急急"再造文明"，使得新子学不可避免地带有时代的局限性。由于急急向西方学习，新子学对西学来不及进行严肃认真的学习、批评、反思、消化、融合，不可避免选择不精、囫囵吞枣，不可避免有教条主义，导致新子学过分依傍西学，缺乏足够的现代性反思与自主创新。由于急急"再造文明"，新子学不可避免缺乏对中国文化、对现代性，以及对中国面临的社会环境与现实需求的深入认识，导致新子学所建构的中国新文明还只是停留在学术探讨层次，没有深入人心，没有真正建立起文化认同，导致文化复兴受到一定的制约。

第一章 "急急建设":新文化运动与新子学话语体系的建构

新文化运动有广狭二义。广义的新文化运动(1895-1949)从维新运动到中华人民共和国成立,而狭义的新文化运动(1915-1925)"萌芽于《甲寅》时代,产出于《新青年》时代,而到'五四'以后才算成熟"[1]。新文化运动是"现代学术思想史上最重要的运动"[2],意义重大,影响深远,但争议也颇多。有人认为新文化运动仅仅是一场"全盘而彻底地把中国传统打到"[3]的"反传统的悲剧与闹剧"[4],其实不然。新文化运动虽然标榜"反对孔教、礼法、贞节""反对旧艺术、旧宗教""反对国粹和旧文学",[5]其"最大功效"固然在于"反对孔家学说",[6]但新文化运动"唯一的目的",是"再造文明"。[7] "急急从事建设"[8]是新文化运动的应有之义,更属核心要义。注重非儒学派——先秦诸子的复兴,创立新子学话语体系,就成为新文化运动的重要内容,"与孔子相反者(非儒的先秦诸子,尤其是墨学),作为破坏后之建设,使国人有所遵

---

[1] 常乃惪. 中国思想小史[M]// 中国的文化与思想. 北京:中华书局,2012:317.

[2] 仇启元. 中国新文化运动概观[M]. 合肥:黄山书社,2008:34.

[3] 林毓生. 中国传统的创造性转化(增订本)[M]. 北京:生活·读书·新知三联书店,2011:171.

[4] 白彤东. "山寨"的荆轲去刺孔子——新文化运动百周年祭[M]// 知识分子论丛:14. 上海:上海人民出版社,2016:112.

[5] 独秀. 本志罪案之答辩书[N]. 新青年,1919-01-15.

[6] 常乃惪. 中国思想小史[M]// 中国的文化与思想. 北京:中华书局,2012:136.

[7] 胡适. 新思潮的意义[N]. 新青年,1919-12-01.

[8] 独秀. 三答常乃惪[N]. 新青年,1917-03-01.

循，视为当务之急"，①"好讲墨学，以墨学为中国第一反对儒家之人"，② 当时"整理国故之风很盛"③，新文化派主张引入"新学理、新观念、新思想"（今日称为"现代性"），以"评判的态度"（所谓"重新估定一切价值"）④，"对我国固有文明"进行"了解和重建"，"以东方之古文明，与西土之新思想，行正式结婚礼"，⑤ 期待"产生一个新的文明来"⑥。

一、"进化"话语下子学的重估

维新运动以来，"进化主义逐渐成为中国最具影响力的世界观、价值观和社会秩序观"，在新文化运动中，进化论"构成了一种普遍的'论式'，甚至比'科学和民主'还有市场"⑦。1915年陈独秀在《青年杂志》上发表《敬告青年》，认同柏格森之"创造进化论"，呼吁青年顺应"世界进化"之潮流，积极"进取"，勇于参与"生存竞争""排万难而前进"。⑧ 在《法兰西人与近世文明》中，陈独秀称赞"生物进化论"为"近世文明"的三大特征之一，"最足以变古之道，而使人心社会划然一新"。⑨ 用进化论重估先秦诸子最有影响的就是胡适，他在新文化运动期间著有《先秦诸子之进化论》《先秦名学史》和《中国哲学史大纲》，进化论在其中都有充分的阐述。胡适用进化论来分析先秦诸子的学术思想，并对其进行评价，给我们留下了深刻的印象。

先秦诸子都有进化论思想。胡适认为老子的进化论是"万物生于有，有生于无"。老子认为"万物都来自虚或无，而变化的进程总是表现为从无到有，从一到多，从简单到复杂，从易到难"⑩，老子的进化论，"打破了'天地好生''上

---

① 李杰. 通信[N]. 新青年，1917-05-01.
② 柳诒徵. 读墨微言[N]. 学衡，1922-12.
③ 常乃惪. 中国思想小史[M]// 中国的文化与思想. 北京：中华书局，2012：138.
④ 胡适. 新思潮的意义[N]. 新青年，1919-12-01.
⑤ 易白沙. 孔子平议（下）[N]. 新青年，1916-09-01.
⑥ 胡适口述自传[M]// 胡适文集（1），北京：北京大学出版社，2013：308.
⑦ 王中江. 进化主义在中国的兴起（增补版）[M]. 北京：中国人民大学出版社，2010：2, 202.
⑧ 陈独秀. 敬告青年[N]. 青年杂志，1915-09-15.
⑨ 陈独秀. 法兰西人与近世文明[N]. 青年杂志，1915-09-15.
⑩ 胡适. 先秦名学史[M]// 胡适文集（6）. 北京：北京大学出版社，2013：99.

第一章 "急急建设"：新文化运动与新子学话语体系的建构

帝作之君作之师'的种种迷信"。① 老子虽然承认生物进化，却不认可人类社会的进化，他认为"无高于有"，结果形成他的哲学上的"虚无主义"②，从而主张"毁坏一切文明制度"③。"易"是孔子的进化论。孔子以为"万物起于简易而演为天下之至赜"，又认为"刚柔相推而生变化"，④ 胡适判断，孔子可能受到了老子"自然和演化理论"的影响。在《易传》中，孔子认为"变化是由简单、容易或'几'到繁复多样的连续过程"。胡适进而认为孔子有"关于宇宙的明显的唯物主义观念"，即认为"宇宙一切复杂事物的发生都是通过运动、通过阳对阴的推动"。⑤ 而且孔子的进化论比老子进了一步，主张"只可温故而知新，却不可由今而反古"⑥，但老子与孔子的进化论都不"完备周密"。

到了墨子以后，先秦诸子纷纷研究"生物进化论"，胡适认为"最详细最重要"的进化论研究体现在《列子》《庄子》中。胡适明确认定《列子》中有"优胜劣败、适者生存"的理念，如"天地万物与我并生，类也。类无贵贱，徒以大小智力而相制、迭相食"。⑦ 胡适称赞《列子》这段话为"真正物竞天择的学说"。他也称赞《庄子》中关于生物演化的议论"与近世的生物进化相同"，并且也有"很象近人的'适者生存'之说"。⑧《庄子》揭示了"万物皆出于几（极微细的精子），皆入于几。""万物皆种也，以不同形相禅"的深刻道理，认为"万物进化都是自生自化（并非万物与天行竞争所得的结果，乃是'自然而然'的变化），并无主宰"，"万物虽不同形，不同才性，不同技能，却各有各适合于自己所出的境遇"。胡适认为庄子的进化论"全是天然的进化"，即"天演"；反对社会进化，即"人演"，"只认得被动的适合，却不去理会那更重要的自动的适合"。⑨ 庄子有类似"物种起源论"这样"不平凡"的理论，但充其量也不过是一种"非常大胆的假设"而已，并非建立在"充分的科学证据"的基础

---

① 胡适. 先秦诸子之进化论[N]. 留美学生季报, 1917-07.
② 胡适. 先秦名学史[M]//胡适文集（6）. 北京：北京大学出版社, 2013：99.
③ 胡适. 先秦诸子之进化论[N]. 留美学生季报, 1917-07.
④ 胡适. 中国哲学史大纲卷上 古代哲学史[M]. 上海：商务印书馆, 1919：256.
⑤ 胡适. 先秦名学史[M]//胡适文集（6）. 北京：北京大学出版社, 2013：99.
⑥ 胡适. 先秦诸子之进化论[N]. 留美学生季报, 1917-07.
⑦ 胡适. 中国哲学史大纲卷上 古代哲学史[M]. 上海：商务印书馆, 1919：259.
⑧ 胡适. 先秦诸子之进化论[N]. 留美学生季报, 1917-07.
⑨ 胡适. 中国哲学史大纲卷上 古代哲学史[M]. 上海：商务印书馆, 1919：263, 264, 265.

之上。① 庄子的进化哲学，形成了一种"宿命论的进化概念"②。因为他"把'天行'一方面看得太重了，把'人力'一方面却看得太轻了，所以有许多不好的结果"③。

荀子的进化论是"人治的进化论"。胡适认为荀子反对"生物进化论"，荀子的哲学是"否定（自然界的）进化和进步"，荀子似乎认为"物种是不变的，那种看来像是可变的东西只是表面的变化"。④ 但荀子主张社会进化论，"荀卿的最重要学说"是"'戡天'主义"，主张"征服天行以增进人类幸福"，"任人而不任天，方有进化，若任天而不任人，必至退化"。⑤

韩非、李斯也主张"历史进化论"，但李斯把"历史进化论"推行到了极端，"遂不免有大害"。胡适认为荀子、韩非、李斯的"历史进化论"属于单线进化论，对过去的否定过多，危害性很强。韩非说的"世异则事异，事异则备变""固是不错，但是古今历史，乃是一条不断的进化，今日的世界，正是从昨日的世界里面经过来。昨天的阅历经练，今天未必无用。有时竟必须知道昨天所作的事，方才懂得今天的事。所以孔子的'温故而知新'比荀子的'欲知千岁则数今日'更为妥当，更为无弊"。⑥

胡适虽然肯定先秦诸子都有进化论思想，也承认其进化论各有优劣，但认为他们的进化论还很幼稚，并不成熟、不彻底。胡适反对法家的单线进化论，当然也不认同老庄的反社会进化论，但是对孔子的"温故而知新"的社会进化论比较推许。胡适指出古代中国进化论的主要缺点在于"缺乏现代地质学和考古学为达尔文学说提供的那种根据"⑦。

胡适以进化论评点先秦诸子，确实很有新意。发现先秦诸子皆有进化论思想，也确属胡适的"发明"，晚清时期虽然已经有人从进化论视角挖掘先秦诸子的合理性，但并不像胡适如此具有系统性与完整性。与胡适肯定进化论思想在先秦诸子中普遍存在不同，常乃惪主要肯定法家具有"以人胜天的进化主义"，因而认为先秦法家是"最进步的、最彻底"的古中国学说，并认为法家的法治思想就是立足于这种"进化主义"的，批评"儒家迂阔的王道主义，墨家迷信

---

① 胡适. 先秦名学史 [M]// 胡适文集（6）. 北京：北京大学出版社，2013：113.
② 胡适. 先秦名学史 [M]// 胡适文集（6）. 北京：北京大学出版社，2013：110.
③ 胡适. 先秦诸子之进化论 [N]. 留美学生季报，1917-07.
④ 胡适. 先秦名学史 [M]// 胡适文集（6）. 北京：北京大学出版社，2013：111，113.
⑤ 胡适. 先秦诸子之进化论 [N]. 留美学生季报，1917-07.
⑥ 胡适. 先秦诸子之进化论 [N]. 留美学生季报，1917-07.
⑦ 胡适. 先秦名学史 [M]// 胡适文集（6）. 北京：北京大学出版社，2013：113.

的神治主义,道家空想的无治主义"。常乃惪还较早地提出了学术进化论,并以此评价先秦诸子学术思想的优劣,"儒家最先出,故保存的封建思想最多;墨家次先出,故主张稍进步;阴阳家次出,故主张又进步;道家晚出,故主张甚急激;法家最后出,故主张也最进步彻底"。① 从这种单线的学术进化论理念中,我们不难看出儒家的最落后与法家的最先进。学术进化论后来在"古史辨"运动中得到了广泛的运用,"思想线索"法就是其中显著的用例,钱穆、顾颉刚等都以此支持其老子晚出说,而胡适对此进行了较为深刻的反思与批评。

二、"科学"话语下子学的重估

晚清以来,伴随"富强"意识的自觉,以及西学不断进入中国,科学话语得到越来越广泛的传播,由此带来了一股愈来愈强劲的墨学复兴思潮。"清代中后期墨学研究之最可注目者,是《墨辩》(即《墨经》)研究的兴起,特别是墨家科技论说的重新发掘,和墨家科技理论价值被逐步认识。"② 到了新文化运动时期,由于极力提倡"打倒孔家店""打倒道教"与科学主义,而《墨子》恰好"具有反孔思想和科学精神""被多数学人所注视",③ 墨学与《墨经》的研究遂形成空前的热潮,胡适、梁启超等都竞相研究④。

胡适被称为"第一个用全新的西学方法研究墨家学说的人"⑤,其《先秦名学史》(1922)⑥与《中国哲学史大纲》(1919)⑦中论墨学的部分所占比重都比较大。胡适还专门著有《〈墨子·小取篇〉新诂》(1919)⑧,拟系统地研究《墨辩》。在《中国哲学史大纲》中,专辟一章论"别墨"(即"新墨",或"后期墨家"),胡适区别了"宗教的墨学"与"科学的墨学",认为墨子是个"真信有鬼神"⑨的宗教家,而"别墨"(《墨辩》的作者)才是"科学家","《墨

---

① 常乃惪. 中国思想小史[M]// 中国的文化与思想. 北京: 中华书局, 2012: 208.
② 郑杰文. 20世纪墨学研究史[M]. 北京: 清华大学出版社, 2002: 20.
③ 郑杰文. 20世纪墨学研究史[M]. 北京: 清华大学出版社, 2002: 214.
④ 关于《墨子》中的经上、经下、经说上、经说下、大取、小取六篇, 梁启超称为《墨经》, 认为基本属于墨子自著。胡适称为《墨辩》, 认为属于"别墨"所为。学界亦一直争持不下。
⑤ 郑杰文. 20世纪墨学研究史[M]. 北京: 清华大学出版社, 2002: 92.
⑥ 1915年9月至1917年4月写成, 1922年1月上海亚东图书馆英文版。
⑦ 1917年7月至1918年9月写成, 1919年2月上海商务印书馆版。
⑧ 1919年3月刊载于《北京大学月刊》第一卷第三号。
⑨ 胡适. 中国哲学史大纲(卷上,古代哲学史)[M]. 上海: 商务印书馆, 1919: 170.

辩》六篇乃是中国古代第一奇书，里面除了论'知'、论'辩'的许多材料之外，还有无数有价值的材料"，如论算学、论力学、论形学（几何学）、论光学、论心理学、论人生哲学、论政治学、论经济学、论名学等。① 胡适评价墨子时代的科学家，"很晓得形学、力学、光学的道理，并且能用凸面凹面镜子试验"。② 胡适高度评价"别墨"，认为他们是"伟大的科学家、逻辑学家和哲学家"，是"发展归纳和演绎方法的科学逻辑的唯一的中国思想学派"，他们"喜欢研究数和形。最重要的，他们是以同异原则为基础的一种高度发展的和科学的方法的创始人。他们发现了'合同异'法，而且对演绎和归纳具有相当时髦的概念"，他们"以心理学分析为根据提出了认识论"，"继承了墨翟重实效的传统，发展了实验的方法"。③ 虽然没有足够的证据支持胡适的"别墨"说，甚至胡适对《墨辩》中"别墨"一词存在严重的误读，但其对近代中国墨学研究与新墨学话语体系的构建影响深远。胡适注重墨学的方法论研究，因此致力于《墨辩》研究，"开创了墨学研究的新时代"，但对墨家政治学说"未作深入研究"。④

梁启超被认为是"大声疾呼提倡墨子学说"之第一人，⑤ 开创了"20世纪墨学研究的新模式"，即"《墨子》校释、墨学义理研究、墨辩逻辑和墨家科技以及、墨学史诸问题考证并重的模式"。⑥ 新文化运动之前，梁启超著有《子墨子学说》（1904）、《墨子之论理学》（1904）。⑦ 新文化运动时期，梁启超写了《墨子学案》（1921）与《墨经校释》（1922）。与胡适不同，梁启超认为墨子自著《墨经》，是伟大的科学家和逻辑学家。"经上必为墨子自著无疑，经下或墨子自著，或禽骨厘、孟胜诸贤补续，未敢悬断。"⑧ 在《墨经校释》序言中，梁启超高度评价《墨经》为中国古籍中唯一具有"科学精神"的著作，"在吾国古籍中，欲求与今世所谓科学精神相悬契者，《墨经》而已矣，《墨经》

---

① 胡适. 中国哲学史大纲（卷上，古代哲学史）[M]. 上海：商务印书馆，1919：223，224.
② 胡适. 先秦诸子之进化论[N]. 留美学生季报，1917-07.
③ 胡适. 先秦名学史[M]//胡适文集（6）. 北京：北京大学出版社，2013：51，52.
④ 郑杰文. 20世纪墨学研究史[M]. 北京：清华大学出版社，2002：118.
⑤ 陈柱. 墨学十论[M]. 上海：华东师范大学出版社，2015：198.
⑥ 郑杰文. 20世纪墨学研究史[M]. 北京：清华大学出版社，2002：89.
⑦ 二文均于1904年先后刊载于《新民丛报》，1916年、1922年上海商务印书馆合刊为《墨学微》。
⑧ 梁启超. 读墨经余记[M]. 墨经校释. 上海：中华书局，1936：2.

而已矣"。同时也认为《墨经》是"世界最古名学书之一"。①梁启超对《墨经》的逻辑学进行了系统的比较研究,也深度挖掘了《墨经》的科学成就,"更多、更成熟地运用西方科技知识并结合生活实例"②来解读。胡适与梁启超虽然对《墨经》的时代与作者存在很大的争议,但均认为《墨经》是先秦诸子中最讲科学方法、最有科学精神的著作。

新文化派认为进化论是近世西方最重要的科学成就。胡适认为先秦诸子都有进化论思想,有的是生物进化论,有的是社会进化论。老子、孔子、列子、庄子、墨子、惠施、公孙龙等人都有生物进化论思想,而荀子与法家主要是社会进化论思想。胡适相信科学的进步,认为列子、庄子时代的科学理想比孔子时代更进步了,"列子说一种不生不化却又能生生化化的种子。庄子说万物皆种也,以不同形相禅"。③胡适认为列子与庄子是生物进化论的突出代表,而荀子、韩非、李斯则是社会进化论的突出代表。

胡适与吴虞对荀子的科学思想都予以高度的评价。胡适认为荀子的思想类似于"培根的'勘天主义'""不但要人不与天争职,不但要人能与天地参,还要人征服天行以为人用"。高度评价荀子"能用老子一般人的'无意志的天',来改正儒家的'赏善罚恶'有意志的天;同时又能免去老子庄子天道观念的安命守旧种种恶果"。但胡适也批判荀子"不耐烦作科学家'思物而物之'的功夫"。④

吴虞特别推崇荀子,谓其为"中国学术界之培根",创立了一套"勘天"的学说,"主人为""辟禨祥""言性恶"为其科学思想的要义,"荀子主人为,则不得不攻天命之自然;辟禨祥,则不得不攻五行之附会;言性恶,则不得不攻性善,固当然之势也。"荀子的学说发展了儒家学说,也改造了儒家学说,集先秦诸子"修人事以征服天行"学说之大成,"不但谓人当能治天时地财而用之,并且当能制裁天之所命而为我用,裁非其类,以养其类,其对于向来之尊大天者,颂美天者,皆在所摈斥。而认人之贫富疾病,世之吉凶治乱,悉由人事。实与苍苍之天、板板之上帝,尤毫发之关系。"⑤

---

① 梁启超. 墨经校释[M]. 上海:中华书局,1936:1.

② 郑杰文. 20世纪墨学研究史[M]. 北京:清华大学出版社,2002:85.

③ 胡适. 先秦诸子之进化论[N]. 留美学生季报,1917-07.

④ 胡适. 中国哲学史大纲(卷上,古代哲学史)[M]. 上海:商务印书馆,1919:310,311.

⑤ 吴虞. 荀子之天论与辟禨祥[M]// 吴虞集. 北京:中华书局,2013:175.

与陈独秀坚决反对阴阳家的"妖言胡说""惑世诬民"①不同，常乃惪认为先秦诸子之中，只有阴阳家注意自然科学，"邹衍的大九州之说，很有科学思想，终始五德之说则含有数理意味"。②

新文化运动注重科学精神与科学方法，反对宗教与迷信。但同样是阐述先秦诸子的科学精神与科学方法，胡适偏重阐述先秦诸子的进化论，而易白沙则偏重阐发先秦诸子的无鬼论。易白沙认为，"诸子之无鬼论，皆欲解脱神道者也"，管仲、老聃、庄周、韩非"谓鬼神起于人心""孔子态度不甚明了，然多重人事，少说鬼话""只有墨家祀天佑鬼，施于浅化之民，因风俗以立教义"。诸子阐发无鬼论的先后次序是，"首先发难以仆神权者，为道家。其后法家、儒家，相继以起。墨家天志明鬼，亦力求改良，去君主之网罗，为宗教之仪式。薄葬明鬼，道相乖违，汉人犹谓其难从。"易白沙的结论是"帝王之神道设教，诸子早唾弃无余矣""中国宗教不能成立，诸子无鬼论之功也"。③新文化运动对子学的"科学"性探讨，虽然本身的科学性欠佳，有一定的附会性，但具有承上启下的意义，继承了晚清以来在子学中挖掘"科学"性的传统，开启了以"科学"话语全面而系统地审视子学的新路径。民国时期《墨经》研究热的形成，就是"科学"话语发挥主导作用的表现。

三、"民主"话语下子学的重估

胡适谓新文化运动起于政治观念与制度的变革，"新文化运动起于戊戌维新运动。戊戌运动的意义是要推翻旧有的政制而采用新的政制"。④陈独秀总结近世文明的三大特征，"人权说"为其中之一。新文化运动时期，民主与人权成为中心话语，陈独秀在《敬告青年》中提出"四大解放"论，其中之一为"破坏君权，求政治之解放"。⑤在"重新估定一切价值"的旗帜下，新文化运动对先秦诸子的政治理念与关于政治制度的设计开始重新评价。其中墨子、孟子、庄子的思想被不少新文化学人重新估定为具有"民权"意识，而荀子、韩非、李斯等人的思想则被估定为具有"专制"意识。

---

① 陈独秀. 敬告青年[N]. 青年杂志，1915-09-15.
② 常乃惪. 中国思想小史[M]//中国的文化与思想. 北京：中华书局，2012：205.
③ 易白沙. 诸子无鬼论[N]. 新青年，1918-07-15.
④ 胡适. 新文化运动与国民党[M]//姜义华. 胡适学术文集（哲学与文化）. 北京：中华书局，2001：625.
⑤ 陈独秀. 敬告青年[N]. 青年杂志，1915-09-15.

第一章 "急急建设":新文化运动与新子学话语体系的建构

易白沙对墨子的"尚同"思想进行了重新解读,墨子的"尚同"主张从民到天子要层层尚同,最后天子要"同于天","尚同"的基础是"仁人""民选""天志"。易白沙的解读是"同于天,同于仁,同于民。此三同者,尚同之灵魂也。天子不可为同之标准,故必同于天;然天者郁苍苍而不言者也,故必同于仁;然仁之范围,又至大且博、浩无涯漠者也,故必同于民",因而墨子的"天志"实际即"民志"。易白沙谓墨子"尚同之真谛"乃是"天以见仁,仁以讬民"。他认为墨子有鲜明的"民主"意识,"墨子之同于民者,民为主而君为客,民为贵而君为轻也"。① 吴虞谓墨子的"君臣氓通约"就是"卢梭的《民约论》"。② 梁启超亦谓"君臣氓通约"的说法"与西方近世民约说颇相类"。③ 墨子主张"选择贤圣立为天子""正与民约论同一立足点",但又批评墨子"主张绝对的干涉政治""此墨家最奇特之结论"。④ 梁启超不明白这或许是墨子的"民主集中制"构想。易白沙谓墨子以"天志"约束君权,"人君善恶,天为赏罚,虽有强权,不敢肆虐""裁抑君主,使无高出国家之上"。⑤

早在戊戌维新时期,孟子的思想就被评估为具有民主性。1901年康有为在《孟子微》中反复强调孟子"特明升平授民权、开议院之制""立民主之制、太平法"。⑥ 新文化运动时期,受"打倒孔家店"的牵连,对孟子"民主"思想的发掘受到一定的障碍,特别是孟子"辟杨墨"一事成为孟子主张"儒教专制"的重大"罪状",吴虞谓"孟轲之辟杨墨亦曰'杨氏为我是无君,墨氏兼爱是无父。无君无父,是禽兽也。'仍以君父并尊,为儒教立教之大本。夫为我何至于无君?兼爱何至于无父?此不合论理之言,学者早已讥之。而今世民主之国,概属无君,岂皆如孟轲所诋为禽兽者乎?使孟轲生今日,当概禽兽之充塞于世界,抑将爽然自悔其言之无丝毫价值也"。⑦ 当然,新文化学人也并没有据此彻底否定孟子思想中的"民主"性,仍然肯定孟子"民贵君轻""得乎丘民为天子"的思想,吴虞谓"孟子辟杨、墨,虽以其无君,比之禽兽;然于君之尤道者,则仍可视为寇仇,比于一夫。故伍员可以鞭平王之墓,项羽可以诛

---

① 易白沙. 广尚同[N]. 甲寅杂志,1914-08-10.
② 吴虞. 墨子的劳衣主义[M]//吴虞文录. 合肥:黄山书社,2008:79.
③ 梁启超. 墨经校释[M]. 上海:中华书局,1936:17.
④ 梁启超. 先秦政治思想史[M]. 北京:中华书局,2016:182,183.
⑤ 易白沙. 孔子平议(上)[N]. 青年杂志,1916-02-15.
⑥ 康有为. 孟子微[M]. 北京:中华书局,1987:20,21.
⑦ 吴虞. 家族制度为专制主义之根据论[N]. 新青年,1917-02-01.

虎狼之秦，人民之权，不致为专制之威所压抑。而民贵君轻，得乎丘民为天子之义，尤合乎民主之说也"。①对于孟子的主张"民为贵，社稷次之，君为轻""君之视民如土芥，则臣视君如寇仇"，胡适也充分肯定其"很带有民权的意味"。②梁启超更是对孟子的政治思想予以高度的估价，谓孟子的政治为"民事"政治，"舍民事外无国事"；为"民意"政治，"壹以顺从民意为标准""以民意为进退"。③

庄子的"民权"意识早已得到章太炎的高度表彰。在新文化运动时期，庄子的"民权"意识得到陈独秀的高度推许，在与李杰的通信中，李杰谓"庄子学说，纯系摧残君权，扶植民权。如谓'圣人不死，大盗不止'。所谓大盗者，即窃国者侯之窃国贼也，亦即帝王之代名辞也。又曰：'殚残天下之圣法，而民始可与论议'，盖君权之下，人民无议论之余地，而君主固假圣法为护符也"。④陈独秀认同李杰的说法，进一步高度肯定庄子"在宥"的思想为"人类最高之理想"。⑤不仅是庄子，道家一系的思想多被认为有一定的"革命"与"民权"意识。吴虞有"老庄革命"说，胡适有"老子革命"说。对于《尹文子·大道篇》中言"圣人之治，不贵其独治，贵其能与众共治"。梁启超谓"'与众共治'一语，可以说很带有德谟克拉西色彩，但他是否径主张民众进而自治，还不是很明了"。⑥

早在维新运动时期，就开始了对荀子、韩非、李斯、秦始皇为代表的"专制主义"思想文化的严厉批判，"专以绌荀申孟为标帜"⑦。新文化运动时期，又开展了对荀学一系的"专制"思想的犀利批判，其中吴虞的表现最为突出，发表了批判荀学的系列文章，其谓"吾国专制之局，始皇成之，李斯助之，荀卿启之，孔子教之也"，孔子、荀子、李斯、秦始皇四者成为专制主义一系，同时荀子也成为孔学"流毒后世"最大的"罪人"，"孔学之流传于后世，荀卿之力居；孔教之遗祸于后世，亦荀卿之罪为大"，秦始皇的愚民政策直接源于孔子、荀子、李斯一脉的学说，"孔氏言：'民可使由之，不可使知之'，

---

① 吴虞. 荀子之政治论 [M]// 吴虞集. 北京：中华书局，2013：154.
② 胡适. 中国哲学史大纲（卷上，古代哲学史）[M]. 上海：商务印书馆，1919：297.
③ 梁启超. 先秦政治思想史 [M]. 北京：中华书局，2016：130.
④ 李杰. 通信 [N]. 新青年，1917-05-01.
⑤ 独秀. 通信 [N]. 新青年，1917-05-01.
⑥ 梁启超. 先秦政治思想（在北京法政专门学校五四讲演）[M]// 先秦政治思想史. 北京：中华书局，2016：278.
⑦ 梁启超. 清代学术概论 [M]. 北京：中华书局，2011：126.

为秦始皇愚黔首政策之所本，而实李斯承荀卿之说以启之。"吴虞谓荀子学说在儒家学说中最具专制色彩，因为荀子主张礼有"三本""天地者，生之本也；先祖者，类之本也；君师者，治之本也""'三本'并称，尊王尤甚，其不合于共和一也。"①吴虞尤其批判荀子的"人治""尊君""隆王制"思想，谓其必然陷于专制，"人治则必尊君，尊君则必隆王制。而刑罚者，王制之所规定；其轻重是非，一本之人君，而非人民所得参预。此儒家之言，所以虽往往见其公平，而考之事实，适得其反，而入于专制也。"②吴虞谓荀子的两位弟子更是把专制推向顶峰，"荀卿之门人李斯、韩非，则以智术为尚，而专用法，而吾国专制之祸，于是益烈矣。"③新文化学人中也有人对儒家"专制"的合理性与进步性予以历史的解释，如常乃惪谓"孔子之道，比较的在周秦诸子中为毗于专制，无可讳言，然当思孔子所承为宗法社会封建制度极盛之后，则其所称道，教之已为革新，为进化"。④

以"民主"话语审视诸子，早在维新运动时期就已经开始了，康有为在《孔子改制考》《孟子微》等论著中已发先声，刘师培的《中国民约精义》更是系统地在先秦诸子中寻找"民约"观念。新文化运动时期，"民主"话语虽然大行，但由于重在批判"专制"，对先秦诸子的"民主"性的挖掘虽然也有一些，但明显不足，对"专制"性的挖掘更多一些，特别是对儒家与法家。譬如对孟子，以前都重在挖掘"民主"，但此次明显受"打倒孔家店"的牵连，孟子"辟杨墨"被不断放大，成为孟子"专制"的重要"罪证"；对法家"专制"性的挖掘就明显比对其"法治"性的挖掘要更多一些。

四、"法治"话语下子学的重估

新文化运动时期，虽然民主与人权话语占据主导地位，但法治话语也值得重视，因为民主的前提与基础是法治。因此对维新运动以来被认为是"愚民"的道家（老子），以及"愚民"加"专制"的法家（商鞅、韩非）有必要重新审视。新文化运动的健将易白沙就猛烈地批判"以老氏、商君、韩非为愚民之尤"为"后世陋儒耳食之谈"。易白沙谓所谓"愚民"，"实非愚民也，愚君也。

---

① 吴虞. 读《荀子》书后[N]. 新青年, 1917-05-01.
② 吴虞. 荀子之政治论[M]// 吴虞集. 北京：中华书局, 2013：162.
③ 吴虞. 礼论[N]. 新青年, 1917-05-01.
④ 常乃惪. 通信[N]. 新青年, 1917-04-01.

愚君之说，法治之说也"。①他对"法治"做了新的界定，"法治者，同民于法，不同民于君；同民于异，不同民于同也"；"法治之国，其君不必有尧舜汤武之德，其人民不必有尾生之信，比干之忠，曾史之行，惟上下守法而不相乱，遂能奠邦国于治平"。易白沙谓"法治"学说起源于老学，老子是中国法治理论的奠基人，"此（法治）之学说，出自老氏"。易白沙重新解读了前人长期误解老子"以智治国，国之贼；不以智治国，国之福"。易白沙谓"人治之国，以智治者也，故必有圣明之君；法治之国，不以智治者也，故庸主足以定海内。圣明之君，五百年而一作，是天下治少而乱多，故曰国之贼；庸主之出，接踵而比肩，是天下治多而乱少，故曰国之福"。②

先秦诸子的法治理论，"以法家所论为最精"。③法家主张"国君行动，以法为轨，君之贤否，无关治乱，法制有无，乃定安危"。④易白沙认为商鞅的"有道之国，治不听君，民不从官"具有明显的现代性"法治"理念，"不听君，不从官，岂非大逆不道、罔法乱纪之暴民乎？商君不以为暴，反以为道，法治之国民则然也。人民逍遥于法中，惟知有法，不知有君。知有法，故同于法。法者，民法也；同于法者，同于民也；同于民者，民之自同，非一人之能强同也。"⑤易白沙在此特别强调"法者，民法也"，"法治"即"民治"，这是现代意义的法治的本质特征。易白沙也推许韩非的"法治"思想，认同韩非关于"立法"的目的是"使庸主能止盗跖"，"恃法治所能服，握庸主之所易守"。易白沙批判缺少法治基础的"贤人政治"，认为达不到治理的效果，"释势委法，尧舜户说而人辨之，不能治三家。夫势之足用亦明矣，而曰'必待贤'，则亦不然矣。"易白沙谓韩非子"握法执势，虽庸主可以平天下；弃法委势，虽尧舜不能治三家"⑥的理念完全属于"法治"理念。常乃惪极为欣赏法家学说，誉之为"最后出的、最进步的学说"，谓其"主张以法治国，其说最进步，而且确有实效"。不认同后世所加"惨刻寡恩"的说法，认为是"厚诬古人"。⑦梁启超亦谓法家的"法治主义"在中国古代政治学说里"最有组织""最有特色"。

---

① 易白沙. 广尚同 [N]. 甲寅杂志，1914-08-10.
② 易白沙. 广尚同 [N]. 甲寅杂志，1914-08-10.
③ 易白沙. 广尚同 [N]. 甲寅杂志，1914-08-10.
④ 易白沙. 孔子平议（上）[N]. 青年杂志，1916-02-15.
⑤ 易白沙. 广尚同 [N]. 甲寅杂志，1914-08-10.
⑥ 易白沙. 广尚同 [N]. 甲寅杂志，1914-08-10.
⑦ 常乃惪. 中国思想小史 [M]// 中国的文化与思想. 北京：中华书局，2012：49.

法家的根本精神"在认法律为绝对的神圣","与近代所谓君主立宪政体者精神一致",[①]其长处在于,"知道法律要确定,要公布,知道法律知识要普及于人民,知道君主要行动于法律范围之内",主张"法律万能",但对于如何实现法治,却"没有想出最后、最强的保障",特别是对于"立法权应该属于何人"这样的问题,"始终没有把他当个问题","结果成了君主万能,这是他们最失败的一点"。[②]

新文化运动重在反"专制",求"民主",求"人权",因此,对法家"法治"内涵的挖掘并不深入,反而更多地挖掘了许多法家"专制"的"罪证"。

五、"革命"话语下子学的重估

20世纪以来,"革命"与"改良"论战之后,"革命"话语开始盛行,"三纲革命""孔丘革命""民权革命""民族革命""民生革命""史界革命""诗界革命"等提法比比皆是。新文化运动时期,"革命"话语更是席卷中国,几乎涉及对中国政治、经济、文化的全方位革命,文化领域盛行"道德革命""宗教革命""艺术革命""语言文字革命"等。以"革命"话语重新评估先秦诸子也是一时热点。老子、庄子、孔子,甚至孟子、荀子等都先后被赋予"革命家"的身份。

胡适主张老子是个"革命家"。认为老子有"很激烈的议论",有一套"革命的政治哲学",主张"极端的破坏主义"与"极端的放任主义"。他的思想完全是"革命"的思想,是"那个时代的产儿,完全是那个时代的反动"。老子"创为一种革命的政治哲学。他说:'大道废,有仁义;智慧出,有大伪;六亲不和,有孝慈;国家昏乱,有忠臣。'所以他主张:'绝圣弃智,民利百倍;绝仁弃义,民复孝慈;绝巧弃利,盗贼无有!'这是极端的破坏主义。"胡适谓老子对于国家政治主张"极端的放任主义"。"他说:'治大国若烹小鲜';又说:'我无为而民自化,我好静而民自正,我无事而民自富,我无欲而民自朴','其政闷闷,其民淳淳;其政察察,其民缺缺';又说:'太上,下知有之。其次,亲而誉之。其次,畏之。其次,侮之';'信不足焉,有不信焉';'犹兮其贵言';'功成事遂,百姓皆谓我自然'。"[③]高一涵也认同胡适的基本观点,

---

① 梁启超. 先秦政治思想史[M]. 北京:中华书局,2016:212.

② 梁启超. 先秦政治思想(在北京法政专门学校五四讲演)[M]//先秦政治思想史. 北京:中华书局,2016:308.

③ 胡适. 中国哲学史大纲(卷上,古代哲学史)[M]. 上海:商务印书馆,1919:52-53.

谓老子是一个"顶激烈的政治家","综看老子这四个主张——去兵、尚俭、无为、尚愚——可见他的确是反对政治社会现状的一个顶激烈的政治家"。①

被胡适推许为"四川省只手打孔家店的老英雄"②的吴虞,则认为老子、庄子都是"革命家"。吴虞是"好爱老庄思想的人"③,他在比较了法国大革命的革命思想与老庄的"革命"思想之后,认同日本学者关于老庄是"消极革命家"的观点,吴虞谓"法兰西人为积极革命派。中国人为消极革命派,老、庄其代表也"。法国大革命的发生,是因为法国人痛恨政府腐败,渴望自由,"弗可以须臾忍""断胫流血,迫不及待",而老、庄也是"深知家天下者遗弃公天下之道德,而专以家天下之仁义礼智愚弄人民,阴遂其私"。老子的"革命"言论有"圣人不仁,以百姓为刍狗""大道废,有仁义;国家昏乱,有忠臣""绝圣弃智,民利百倍""礼者,忠信之薄,乱之首",庄子也有激烈批判政府的"革命"言论:"窃国盗法,以守其盗贼之身""假圣智之名,享君王之实""圣明之天王,乃胠箧之巨盗"。④

易白沙则一反新文化运动时期大批"孔家店"的言论,大力表彰孔子是个"革命家",孔孟弟子也多为"革命家",儒家有鲜明的"汤武革命"的思想。孔子的伟大理想不是"素王",而是"真王","得百里之地而君之,以王天下。孔子之志,孟子已言之""若论孔子宏愿,则不在素王,而在真王。盖孔子弟子,皆抱有帝王思想也。儒家规模宏远,欲统一当代之学术,更思统一当代之政治。彼之学术,所以运用政治者,无乎不备。几杖之间,以南面事业推许弟子。"孔子的"吾其为东周""以文王自任""干说七十二君""应公山弗扰之召,而不嫌其叛",均表明孔子有"革命"思想,"孔子弟子,上可为天子诸侯,下可为卿相。孔子亦自言如有用我者,吾其为东周;又言文王既没,文不在兹。此明以文王自任,志在行道,改良政治,非若野心家之囊橐天下。故干说七十二君,而不以为卑;应公山弗扰之召,而不嫌其叛。"易白沙批判"处专制时代"的后人"尊孔子为素王",是"厚诬孔子"。易白沙谓孔子有"革命"思想,且有"革命"行动,"儒家革命思想,非托诸空言,且行之事实""列国之君,因疑孔子有革命之野心,不敢钩用""令尹子西有见于此,遂沮书社之封"。"汤武革命"的"革命"思想是儒家的核心思想,"汤、武革命,一以七十里,

---

① 高一涵. 老子的政治哲学 [N]. 新青年,1919-05.
② 胡适.《吴虞文录》序 [M]// 吴虞文录. 合肥:黄山书社,2008:4.
③ 青木正儿. 青木正儿致吴虞 [M]// 吴虞文录. 合肥:黄山书社,2008:127.
④ 吴虞. 消极革命之老庄 [N]. 新青年,1917-04-01.

第一章 "急急建设"：新文化运动与新子学话语体系的建构

一以百里，天下称道其仁。儒家用心，较汤、武尤苦，而诛残贼，救百姓之绩，为汤、武所不逮，以列国之君，罪浮于桀、纣也。"易白沙认为不仅孔子本人有伟大的"革命"思想，孟子与荀子也同样具有"革命"思想，"孔子以后有二大儒：一曰孟子，一曰荀子。孟子言五百年必有王者兴，以其时考之则可矣；又曰，如欲平治天下，当今之世，舍我其谁？荀子尝自谓德若尧、禹，宜为帝王；遗言余教，足以为天下法式表仪，所存者神，所过者化。可见孟、荀二巨子，均以帝王自负。"易白沙批判墨子、庄子"以乱党之名词诬孔门师弟"，导致孔子的"革命"思想与"革命"行为无法得到认可与传播。① 他关于孔子是"革命家"的观点，在新文化运动时期影响并不大，但却对后来的学者产生了深刻的影响，如受新文化运动洗礼的郭沫若在《十批判书》里也主张孔子是"代表人民利益"、顺应"革命潮流""同情人民解放"的"革命家"。② 梁启超也认同儒家"革命"说，谓儒家"认革命为正当行为"，在"为正义而革命"，故"《易传》曰：'汤武革命，顺乎天而应乎人'"。③

新文化运动时期，胡适、吴虞、易白沙等人对"革命"的理解，基本的视角是"激烈"批判政府、推翻政府，主张破坏主义、无政府主义、放任主义。与中国传统的"汤武革命"话语有很大的关联，同时也在一定程度上受到西方"无政府主义""自由主义""社会主义"革命话语的影响。以"革命"话语评估先秦诸子，难免具有很强的附会性，无论是孔子、墨子、孟子、荀子，还是老子、庄子，其实与西方所谓的"革命"的关系并不大，但在近代中国"革命"年代，在"革命"话语极度盛行的背景下，这又是很自然的事情。

六、"个人"话语下子学的重估

早在20世纪初的"新民"运动中，杨朱就被梁启超誉为"保障权利"的"人权哲学家"。其《新民说》中言："其（杨朱）所谓'人人不损一毫'，抑亦权利之保障也。"④ 新文化运动主张以个人为本位，反对以家族为本位，掀起了一场"孝道革命"与"家族革命"，"个人主义""为我主义""利己主义""功利主义"得到大力倡导。在这种"个人主义"话语下，杨朱之学继续复兴，进

---

① 易白沙. 孔子平议（下）[N]. 新青年，1916-09-01.
② 郭沫若. 十批判书[M]. 北京：人民出版社，1954：73，74，92.
③ 梁启超. 先秦政治思想史[M]. 北京：中华书局，2016：132.
④ 梁启超. 新民说[M]. 原本为《饮冰室丛著第一种》，第59页，北京：朝华出版社，2017年影印本：67.

一步得到肯定。陈独秀、胡适、梁启超、常乃惪、李亦民等都以"个人主义"话语为标准,对杨朱之学进行了重新评估,推动了思想解放与杨学复兴。

陈独秀明确主张"以个人为本位",盛赞"西洋民族,自古迄今,彻头彻尾,个人主义之民族"①,反对"不以自身为本位",认为只有"以个人为本位",才能摆脱奴隶地位,否则"个人独立平等之人格,消灭无存"②。儒家的三纲学说,只会导致"无独立自主之人格"③。批判孟子对墨翟、杨朱"无父无君,是禽兽也"的指责是一种"谬见"。④胡适明确肯定杨朱的个人主义,"并不是损人利己。他一面贵'存我',一面又贱'侵物'。一面说'损一毫利天下不与也',一面又说'悉天下奉一身不取也'。他只要'人人不损一毫,人人不利天下'。"⑤梁启超谓杨朱为"顺世的个人主义","只要人人绝对的自由,天下自然太平"。⑥常乃惪则认为整个"道家无不以个人主义为出发点",但内容很不一致,有主张自然的、虚无的、清静的、享乐的,杨朱大概是"享乐的个人主义",道家的个人主义"喜欢独善其身,不求其思想之传布"。⑦

李亦民批判了孟子对杨朱个人主义("为我主义")的攻击,谓其为"门户之见",大力表彰杨朱的个人主义是"差近于性分之真,不作伪以欺天下"。李亦民指出,实际上儒家思想在某种程度上也是一种"为我主义",因为"儒家之教忠教孝,何尝不以我身为中心?因其为我之君也,故当忠;为我之亲也,故当孝。若不识谁何之君亲,甚或仇敌视之,固无所施其忠孝也"。李亦民从英国富强的经验中高度评价个人主义的伟大贡献,"撒格森民族,以个人主义,著闻于世。其为人也,富于独立自尊之心,用能发展民族精神,以臻今日之强盛。"李亦民亦反思了中国个人主义的缺失,"我国惩罚忿窒欲之说,入人最深。凡事涉利己者,皆视为卑卑不足道,必须断绝欲求,济人利物,乃能为世崇仰。不知自我欲求,所以资其生也,设无欲求,则一切活动,立时灭绝,岂复有生存之必要?"李亦民认为要明确"群己之关系",明确"公私之权限",

---

① 陈独秀. 东西民族根本思想之差异 [N]. 青年杂志, 1915-12-15.

② 陈独秀. 敬告青年 [N]. 青年杂志, 1915-09-15.

③ 陈独秀. 1916 年 [N]. 青年杂志, 1916-01-15.

④ 陈独秀. 驳康有为致总统总理书 [N]. 新青年, 1916-10-01.

⑤ 胡适. 中国哲学史大纲(卷上, 古代哲学史)[M]. 上海:商务印书馆, 1919:180, 181.

⑥ 梁启超. 先秦政治思想史 [M]. 北京:中华书局, 2016:158.

⑦ 常乃惪. 中国思想小史 [M]// 中国的文化与思想. 北京:中华书局, 2012:199, 207.

必须倡导个人主义，"顺人性之自然，堂堂正正，以个人主义为前提，以社会之义为利，益个人之手段，必明群己之关系，然后可言合群，必明公私之权限，然后可言公益也。"甚至把实施个人主义的好处夸张到能够建立"黄金世界"的程度，"人人各扩其为我主义，至于最大限度，则全国无不适合之我，斯无不适合之人，所谓黄金世界者，舍此皆谓梦想也。"①

易白沙则谓儒家（孟子）与墨家（墨子）虽然看似"无我主义"（集体主义），其实仔细分析他们的立论依据，也是一种"为我主义"（个人主义），"儒家、墨家同倡无我，而同为入世法，其最明了者，莫如孟子、墨翟之言。孟子曰，杀人之父，人亦杀其父，杀人之兄，人亦杀其兄；墨翟曰：夫爱人者，人必从而爱之，利人者，人必从而利之。恶人者，人必从而恶之，害人者，人必从而害之"。易白沙进一步揭示儒墨的"无我主义"，实际上"无异于为我主义"，"儒、墨二家之无我论，乃深悉社会对于个人之关系；牺牲自家之我，以爱护他人之我，复假借他人之我，以资助自家之我"。②

近代中国的自由主义思潮总体上比较微弱，甲午战后至"五四运动"期间强一些。新文化运动前期，主张"个人本位"的自由主义学说相对较为流行，故杨朱学说得到一定的阐述，但新文化运动后期，随着主张"社会本位"的社会主义学说的流行，杨朱学说也随之走向没落。后来更是由于"疑古"思潮的兴起，《列子》"伪书"说更加流行，杨朱学派的思想阐述几无立足之地。

七、"社会主义"话语下子学的重估

中国人对"社会主义学说的最初的零星接触"，始于19世纪70年代。③20世纪初，社会主义学说逐渐流行起来，1917年俄国十月革命之后，苏俄的社会主义学说开始进入中国。新文化运动后期，社会主义学说大兴，形形色色的社会主义学说争奇斗艳，但马列主义逐渐成为主流。在"社会主义"话语下，新文化学人对墨、农、道、儒之学纷纷进行重估。墨子与许行、陈仲的学说更是得到高度肯定，陈独秀把墨子与许行的学说誉为"人类最高之理想"④。李杰称赞墨子兼爱"适合于近世所谓社会主义，而为大同之基础"⑤。朱偰谓墨学

---

① 李亦民. 人生唯一之目的[N]. 青年杂志，1915-10-15.
② 易白沙. 我[N]. 青年杂志，1916-01.
③ 姜义华. 社会主义学说在中国的初期传播[M]. 上海：复旦大学出版社，1984：1.
④ 独秀. 通信[N]. 新青年，1917-05-01.
⑤ 李杰. 通信[N]. 新青年，1917-05-01.

是一种"类似近世社会主义的思想",主要根据是"墨学的出发点"谈利益的生产与分配,"与近世社会主义的出发点,根本相同"。墨子主张"义务劳动""经济平等""强制作工""与近世社会主义相似,绝非附会"。①

墨学与社会主义的关联始于晚清,当时的革命派已经认为墨子的大同论近似于西方的社会主义。梁启超在其主编的《新民丛报》上发表《子墨子学说》时,已经把墨子思想与社会主义做了深度关联。谓墨子之生计学,"其根本概念,与今世社会主义派所持殆全合";墨子之政术,"非国家主义,而世界主义、社会主义也"。②新文化运动时期,梁启超进一步发扬墨家社会主义论,谓墨子主张"凡劳作皆神圣也""以劳动力为唯一之生产要素"。③吴虞则把墨子思想与列宁主义作比较,认为墨子主张"废去阶级制度""以自苦为事""不劳动者不得食",完全符合列宁的社会主义构想,不但主张"亲操橐耜,以自苦为事而止""更要废去儒家主张的阶级制度,把尊君卑臣、崇尚抑下的礼教,一扫而空之",主张"上下同等,君臣并耕,不劳动者不得食。所以他说:'君臣氓通约也。'就是说君、臣、氓、不过依着通约,立了三个名称,以便分任其事。其实是一样,是同等,并没有什么尊卑贵贱上下阶级的区别,各人还是耕田的耕田,织屦的织屦,捆席的捆席,不过到了办事的时候,各人照着通约上规定的职务,各人去办就是了。儒家说的什么以君制臣,以上制下的事通通没有"。吴虞的结论是,墨子的主张就是"列宁的劳农主义了"④。

许行学派在先秦时期曾经风行一时,后世称为"农家者流",但秦汉以后长期不彰,不过在下层社会仍然是重要伏流。新文化运动时期,随着社会主义思潮的高涨和马列主义的传播,许行学派的思想开始复兴。陈独秀高度评价许行的主张为"人类最高之理想"⑤。梁启超谓其为"明目张胆的无政府主义",胡适则谓其为"互助的无政府主义",吴虞赞同胡适的评价,认为许行思想的核心是"人人劳动""人人平等"与"人人互助","人人劳动"说的是"人人都应该自食其力。或是打草鞋、织席子,或是耕田力作,把群众的公事办完,依旧打草鞋的去打草鞋,织席子的去织席子,耕田力作的去耕田力作","人

---

① 朱偰. 墨学与社会主义[N]. 现代评论,1926-07-17.
② 梁启超. 子墨子学说[M]//饮冰室合集·专集之三十七(第10册). 北京:中华书局,2015:2,41.
③ 梁启超. 先秦政治思想史[M]. 北京:中华书局,2016:173,174.
④ 吴虞. 墨子的劳农主义[M]//吴虞文录. 合肥:黄山书社,2008:79.
⑤ 独秀. 通信[N]. 新青年,1917-05-01.

第一章 "急急建设"：新文化运动与新子学话语体系的建构

人平等"说的是"没有贵贱上下，都要劳动，不必设许多官僚在上，妄分些什么劳心治人的为君子，劳力治于人的为小人""人人互助"说的是"把他们劳动的出品去和别人交易""既能相互供给，又不用君主官僚，拿仓廪府库，便也无用"。① 梁启超谓许行"明目张胆主张无政府主义"，其宗旨在"绝对的平等，人人自食其力——各以享用自己劳作之结果为限，无上下贵贱之分"，② 但不认可"脑力劳作"，不承认"分业原则"，是其根本缺陷。陈仲与许行可以视为同一学派，吴虞谓陈仲也是标准的"无政府主义""不臣于王，不交诸侯，辞楚相而逃，视三公犹如粪土一般"，与托尔斯泰的社会主义主张基本一致，"不治其家，避兄离母""早已窥破君父并尊，忠孝并用，拿专制家庭来辅助专制朝廷的诡计""却和他的妻子，离开大家庭，去寻小家庭的生活，灌菜园、打草鞋、缉麻线，自食其力，以易食宅""舍去世家的富贵荣华不享，要实行他的主义，去讨劳农劳工辛苦的生涯"。③

吴虞谓道家有大同主义理想，大同主义不出于儒家，而出于道家，儒家注重"小康"，主张"亲亲"，"各亲其亲，各子其子"，道家注重"道德"，主张"大同"，而所谓"道德"就是"公天下"，"以公天下为贵，传贤不传子，故曰：'不独亲其亲，不独子其子。'即三皇五帝之世界，所谓'大同之治'也"。吴虞批评"《礼运》大同之说乃窃道家之绪余，不足翘以自异"，孔子"闻老聃大同之绪论，故虽亦揭大同之旨，而仍注重于小康"。④ 梁启超则肯定儒家有大同理想，儒家的大同主义是一种"平等主义、互助主义与世界主义"，以人为单位，而不以家族为单位，男女是平等的，生产是要提倡的，劳作是神圣的，私有财产是不好的，⑤ "与今世社会主义家艳称之'各尽所能，各取所需'两格言正相函"。⑥

20世纪以来，随着中国社会主义话语的盛行，带动了墨学的强劲复兴，墨学中明显具有或蕴含的"兼爱""平等""劳动""吃苦""节俭""反抗""非命""尚同""团结""互助""合作""牺牲""进取"等思想，均从社会主义视角得到了极大的发挥。新文化运动意欲"建立墨家店"，正是社会主义

---

① 吴虞. 墨子的劳农主义[M]//吴虞文录. 合肥：黄山书社，2008：87-88.
② 梁启超. 先秦政治思想史[M]. 北京：中华书局，2016：161.
③ 吴虞. 墨子的劳农主义[M]//吴虞文录. 合肥：黄山书社，2008：86-87.
④ 吴虞. 儒家大同之义本于老子说[N]. 新青年，1917-07-01.
⑤ 梁启超. 先秦政治思想史[M]. 北京：中华书局，2016：61.
⑥ 梁启超. 先秦政治思想史[M]. 北京：中华书局，2016：104.

021

话语风行的一个重要标志,也是社会主义话语得以中国化的一个重要的关键点。

八、新子学话语体系建设的得失

晚清以来,西学的传入与风行引发了子学的复兴。子学开始成为一种"专门学","一般普通学者,崇拜子书,也往往过于儒书"。[①] 新文化运动以来,在"输入学理""重整国故""再造文明"的浪潮中,掀起了一股"对于'诸子学'的狂热",[②] 在"打倒孔家店"之余,开始"急急建设"新子学话语体系,"最极端的想法则如郭沫若所说'在打倒孔家店之余,欲建立墨家店'"。[③]

新文化运动对新子学话语体系的构建得失互见,就其所得而言:其一,新文化学人明确宣称其"整理国故"的目的,是寻找"条理脉络""前因后果""真意义""真价值"。[④] 此后诸子学研究的长盛不衰与新子学话语体系的系统建构,说明这一目的基本上实现了。新子学话语体系得以建立,子学实现了向哲学的转化,"诸子学研究现代转型终告成功"。[⑤]

其二,孔子最终重新编入诸子,经学话语体系完全瓦解。孔子与诸子地位平等的思想始于戊戌维新时期,梁启超谓康有为的《孔子改制考》已"夷孔子于诸子之列"[⑥]。到了辛亥革命时期,儒家与诸子平等的思想已经基本确立。到了新文化运动时期,儒家与诸子平等的思想深入人心,儒家的地位甚至有所下降。胡适晚年在回想自己当初撰写《中国哲学史大纲》的想法时指出,"我(不分'经学''子学')把各家思想,一视同仁。我把儒家以外的,甚至反儒非儒的思想家,如墨子,与孔子并列,这在1919年(的中国学术界)便是一个小小的革命。"[⑦] 这一"小小的革命",其实并不始于胡适,康有为早在《孔子改制考》的书写中就已经"悄无声息"地做了,但最终完成学术典范转移的确实是胡适。

---

① 胡适. 中国哲学史大纲(卷上,古代哲学史)[M]. 上海:商务印书馆,1919:9.

② 罗根泽. 罗根泽先生序[M]//张默生. 先秦道家哲学研究. 济南:山东文化学社,1933:1.

③ 黄克武. 梁启超的学术思想:以墨子学为中心的分析[M]//近代中国的思潮与人物. 北京:九州出版社,2012:138.

④ 胡适. 新思潮的意义[N]. 新青年,1919-12-01.

⑤ 路新生. "新""老"子争与诸子学研究的现代转型——以章太炎、胡适、梁启超的诸子学研究为例[M]//陈勇,谢维扬. 中国传统学术的现代转型. 上海:上海人民出版社,2011:12.

⑥ 梁启超. 清代学术概论[M]. 北京:中华书局,2011:120.

⑦ 胡适口述自传[M]//胡适文集(1),北京:北京大学出版社,2013:338.

第一章 "急急建设"：新文化运动与新子学话语体系的建构

其三，"建立墨家店"虽然并不如郭沫若说的那么夸张，但墨学的强劲复兴确是受到新文化运动的刺激和推动。"提倡墨学，盖欲以矫之"。[1] 当时陈独秀推墨子的"兼爱"思想为"人类最高之理想，而吾国之国粹也"[2]，而李杰谓墨子学说为"古人学说之最合于现代者"[3]，易白沙谓"周秦诸子之学，差可益于国人而无余毒者，殆莫如子墨子矣"[4]，胡适谓墨子旨在追求"最大多数的最大幸福"[5]，"是一个极热心救世的人"[6]，四人均对墨子思想予以高度的评价。新文化运动对墨学不遗余力的推崇，致使"现在大家喜欢谈《墨子》，墨学几乎成了一种时髦风尚"[7]。

其四，当时一些极端论者对孔子与儒家有一些偏颇的议论，但总体上对孔子和儒家思想并没有完全否定，而是承认其应有的历史地位，甚至仍然有一定的现实意义。被认为"好诋孔子"[8] 的胡适，晚年就澄清了自己有关"反孔非儒"的误解，"在许多方面，我对那经过长期发展的儒教的批判是很严厉的。但是就全体来说，我在我的一切著述上，对孔子和早期的'仲尼之徒'如孟子，都是相当尊崇的。"[9] 易白沙甚至认为孔子是伟大的革命家，反对要孔子承担现实问题的责任的"荒唐"之论，"国人为善为恶，当反求之自身。孔子未尝设保险公司，岂能替我负此重大之责？"[10]

当然，新文化运动对新子学话语体系的构建确实存在一些问题，一些人存在着古今中西的对立思维与文化的整体性、系统性、固化性、停滞性、非开放性思维，缺乏多元现代性思维与文化发展的渐进性、积累性、流动性、可转化性、可建构性、开放性思维，不利于新的子学话语体系的构建。如汪叔潜谓"所谓新者无他，即外来之西洋文化也；所谓旧者无他，即中国固有之文化也"，"二者根本相违，绝无调和折衷之余地"，"旧的不根本打破，则新者绝对不能发

---

[1] 陈柱. 墨学十论[M]. 上海：华东师范大学出版社，2015：8.
[2] 独秀. 通信[N]. 新青年，1917-05-01.
[3] 李杰. 通信[N]. 新青年，1917-05-01.
[4] 易白沙. 述墨[N]. 青年杂志，1915-10-15.
[5] 胡适. 中国哲学史大纲（卷上，古代哲学史）[M]. 上海：商务印书馆，1919：175.
[6] 胡适. 中国哲学史大纲（卷上，古代哲学史）[M]. 上海：商务印书馆，1919：148.
[7] 胡适. 翁方纲与《墨子》[N]. 猛进，1925-05-29.
[8] 柳翼谋. 论近人讲诸子之学者之失[N]. 史地学报，1921-11.
[9] 胡适口述自传[M]//胡适文集（1）. 北京：北京大学出版社，2013：375.
[10] 易白沙. 孔子平议（上）[N]. 青年杂志，1916-02-15.

生",①陈独秀亦谓"新旧之间,绝无调和两存之余地","吾人只得任取其一"②,这些论点中的古今中西对立思维非常明显。傅斯年谓"今日修明中国学术之急务,非收容西洋思想界之精神乎？"③,这里所谓"收容西洋思想界之精神"指的就是收容"西方学理",明显批评中国学术缺乏内在学理,存在"基本误谬",需要外来"真理"来改造。陈独秀谓"中国学术差足观者,惟文史美术而已"④,这明显对中国学术缺乏足够的自信,其所谓"中国学术,则自晚周以后,日就衰落耳"⑤,则完全持中国学术退化论。钱玄同谓"欲使中国不亡,欲使中国民族为二十世纪文明之民族,必以废孔学、灭道教为根本之解决"⑥,则对中国文化的主体构成的评价、对中国文化发展的前景明显有一种偏激的见解。当然,就当时而言,西方学理的确有先进之处,特别是自然科学与技术方面,但其人文社会科学的学理存在着严重的西方经验的局限性和明显的西方中心主义、殖民主义、霸权主义的思维与逻辑,既非"科学"的现代性学理,亦非"唯一"的现代性学理。以西方学术为现代学术,以中国学术为古代学术,势必导致二者不可调和,也势必导致中国学术的"博物馆化""考古化""木乃伊化"。先秦子学的合理性要么完全被抹杀,要么被西方学理所架空,名存实亡。在新子学话语体系的构建中,西方学理的主导作用非常显著,产生了对诸子学的严重附会与误解,"喜闻新说""不肯潜心读书""偏于主观,逞其臆见,削足适履"⑦,"以今人之意见,妄测古人"。⑧张默生批评新文化学人"留学欧美,学具专长,因有偏见,强以诸子之学,就其范畴,削足适履,无见其可,亦云固矣"⑨。罗根泽也批评新文化学人"戴了'西学'的眼镜以看'诸子',自然'诸子'又不异于'西学'了"⑩。时人对"别墨""天地不仁""君臣氓通约"等的解释,存在明显的误解。对"进化论""革命""民主""劳农主义""个人主义""社

---

① 汪叔潜. 新旧问题 [N]. 青年杂志, 1915-09-15.
② 独秀. 答佩剑青年 [N]. 新青年, 1917-03-01.
③ 傅斯年. 中国学术界之基本误谬 [N]. 新青年, 1918-04-15.
④ 独秀. 随感录（一）[N]. 新青年, 1918-04-15.
⑤ 独秀. 随感录（一）[N]. 新青年, 1918-04-15.
⑥ 钱玄同. 通信·中国今后之文字问题 [N]. 新青年, 1918-04-15.
⑦ 柳翼谋. 论近人讲诸子之学者之失 [N]. 史地学报, 1921-11.
⑧ 陈协恭. 《先秦学术概论》序 [M]// 吕思勉: 先秦学术概论. 上海: 世界书局, 1933: 1.
⑨ 张默生. 自序一 [M]// 先秦道家哲学研究. 济南: 山东文化学社, 1933: 2.
⑩ 罗根泽. 罗根泽先生序 [M]// 张默生. 先秦道家哲学研究. 济南: 山东文化学社, 1933: 4.

会主义"等话语的运用有着明显的附会。当然,以西方学理来解读先秦诸子也有积极的意义,过去觉得"玄之又玄"的一些内容,如宇宙观、本体论、发展论、逻辑学等,都能够得到新的解释,如胡适对"无中生有""温故而知新""万物皆出于几,入于几"、易白沙对"尚同""愚民""以智治国,国之贼"的解释就很有说服力,过去认为晦涩难懂的一些经典,如《墨经》《公孙龙子》等,基本上能够读通了。但也有不少子学经典被新文化运动所带来的"疑古"思潮以并不充分的证据打入"伪书",这是令人遗憾的。

结语

新文化运动,在"研究问题,输入学理,整理国故,再造文明"的旗帜下,一方面主张"重新估定"中国传统文化,一方面又主张"急急建设"中国新文化,在"打倒孔家店"的同时,要建立新子学话语体系。在新子学话语体系的建设过程中,西方的"现代性话语",如进化论、科学、民主、法治、革命、个人主义、社会主义等,成为评估先秦子学和建构新子学话语体系的主要工具。新子学话语体系的建构得失互见,就其所得而言,主要是先秦子学在"现代性话语"的导向下得到系统的评估与整理,新子学话语体系成功建构起来,子学复兴,尤其是墨学复兴,成为近代中国学术思想史上的奇观,有力地推动了思想解放与经学话语体系的解体。存在的主要问题是古今中西对立的思维严重影响了新子学话语体系建构的成就,西方学理的主导作用非常显著,既使得我们对先秦子学有了许多新的认识,也使得我们对先秦子学产生了的严重附会与误解。

第二章 "建设墨家店"：新文化运动与新墨学话语体系的生成

在历史上的"大变革"时代，墨学以"兴天下之利、除天下之害"为旨趣，致力于"急急救世"。近代中国又进入一个新的"大变革"时代，在这个"新战国时代"，墨学再度因"急急救世"而得以复兴。墨学复兴是一个持续性的历史过程，这一历史进程在鸦片战争之后就已经开始了，但新文化运动在墨学复兴、新墨学构建中发挥了关键性作用。为什么？因为新文化运动在履行以"打倒孔家店"为核心的"破坏性"使命的同时，也承担以"再造文明"为导向的"建设性"使命。新文化运动"建设性"使命的一项重要内容就是"建设墨家店"，胡适与梁启超都是"建设墨家店"的旗帜型人物，在他们的大力推动和示范下，大批学者积极参与墨学研究，形成一股强劲的新墨学思潮，"墨学大显"。[①]

一、新墨学兴起的背景

近代中国墨学的复兴并非偶然，既有清代以来的考据学基础，更有晚清以来的世变推动、甲午之后的民族危机、辛丑之后的文化失信、民国以来的新制危机。种种机缘，最终共同推动了墨学的复兴。

其一，"千年变局""新战国时代"，吁求墨学救世，吁求以墨学精神救世。

"救世"是墨学复兴的第一动力和根本目标。墨学的科技之学复兴始于鸦片战争，完全是救世的产物。后来，在日益严峻的民族危机和"富强"渴求之下，墨学的宗教之学、政治之学、经济之学相继复兴。近代中国大声疾呼墨学复兴，以墨学救世，是自梁启超开始的。[②]此后，学者多主张"以墨子学说，

[①] 陈柱. 墨学十论[M]. 上海：华东师范大学出版社，2015：239.

[②] 陈柱. 墨学十论[M]. 上海：华东师范大学出版社，2015：198.

第二章 "建设墨家店"：新文化运动与新墨学话语体系的生成

发挥引申，用救时弊"①，墨学何以能救世？首先，墨学产生于"大变革"时代，而"当今世乱，无异周末"②。学者多谓清季民国时期又处于"新战国时代"，或"千年大变局"时代。其次，墨学的基本主张可以救世，或者可以供救世参考。知识界对墨学的"兼爱""非攻""尚同""节用""天志""三表""墨经"等内容深入阐释，并把它与西来的社会主义、应用主义、功利主义、平等、民主、法治、科学、宗教等思想作比较，积极阐发墨学的现代意义。梁启超钟情于"救国救世"，"与墨家兼爱非攻诸论相合契"。③王元德谓墨学"以条理密察之文，述博爱大同之学"，其微言大义"于身心家国人类，庶有一南针"。④熊世琳谓"墨学的复兴，自然是因为这种学说本身有不朽的价值"⑤，"实是我国今日对症的良药"，⑥因此"我们今日对墨学的态度，除了赞扬以外，还得实用，才可以把一种学说的价值，全盘托出"。⑦具体而言，"在今日互相倾轧陷害的社会当中，所造出的各不相能，及尔虞我诈的大乱局势，此种兼爱的教义，尤其是对症的良药。墨子的兼爱学说，不但是可用来复兴中华民族，实在也可用来救全世界全人类。"⑧再次，墨学的伟大精神可以救世。辛亥革命时期，学者致力于挖掘墨学的革命精神（"革命之道德"）与道德精神（"新民"），新文化运动以来，学者进一步致力于发掘墨学的民族精神与救世精神。梁启超积极构建新墨学，呼吁以墨家的"牺牲"精神、"互助"精神、"非攻而尊守"精神救世。⑨胡适积极构建新墨学，也是基于墨子的"热心救世"精神与"高尚人格"，"墨子是一个极热心救世的人""是一个实行非攻主义的救世家"，他的精神与人格无比高尚，"试问中国历史上，可曾有第二个'摩顶放踵利天

---

① 王元德.《墨子大义述》序[M]//伍非百.墨子大义述.南京：国民印务局，1933：1.
② 王元德.《墨子大义述》序[M]//伍非百.墨子大义述.南京：国民印务局，1933：1.
③ 郑杰文.20世纪墨学研究史[M].北京：清华大学出版社，2002：61.
④ 王元德.《墨子大义述》序[M]//伍非百.墨子大义述.南京：国民印务局，1933：1.
⑤ 熊世琳.墨子教义与中华民族复兴之前途[M]//宋洪兵.国学与近代诸子学的兴起.桂林：广西师范大学出版社，2010：53.
⑥ 熊世琳.墨子教义与中华民族复兴之前途[M]//宋洪兵.国学与近代诸子学的兴起.桂林：广西师范大学出版社，2010：57.
⑦ 熊世琳.墨子教义与中华民族复兴之前途[M]//宋洪兵.国学与近代诸子学的兴起.桂林：广西师范大学出版社，2010：53.
⑧ 熊世琳.墨子教义与中华民族复兴之前途[M]//宋洪兵.国学与近代诸子学的兴起.桂林：广西师范大学出版社，2010：56.
⑨ 梁启超.墨子学案[M]."第二自序"，上海：商务印书馆，1921：1，2，3.

下为之'的人么？"① 方授楚亦高度称赞墨子"救世之急"的伟大精神，认为墨学文字并非墨家的真精神，"抱一信仰，努力实行""枯槁不舍""赴汤蹈火，死不旋踵"才是墨家的真精神，"为革命而牺牲之志士，斯真墨子之精神复活哉！"② 挽救中国深重的"内忧外患"，需要复活的是"真墨子之精神"，"今内忧外患深矣，守御无方，利之无术，若腐心于区区文字之末，而曰此墨学也！是则辱我子墨子于地下矣！"③

其二，西学传播需要墨学接应，墨学随西学传播而复活。

向西方学习，始于鸦片战争，到新文化运动达到高潮，是近代中国救国救民的一种极为重要的举措，也是一种占主导地位的社会思潮，而墨学则成为接应西学的"合适土壤"④。中国社会处于"二千年来所未有"的"剧变"与"过渡"时代，"一切逾传统精神相戾，而固有文化学术皆不足以应此世变矣。于是欢迎新知，则有所谓'洋务'与'欧化'……而以他人寻求'异教'精神，于我固有文化之中，则墨学尚矣。"⑤ "固有文化学术不足以应世变"，不得不有"西洋学术的输入"，"有西洋学术的输入，始发现在《墨子》一书中，有很多有价值的学理，故近日治墨学的人也就盛极一时，迥绝往古"。⑥ 王桐龄更是从"大历史"的角度详细地分析了墨学如何"随外国学说之输入而复活"的历史进程，"墨子学说，乃因种种机会，随外国学说之输入而复活。墨子之尊天主义、敬鬼主义、非攻寝兵主义，借儒教之余威，维持传播以至于今。此外各种学说，自西汉中叶以后，即已中绝。然墨子兼爱主义，自东汉以后，佛教输入中国，慈悲之说流行，为第一次复活。有明以来，耶稣教输入中国，博爱之风流行，为第二次复活。墨子之抑强扶弱主义，自有清初年，明末之忠臣义士，组织秘密结社，如哥老会、天地会等以反对满洲政府，为第一次复活。有清末年，民国之创业先烈，如吴樾、徐锡麟、温生才等，输入日本之武士道、俄国之虚无主义，组织暗杀党，剪除满庭大臣，为第二次复活。墨子之尚贤主义、尚同主义，自

---

① 胡适. 墨家哲学 [M]// 欧阳哲生. 胡适文集（12）. 北京：北京大学出版社，2013：190.

② 方授楚. 墨学源流 [M]. 上海：中华书局，1937：223.

③ 方授楚. 墨学源流 [M]. "自序"，上海：中华书局，1937：3-4.

④ 胡适. 先秦名学史 [M]// 欧阳哲生. 胡适文集（6）. 北京：北京大学出版社，2013：9.

⑤ 方授楚. 墨学源流 [M]. 上海：中华书局，1937：215-216.

⑥ 熊世琳. 墨子教义与中华民族复兴之前途 [M]// 宋洪兵. 国学与近代诸子学的兴起. 桂林：广西师范大学出版社，2010：53.

第二章 "建设墨家店"：新文化运动与新墨学话语体系的生成

有清末年，民国创业先哲，翻译欧美学说，输入共和理想而复活。民国成立以来，实行共和政治而益复活。现在自命为维新之莘莘士子、理想大家，方且鼓吹社会主义，提倡劳农政治，率全国不学之人，步俄国过激党之后尘，然则将来新尚贤主义、新尚同主义之进步，必有突过墨子理想以上之一日，假使墨子复生，必将欣慕艳羡，以为'后生可畏'，而自叹'老夫耄矣，无能为也'已。墨子之实利主义，随约翰·弥尔之功利主义学说输入中国而复活。墨子之非命主义，随赫胥黎之天演学说输入中国而复活。墨子之国家观念，随卢梭之民约学说输入中国而复活。墨子之经济观念，随斯密·亚当①之经济学说输入中国而复活。墨子之非攻主义，自美国前任大总统威尔逊极力提倡，现任大总统哈丁继之，欧美各国政治家和之。1921年11月11日，由美国发起，开太平洋会议于美国华盛顿京城，凡与太平洋有关系诸国，皆遣使臣与会，议决消减兵备，是为非攻主义实行之初步。墨子之论理学、物理学、军事学、军械学各种学说，亦随欧美新知识输入中国而复活。"②

其三，"再造文明"，重建文化自信，呼唤墨学复兴，刺激墨学复兴。

从鸦片战争到八国联军侵华战争，中国逐渐沦为半殖民地半封建社会，文化自信逐渐失落，不得不"中体西用"，最终走向西化。新文化运动时期，陈独秀明确表示"一切都应该采取西洋的新法子"，李大钊明确主张"竭力以受西洋文明之特长"。但是"西化"终究只是"权宜之计"，只是工具而非目的，民族复兴、文化复兴才是我们的根本目标。胡适认为，新文化运动的"唯一目的"是"再造文明"，③ 而"再造文明"需要"伟大的非儒学派"的复兴，④ 而在"伟大的非儒学派"中，"墨翟也许是在中国出现过的最伟大人物"，⑤ "不仅是一个哲学家，也是一个宗教家"，而且是"唯一真正创立了一个宗教的中国人"，⑥ "别墨⑦是伟大的科学家、逻辑学家和哲学家"，⑧ "墨家与功利主

---

① 今译亚当·斯密。
② 王桐龄. 儒墨之异同[M]. 北平：文化学社，1931：227-229.
③ 胡适. 思潮的意义[M]//欧阳哲生胡适文集（2）. 北京：北京大学出版社，2013：504.
④ 胡适在《先秦名学史》"导论"中明言，"非儒学派的恢复是绝对需要的"。
⑤ 胡适. 先秦名学史[M]//欧阳哲生. 胡适文集（6）. 北京：北京大学出版社，2013：47.
⑥ 胡适. 先秦名学史[M]//欧阳哲生. 胡适文集（6）. 北京：北京大学出版社，2013：49.
⑦ "别墨"，胡适又称为"新墨""后期墨家""科学和逻辑的墨学"，即《墨经》（胡适称为《墨辩》）的作者，胡适把惠施和公孙龙也归入"别墨"。
⑧ 胡适. 先秦名学史[M]//欧阳哲生. 胡适文集（6）. 北京：北京大学出版社，2013：51.

义和实用主义"具有很多"共同之处",构建新墨学可以成为"有机地联系现代欧美思想体系的合适的基础","使我们能在新旧文化内在调和的新的基础上建立我们自己的科学和哲学"。① 可见,墨学复兴、构建新墨学是重建中国人的文化自信,让我们感到"心安理得"②"泰然自若"③的一种手段、一个目标。

二、新墨学的学理与方法

新墨学与清代考据墨学的根本差异在于注重义理,而与先秦墨学相比,则注重输入"西方学理"。新墨学的主要特点是"运用现代语言和科学方法,融会贯通古今中外,在继续提高《墨子》文献的校勘训诂、资料整理水平的基础上,着重阐发墨学义理"。④

新墨学研究方法有两位主要的奠基人,那就是梁启超与胡适。梁启超的墨学研究"开创了《墨子》校释、墨学义理研究、墨辩逻辑和墨学科技研究、墨学史诸问题考证并重的模式,一改其前独重《墨子》整理的旧模式,成为20世纪墨学研究的新模式",其墨学论著中提出和论述的主要问题,"成为20世纪墨学研究的最主要论题"。梁启超紧密结合社会政治现实、为革除社会弊端、建立理想社会而进行墨学研究的学术研究指导思想,"成为20世纪墨学研究的主流指导思想",借助西方论著方式,以中国传统考说论述为基础的墨学研究表现方式,以及中西学术方式相结合的墨学研究方法,在《墨经》校注中开启的古籍校注的近代化样式,"亦深深地影响着20世纪的墨学研究方法"。⑤ 胡适则是"第一个用全新的西学方法研究墨家学说的人",胡适"融合中西方学术研究方法以治墨学,创造出一整套考据原始材料、析论思想学说、评价历史作用的文史哲研究方法,奠定了中国人文社会科学近代化研究方法的基本模式"。⑥ 其《中国哲学史大纲》"用西方论著的解析方法作框架,而以中国传统考据方法指导下对文本的深入研究成果作为论述内容,实现了中西方学术方法的合理结合,创立了墨学研究近代化方法,在学术方法上对其后的墨学义理

---

① 胡适. 先秦名学史[M]//欧阳哲生. 胡适文集(6). 北京:北京大学出版社,2013:9.
② 胡适. 先秦名学史[M]//欧阳哲生. 胡适文集(6). 北京:北京大学出版社,2013:10.
③ 胡适. 先秦名学史[M]//欧阳哲生. 胡适文集(6). 北京:北京大学出版社,2013:8.
④ 孙中原. 墨学七讲[M]. 北京:中国人民大学出版社,2013:65.
⑤ 郑杰文. 20世纪墨学研究史[M]. 北京:清华大学出版社,2002:89,90,91.
⑥ 郑杰文. 20世纪墨学研究史[M]. 北京:清华大学出版社,2002:92,117.

第二章 "建设墨家店":新文化运动与新墨学话语体系的生成

研究影响至深"。①

新墨学的根本特点是"以西释墨",西方学理中的实验主义、功利主义、社会主义、民主、科学、逻辑学等,都被用作阐释墨学的重要工具。梁启超与胡适系统地进行了"以西释墨"的示范性创造,梁启超以西来的功利主义、社会主义、民主与科学、创造进化论、论理学等学理深入阐墨,其《墨子学案》"联系苏联的公有理论来比说墨家的兼爱社会理想,联系卢梭的'民约论'来论述墨家的国家政体构想,联系'教会政治'来推阐墨家'巨子制'所展示的国家统治理想"。②胡适则主要以实验主义为根本方法来阐释墨学,其《先秦名学史》《中国哲学史大纲》《墨家哲学》都是如此。何谓"实验主义"?胡适又称为"应用主义""实际主义""实利主义"。其一,注重学说的实际影响与客观效果,是否给历史与社会带来进步;其二,注重学说的根本宗旨,是否是为了"最大多数的最大幸福";其三,注重学说的研究方法,是否反复询问为什么,是否具有科学性。胡适高度推崇墨学,就是因为墨学与其推崇的"实验主义""功利主义"具有"共同之处",胡适认为墨学的根本方法就是"应用主义""墨子以为无论何种事物、制度、学说、观念,都有一个'为什么'。换言之,事事物物都有一个用处。知道那事物的用处,方才可以知道他的是非善恶。"③胡适批判了对墨学"应用主义"的误解,"墨子的应用主义,所以容易被人误解,都因为人把这'利'字'用'字解错了。这'利'字并不是'财利'的利,这'用'字也不是'财用'的用。墨子的'用'和'利'都只指人生行为而言。"④墨学的应用主义目标是什么,即"兼爱非攻"的"真义"或"本意"是什么,"墨子说的'利',是'最大多数的最大幸福'。这是'兼爱'的真义,也便是'非攻'的本意。"⑤

从胡适运用"实验主义"与"功利主义"以来,大批学者都从这个角度来阐释墨学。梁启超谓墨子"论事物的善恶,专拿有用无用做标准"⑥。方授楚谓

---

① 郑杰文. 20 世纪墨学研究史 [M]. 北京:清华大学出版社,2002:236.
② 郑杰文. 20 世纪墨学研究史 [M]. 北京:清华大学出版社,2002:82.
③ 胡适. 墨家哲学 [M]// 欧阳哲生. 胡适文集(12). 北京:北京大学出版社,2013:193.
④ 胡适. 墨家哲学 [M]// 欧阳哲生. 胡适文集(12). 北京:北京大学出版社,2013:194.
⑤ 胡适. 墨家哲学 [M]// 欧阳哲生. 胡适文集(12). 北京:北京大学出版社,2013:201.
⑥ 梁启超. 墨子学案 [M]. 上海:商务印书馆,1921:21.

墨子"中国家百姓之利"的标准，"本所谓功利主义也"。[1] 蒋伯潜谓"英人边沁以'最大多数之最大幸福'为道德标准，恰与墨子不谋而合。墨子所说之'利'的含义如此。他所谓有利的，就是他认为有用的；而其利不利有用无用的标准，又专着眼于现实的具体的人类生存之最低限度的生活，所以完全是极端的唯物的。一切精神的、娱乐的，非目前所能看到的有益于生活的事，便都在反对之列"。[2]

社会主义（大同主义、互助主义）也是构建新墨学的主要阐释工具。社会主义主张"公有""唯物""平等""互助""劳动神圣""义务劳动""大同"等，被认为与墨学义理相通。墨学与社会主义的结缘会通，是新墨学的一个极为重要的特征。朱偰认为在中国思想史上有一种"很类似近世社会主义的思想，而发之远在二千年以前的，那我们一定推举墨家的学说了"[3]。墨子的社会主义具有社会主义思想的共性，即承认人的生存权与劳动义务。认为"国家对于老弱孤幼皆负有供给生存之义务"，要保障"饥者得食，寒者得衣，劳者得息"，"老而无子者，有所得终其寿；连独无兄弟者，有所杂于生人之间；少失其父母者，有所放依而长"，同时墨子也"主张强制作工"。[4] 墨子的社会主义，"与圣西蒙[5]、克鲁泡金[6]，托尔斯泰诸人的社会主义相似，与马克思的主义，在手段上，是完全相反的。他是不想念以一阶级压迫另一阶级的。"[7] 梁启超也是以社会主义阐释墨理的著名代表，梁氏谓"'兼相爱'，是托尔斯泰[8]的利他主义，'交相利'，是科尔璞特金[9]的互助主义"[10]。梁启超把儒家与墨家的大同主义

---

[1] 方授楚. 墨学源流 [M]. 上海：中华书局，1937：165.

[2] 蒋伯潜. 诸子学纂要 [M]. 北京：首都经济贸易大学出版社，2017：128.

[3] 朱偰. 墨学与社会主义 [M]// 宋洪兵. 国学与近代诸子学的兴起. 桂林：广西师范大学出版社，2010：149.

[4] 朱偰把墨子的"强听治"、"强从事"的"强"，理解为"强制"。谭家健、孙中原认为应该翻译为"勉力""努力"。参阅谭家健、孙中原译注：《墨子今注今译》，北京：商务印书馆，2009：194.

[5] 今译圣西门。

[6] 今译克鲁泡特金。

[7] 朱偰. 墨学与社会主义 [M]// 宋洪兵. 国学与近代诸子学的兴起. 桂林：广西师范大学出版社，2010：150.

[8] 今译托尔斯泰。

[9] 今译克鲁泡特金。

[10] 梁启超. 墨子学案 [M]. 上海：商务印书馆，1921：16.

第二章 "建设墨家店"：新文化运动与新墨学话语体系的生成

进行比较，认为"墨子的兼爱主义，和孔子的大同主义，理论方法，完全相同。但孔子的大同，并不希望立刻实行；以为须渐渐进化，到了'太平世'才能办到。在进化过渡期内，还拿'小康'来做个阶段。墨子却简单明了，除了实行兼爱，不容有别的主张"。[①] 墨子的"大同社会"，即"兼爱社会"，就是"把一切含著'私有'性质的团体都破除了，成为一个'共有共享'的团体"[②]。墨子的新社会"和现在的俄国的劳农政府，很有点相同"[③]。吴虞也认为墨子的主张"就是列宁的劳农主义"。[④] 梁启超对墨子的社会主义评价甚高，谓墨子"是个大马克思"，"马克思的共产主义，是在'唯物观'的基础上建设出来。墨子的'唯物观'，比马克思还要极端"。缺陷是墨子"讲的有用无用有利无利，专拿眼前现实生活做标准，拿人类生存必要之最低限度做标准"。[⑤] 容易形成一种"贫穷的社会主义"，这是梁启超坚决反对的。与梁启超认为孔子也有大同主义思想相反，伍非百则认为"大同主义"完全是墨家思想，"今考《礼运》'大同'说，与其他儒家言不甚合，而与《墨子》书不但意义多符，即文句亦无甚远。'天下为公'，则'尚同'也。'选贤与能'，则'尚贤'也。'讲信修睦'，则'非攻'也。'不独亲其亲，不独子其子'，则'兼爱'也。'货恶其弃其地，力恶其不出于身'，则'节用''非命'也。'使老有所终，壮有所用，幼有所长，鳏寡孤独废疾者皆有所养'，则'老而无子者，有所侍养以终其寿，幼弱孤童之无父母者，有所放依以长其身'之文也。'货不必藏于己，力不必为己，则'余力相劳，余财相分，良道相教'之意也。'诈谋闭不用，盗贼窃乱不作'，亦'盗贼无有''谁窃''谁乱'之语也。综观全文[⑥]，约百余字，大抵摭拾《墨子》之文而成。其为墨家思想，甚为显著。故读《墨子》者，不可不知'大同'为墨家之学，而立谋所以实现，而梦想大同者，亦不可不于墨家言求之。"[⑦]

以科学释墨始于鸦片战争，但在倡导"民主与科学"的新文化运动发生以来，以科学释墨则成为一股自觉的强劲文化思潮。以科学释墨的重点是《墨经》

---

① 梁启超. 墨子学案 [M]. 上海：商务印书馆，1921：23.
② 梁启超. 墨子学案 [M]. 上海：商务印书馆，1921：21.
③ 梁启超. 墨子学案 [M]. 上海：商务印书馆，1921：66.
④ 吴虞. 墨子的劳农主义 [M]// 宋洪兵. 国学与近代诸子学的兴起. 桂林：广西师范大学出版社，2010：162.
⑤ 梁启超. 墨子学案 [M]. 上海：商务印书馆，1921：43.
⑥ 这里指《礼记·礼运》。
⑦ 伍非百. 墨子大义述 [M]. 南京：国民印务局，1933：200-201.

研究。胡适称为"中国古代的第一部奇书"①，谓《墨经》的著者"别墨"是"科学研究和逻辑探讨的学派""是发展归纳和演绎方法的科学逻辑的唯一的中国思想学派""以心理学为根据提出了认识论""继承了墨翟重实效的传统，发展了实验的方法"。②胡适以科学释墨的代表性著作是《墨家哲学》③《〈墨子·小取〉篇新诂》④《先秦名学史》之《别墨的逻辑》。梁启超谓《墨经》为"古书之最难读而最有趣者"⑤，阐释《墨经》的代表性著作是《墨子之论理学》《国学小史》⑥之《墨家之论理学及其他科学》《墨经校释》。唐敬杲谓"墨子之学，在我国古代学术中，实最多科学实验之精神者"。⑦方授楚具体分析了墨学何以有"科学"精神与"实验"方法，"盖墨子本注重知识，又与其弟子，多参加实际生活事业，日积月累，亲身之经历既多，后学继此精神，加以组织之说明之，故成绩独为高卓也，当时重要学派，如儒家之求知识，多在诵说，道家多重冥想，名家则颇以文字语言为游戏；因均脱离生产关系也，惟墨家则闻见思维之外，能动手实验，乃有真知灼见，与他家迥异矣。"⑧《墨经》被公认为最有科学精神与实验方法的墨学经典，"社会科学，如人生道德及政治、经济诸事，此以《经上》之上部为多"；"应用科学，如数术、形学（几何）、物理、制造诸事，此以《经上》之下部为多。物理中之光学则在《经下》之上部"；"知识论与辩学，《经上下》均有之，《大取》言及'语经'，《小取》则专言'辩'"。⑨自新文化运动以来，以科学方法阐释《墨经》成为民国时期知识界的潮流。

---

① 胡适. 中国哲学史大纲（卷上 古代哲学史）[M]. 上海：商务印书馆，1919：31.
② 胡适. 先秦名学史 [M]// 欧阳哲生. 胡适文集（6）. 北京：北京大学出版社，2013：52.
③ 《墨家哲学》系1918年3月24日、31日，4月7日、14日胡适在教育部会场的演讲，1918年8月10日北京大学学术演讲会印行，1919年2月收入上海商务印书馆出版的《中国哲学史大纲》。
④ 胡适本欲作《墨辩新诂》，可惜未完成。《〈墨子·小取〉篇新诂》发表于1919年3月《北大月刊》第3期。
⑤ 梁启超. 国学小史 [M]. 北京：商务印书馆，2014：213.
⑥ 《国学小史》系1920年12月2日至1921年3月底在清华学校之演讲稿，《国学小史》之《墨子》部分，1921年11月由上海商务印书馆出单行本《墨子学案》。
⑦ 唐敬杲选注. 墨子 [M]. 武汉：崇文书局，2014：8.
⑧ 方授楚. 墨学源流 [M]. 上海：中华书局，1937：177.
⑨ 方授楚. 墨学源流 [M]. 上海：中华书局，1937：157.

三、新墨学对墨学的价值重估

新墨学立足于科学、民主、社会主义、应用主义、功利主义等新的学理与价值标准之上,对先秦墨学的评价很高,既看到先秦墨学的合理性,亦看到其局限性。

就墨学的合理性而言,首先,墨学的"科学实验"与"实践"的精神得到高度评价。胡适高度评价墨学的"应用主义"的方法以及"科学研究"和"逻辑探讨"的精神,[①]"墨翟的主要见解是:每一个制度的意义,就在于它有利于什么;每一个概念或信念或政策的意义,就在于它适合于产生什么样的行为和品格",但墨子的"应用主义"不仅看"效果",也看"动机"或"目的","墨翟一方面坚持以实际效果作为评价原则和制度的唯一标准,同时常常认定行为动机的重要性,动机在这里不只是希望,而是需要为之作出努力的预见目的"。[②]唐敬杲谓墨学"具有精气磅礴之实践精神"[③]。蔡尚思谓《墨经》把墨子"明鬼"论发展到接近"神灭论",这是"中国最早的神灭论"。[④]

其次,墨学的民族精神("国民性")得到高度评价。梁启超认为墨家精神,如"任侠""牺牲""互助""非攻而尊守"等,已经成为中华文明的核心价值观、中国国民性的重要组成部分,是中华文明的存续之本。"墨学精神,深入人心,至今不坠,因以形成吾民族之特性之一者,盖有之矣。墨教之根本义,在肯牺牲自己,《墨经》曰:'任,士损己而益所为也。'《经说》释之曰:'任,为身之所恶以成人之所急。'墨子之以言教以身教者,皆是道也。是道也,秦汉以后士大夫信奉者盖鲜;而其统存于匹夫匹妇。"[⑤]

再次,墨家的"平民"精神、"社会主义"精神得到高度评价。梁启超认为墨家经济思想仍然具有现代意义,谓"墨子之经济理想,与今世最新之(社会)主义多吻合,我国民畴昔疑其不可行者,今他人行之而底厥绩焉"[⑥]。李石岑认

[①] 胡适. 先秦名学史 [M]// 欧阳哲生. 胡适文集(6). 北京:北京大学出版社,2013:52,53.

[②] 胡适. 先秦名学史 [M]// 欧阳哲生. 胡适文集(6). 北京:北京大学出版社,2013:55.

[③] 唐敬杲选注. 墨子 [M]. 武汉:崇文书局,2014:11.

[④] 蔡尚思. 墨子思想体系 [M]// 中国古代学术思想史论. 上海:上海古籍出版社,2013:170.

[⑤] 梁启超. 墨子学案 [M]. "第二自序". 上海:商务印书馆,1921:1.

[⑥] 梁启超. 墨子学案 [M]. "第二自序". 上海:商务印书馆,1921:4.

为"墨家是十足地代表商人和手工业者的思想"[①],"主要的是代表手工业者"[②]。郭沫若谓知识界不少人认为"墨子是奴隶解放者,是农工革命的前驱,是古代的布尔什维克""是人民的朋友"。[③] 嵇文甫谓墨子"竭尽全力以供给一般贫苦百姓的生活必需品"[④]。唐敬杲谓墨子"主张极端的勤劳主义"[⑤]。

蔡尚思对墨家思想的合理性做了全面总结,谓其主要的价值在于:"打破宗法制度与血统观念""唯力非命""注重创新""反对孔子知其然而不知其所以然""能脑力劳动,能体力劳动""注重军事,能文能武""主张全国选贤任能""以公利为正义,不重个人的名利""社会本位""言行一致""注重科学""注重逻辑""反对儒家最注重的繁文缛礼、虚伪道德""反对知识私有",重视"生产",反对"享乐"。[⑥] 王桐龄对墨学的现代意义做出最高的预期,"使墨子而得位学道,则选贤与能,天下为公,其兼爱主义、实利主义、万民平等主义、君主民选主义,将一一见诸实行,现今美国之共和政治、俄国之劳农政治,或于二千年前,早已实现于中国,其结果影响于东亚各国者何若,影响于世界各国者何若,诚非我辈后生所能推测也",[⑦]"就目下形势而论,墨子学说之传播力,乃正如日出东方,光焰万丈,有普照全世界之观矣"。[⑧]

就墨家思想的局限性而言,知识界几乎一致认为其把"应用主义""功利主义"推向了极端。梁启超谓过分强调"实利主义",是"墨学偏激的地方"。[⑨] 胡适谓墨学"最大的流弊在于把'用'字'利'字解得太狭了"。[⑩] 蔡尚思谓墨家主张"极端的节省消费",不利于"生活提高、社会发展",[⑪] 而为了增

---

① 李石岑. 中国哲学十讲[M]. 北京:中华书局,2015:64.
② 李石岑. 中国哲学十讲[M]. 北京:中华书局,2015:67.
③ 郭沫若. 十批判书[M]. 北京:人民出版社,1954:100,101.
④ 嵇文甫. 先秦诸子思想述要[M]. 北平:开拓社,1932:23.
⑤ 唐敬杲选注. 墨子[M]. 武汉:崇文书局,2014:11.
⑥ 蔡尚思. 墨子思想体系[M]// 中国古代学术思想史论. 上海:上海古籍出版社,2013:173,174.
⑦ 王桐龄. 儒墨之异同[M]. 北平:文化学社,1931:223-224.
⑧ 王桐龄. 儒墨之异同[M]. 北平:文化学社,1931:229.
⑨ 梁启超. 墨子学案[M]. 上海:商务印书馆,1921:154.
⑩ 胡适. 墨家哲学[M]// 欧阳哲生. 胡适文集(12). 北京:北京大学出版社,2013:197.
⑪ 蔡尚思. 墨子思想体系[M]// 中国古代学术思想史论. 上海:上海古籍出版社,2013:175.

加人口以扩大生产而"主张早婚早生",这是"很幼稚的一种想法"。①当然,墨子"实用主义"的极端形式是"非乐"。这一点最为新墨学诟病。郭沫若谓墨子"反对音乐,完全在反对艺术,反对文化"②。支伟成谓墨子"非乐"为"狭义之功用主义","一切美术,皆属奢侈,皆为无用,皆当废弃"。③高维昌谓墨子"非乐","率天下于憔悴忧思愁苦悲惨之域,而责其爱人利物,则亦变本加厉,矫枉过其正矣"。④但也有学者为墨子"非乐"辩护,蔡尚思谓"墨子在当时反对音乐,正是站在广大穷苦人民的立场上,这是优点不是缺点"⑤。李季亦谓墨子"非乐","并不是不懂得乐的好处,只因这种东西不独与贫苦的农工无缘,并且直接妨害他们的利益,所以为阶级的利害计,断然取一种反对的态度。"⑥从下层社会的角度看,墨子"非乐"有其合理性;从治国理政的角度看,"非乐"是不合时宜的。

另外,新墨学对墨学的宗教性有两种态度,一种是科学主义的态度,否认宗教的价值,认为宗教是一种迷信,"墨教"的"天志""明鬼"都归属于迷信之列,而迷信则在"破除"之列。胡适认为墨子对于鬼神的信仰,"只注重精神上的信仰,不注重形式上的虚文",目的是为了"明德归厚"。⑦蔡尚思不大认同墨学的"迷信"之说,谓"墨子并不是百分之百地迷信鬼神的,并不敢断定真有鬼神的存在,而是主张大家可以借祭祀鬼神的机会来大吃一顿。这也不失为兼爱、兼利的一种表现"⑧。另一种是人文的态度,承认宗教的价值,主张中国应该存在一种能够与基督教相抗衡的新宗教,建立"墨教"。但蔡尚思指出"墨教"是"一种最浅薄、最原始、最不像样的中国式宗教,因为它没

---

① 蔡尚思. 墨子思想体系 [M]// 中国古代学术思想史论. 上海:上海古籍出版社,2013:175.

② 郭沫若. 孔墨的批判 [M]// 十批判书. 北京:人民出版社,1954:103.

③ 支伟成. 墨子综释 [M]. 北京:知识产权出版社,2013:13.

④ 高维昌. 周秦诸子概论 [M]. 上海:商务印书馆,1930:117.

⑤ 蔡尚思. 墨子思想体系 [M]// 中国古代学术思想史论. 上海:上海古籍出版社,2013:174.

⑥ 李季. 胡适《中国哲学史大纲》批判 [M]. 上海:神州国光社,1931:124–125.

⑦ 胡适. 墨家哲学 [M]// 欧阳哲生. 胡适文集(12). 北京:北京大学出版社,2013:202.

⑧ 蔡尚思. 墨子思想体系 [M]// 中国古代学术思想史论. 上海:上海古籍出版社,2013:168.

有他界、未来世等说"。① 蔡尚思也从马克思主义的角度,分析墨学的"兼相爱交相利"是"超阶级的相爱相利主义",是"十足的阶级调和论"。②

四、新墨学对墨学"中绝"原因的探讨

先秦墨学能够"言盈天下",弟子徒属"充满天下",与战国时期"百家争鸣"的社会环境息息相关,那是一个"大动乱",也是一个"大转型""大变革"的时代,诸子百家都有脱颖而出的机会,但为什么只有墨学"以一贱人倡之,竟成一大学派以移当时风尚者"?方授楚的答案是,"墨子人格之感化与其组织之完善"。③ 这固然有道理,但墨学"十义"④ 的价值吸引力当为其根本原因,因为"兼爱非攻"焕发出强烈的时代精神,而墨家为此进行了充分的论证、"强聒不舍"和"力行"。但"言盈天下"的墨学为何到了秦汉以后"由盛而忽衰"呢?新墨学为此展开了长期的探讨与激烈的论战。总结起来,大体不出如下论点:不合时宜;"其道大觳";儒家反对;内在矛盾;理想过高;组织破坏;农工阶级失败;政客猜忌;诡辩微妙;拥秦嫌疑;"反革命"。其中不合时宜、"其道大觳"、儒学反对、内在矛盾认同者为数较多,其他论点只有个别人提出,缺乏普遍认同。

其一,不合时宜。

"不合时宜"这一论点,综合墨学"中绝"的内外因,因此为大多数学者认同。胡耐安明确认同"墨学之绝",由于不合"时宜"。⑤ 胡适认为墨学反对战争,与"战争最烈"之战国末期时代不合,"各国政府多不很欢迎兼爱非攻的墨家",因此,"墨学在战国末年,已有衰亡之象"。⑥ 陈柱认为墨家善于制作"器械攻守之具,尤为国家统一以后所大忌"⑦。方授楚认为墨家乃是"反统治阶级之学

---

① 蔡尚思. 墨子思想体系 [M]// 中国古代学术思想史论. 上海:上海古籍出版社,2013:175.

② 蔡尚思. 墨子思想体系 [M]// 中国古代学术思想史论. 上海:上海古籍出版社,2013:175.

③ 方授楚. 墨学源流 [M]. 上海:中华书局,1937:115.

④ 所谓墨学"十义",即墨子的十大主张:"兼爱""非攻""尚贤""尚同""天志""明鬼""节用""节葬""非乐""非命"。

⑤ 胡耐安. 先秦诸子学说 [M]. 上海:北新书局,1936:67.

⑥ 胡适. 墨家哲学 [M]// 欧阳哲生. 胡适文集(12). 北京:北京大学出版社,2013:235.

⑦ 陈柱. 墨学十论 [M]. 上海:华东师范大学出版社,2015:180.

派",不合统一国家形势,"墨学本以旧贵族社会之崩溃而发生,在改革过程中其主张虽激,尚有以活动也。迨变革已经完成,政局稳定,此反统治阶级之学派,非所宜也。"① 冯友兰通过儒墨义理比较后认为,"儒家得势,墨家不振"有其"必然的理由",因为墨家思想代表"下层社会穷人之观点",儒家思想代表"上层社会之君子所应行之成规","盖历代之统治者,无论其出身如何,一成为统治者,即为上层社会之人,故必用就上层社会观点立论之政治社会哲学也"。②

其二,"其道大觳"。

"其道大觳"这一论点为《庄子·天下篇》对墨学的评点,梁启超认同其为"墨学失败的最重要原因",梁启超的解释是,"墨子的实利主义,原是极好;可惜范围太狭窄了,只看见积极的实利,不看见消极的实利。所以弄到只有义务生活,没有趣味生活。墨学失败最重要的原因,就在此。"③ 归根结底,梁启超谓"非乐",即"没有趣味生活",乃是"墨学失败最大原因"。④ 此论一出,认同者亦多。陈柱谓"以绳墨自矫""为之太过""其道大觳"等语,可谓"深得墨学之精神",这就是"墨学之所以不能行于后世"的根本原因。⑤ 方授楚认为墨子"以贱人出身,而其学说亦以贱人为立场""士君子则以为'其道大觳'或'役夫之道'"。⑥ 杜守素认为墨子"主张不合于王公大人士君子的胃口"⑦。胡耐安亦谓墨学"以自苦为极之不易遵循""教律若是之严,其意志不坚操守不定者,自难免有退而出之""偏于贵俭,贵俭则不免有拂乎人性者,是以其教乃不能逾二百岁矣"。⑧ "其道大觳",这是绝大多数学者都认同的,但为何会"其道大觳"呢?李季的解说是,"墨子明明知道乐足以安身、甘口、美目、乐耳,而偏持一种非乐论,正是反应着当时贫苦农工的一种意识,因为他们在饥者不得食,寒者不得衣,劳者不得息的当儿,一切音乐的功用完全谈不到。"⑨

---

① 方授楚. 墨学源流 [M]. 上海:中华书局,1937:209.

② 冯友兰. 原儒墨 [M]// 宋洪兵. 国学与近代诸子学的兴起. 桂林:广西师范大学出版社,2010:422.

③ 梁启超. 墨子学案 [M]. 上海:商务印书馆,1921:45.

④ 梁启超. 墨子学案 [M]. 上海:商务印书馆,1921:154.

⑤ 陈柱. 墨学十论 [M]. 上海:华东师范大学出版社,2015:167.

⑥ 方授楚. 墨学源流 [M]. 上海:中华书局,1937:206.

⑦ 杜守素. 先秦诸子思想 [M]. 上海:生活书店,1946:14.

⑧ 胡耐安. 先秦诸子学说 [M]. 上海:北新书局,1936:67,90,96.

⑨ 李季. 胡适《中国哲学史大纲》批判 [M]. 上海:神州国光社,1931:127.

墨家能够"以自苦为极",确实属于"役夫之道"。故无法在秦汉以后的统治者阶层流行。但在战国时期为何可以"言盈天下",不少统治者亦为墨学所吸引?战国时期,国家是分裂的,统治者之间存在竞争,墨学由此获得了活动空间;墨家善于制作"器械攻守之具",受到一些统治者的青睐;墨家反对"恃强凌弱",保护弱国与弱者,得到弱国与弱者的欢迎;墨家"非攻",得到小国与弱国的欢迎;墨家主张"兼爱""贵义",获得了道义的支持。

其三,儒家反对。

战国时期,墨家与儒家并为"显学","中分天下",但"何以消灭得这样神速"?胡适提出首要原因在于"儒家的反对",儒家"极力攻击墨家","孟子竟骂墨子兼爱为'无父',为'禽兽'。汉兴以后,儒家当道,到汉武帝初年竟罢黜百家,独尊孔氏。儒家这样盛行,墨学自然没有兴盛的希望了"。[①]陈柱完全认同胡适的论点,指出"汉武以后,儒学统一,孟子之书盛行,人皆恶无父之名,而遂鲜有敢言墨学者;予墨子以最大之打击,厥惟孟子矣"。当然,陈柱也对孟子的"墨子无父"论做了辨析,谓"墨子兼爱,未尝不爱父也。而卒至于无父者,则末流之弊,功利主义之害使然矣"[②]。吴虞认为"墨子的劳农无君两主义",自先秦以来就受到儒家的极力排斥,"自从孔子斥学稼的樊迟是小人,又斥荷蓧丈人不仕无义,欲洁其身而乱大伦,墨子他们的劳农主义、无君主义,都受了大大的打击。孟子辟杨朱、墨翟,斥他们'无尊异君父之义,比于禽兽'。荀子虽是儒家,又因为他的《非十二子》篇开罪于子思、孟子,性恶论反对孟子,儒家的徒子法孙,既排斥墨子,又排斥荀子,所以墨子的劳农无君两主义,湮没了多年"。[③]

其四,内在矛盾。

墨学的内在矛盾是"墨术不传"的内因。梁启超谓"论理学是墨学成立的一种利器,但墨家对此学之应用,却万物不能圆满"。他批评墨学"薄葬"与"明鬼"有矛盾,"平等主义"与"尚同"有矛盾,"乐利主义"与"非乐"有矛盾。"宗教思想"与"不言他界来生"有矛盾,此为"墨术不传之原因"。[④]

---

① 胡适. 墨家哲学 [M]// 欧阳哲生. 胡适文集(12). 北京:北京大学出版社,2013:235.

② 陈柱. 墨学十论 [M]. 上海:华东师范大学出版社,2015:169.

③ 吴虞. 墨子的劳农主义 [M]// 宋洪兵. 国学与近代诸子学的兴起. 桂林:广西师范大学出版社,2010:164.

④ 梁启超. 墨子学案 [M]. 上海:商务印书馆,1921:156,157.

其五，"理想过高"。

"兼爱天下人"，为天下人"兴利除害"，让天下和平安宁，的确是墨家的理想、墨学的宗旨。方授楚认为"以兼爱非攻相号召，此不易实现之说也。在外有国界、内有阶级之世界，则有所爱有所不爱"①。

其六，"农工阶级的失败"。

唯物史观和阶级分析法是民国学者重要的研究方法。根据唯物史观和阶级分析法，嵇文甫认为，墨学代表"劳苦群众"与"下层社会"。②李季认为墨学灭亡的真正原因，在于"农工阶级的失败"。秦汉以来，"地主阶级掌握政权，将农工阶级压在底下"，代表"农工阶级利益"的墨学，"不能幸存，自是意料中的事"。③

其七，"组织破坏"。

墨家是战国时期最有组织性、纪律性的学派，"巨子"制度是墨家最为重要的组织制度，方授楚根据《庄子·天下篇》所言"以巨子为圣人，皆愿为之尸，冀得为其后世，至今不决"，推断"似当时'钜子'之继承，已发生问题，而无法解决也"④。

其八，政客猜忌。

胡适提出"政客猜忌"说，主要指的是"法家政客的疾忌"⑤。陈柱认同这一点，指出墨家"以武犯禁"，为"法网所甚恶"。⑥

其九，诡辩微妙。

胡适把"名家"纳入后期墨家，即所谓"别墨"，对"别墨"评价极高，视之为"科学和逻辑"的墨家，与前期"哲学与宗教"的墨家区别开来，但也承认"别墨"最终陷入"微妙"的"诡辩"，引发了严重的墨学危机，"别墨惠施、公孙龙一般人，有极妙的学说。不用明白晓畅的文字来讲解，却用许多极怪僻的'诡辞'，互相争胜，'终身无穷'。那时代是一个危急存亡的时代，各国所需要的乃是军人政客两种人才，不但不欢迎这种诡辩，并且有人极力反

---

① 方授楚. 墨学源流 [M]. 上海：中华书局，1937：205.
② 嵇文甫. 先秦诸子思想述要 [M]. 北平：开拓社，1932：32.
③ 李季. 胡适《中国哲学史大纲》批判 [M]. 上海：神州国光社，1931：174.
④ 方授楚. 墨学源流 [M]. 上海：中华书局，1937：206.
⑤ 胡适. 墨家哲学 [M]//欧阳哲生. 胡适文集（12）. 北京：北京大学出版社，2013：236.
⑥ 陈柱. 墨学十论 [M]. 上海：华东师范大学出版社，2015：179-180.

对。"① 梁启超主张把胡适所言"诡辩太微妙"修正为"诡辩太诡"。陈柱则谓其"明理异同之辩,已为学术统一后所不需"②。

其十,"拥秦嫌疑"。

方授楚推断墨家后来传入秦国之后,"仕秦而堕落",有"媚秦""拥秦"之嫌疑。当然,方授楚的推断虽然有迹可循,但终究缺乏确切证据,只是推测。

十一,"完全是反革命派","敌不过进化的攻势"。

郭沫若别出心裁,与多数学者认同墨子的"贱人"身份不同,③他专从《墨子·非儒》立论,认为"孔子是袒护乱党,而墨子是反对乱党的人",所谓"乱党",郭沫若谓是"在当时都要算是比较能够代表民意的新兴势力""孔子的立场是顺乎时代的潮流,同情人民解放的,而墨子则和他相反"。④郭沫若的观点虽然新颖别致,但缺乏学界广泛的认同。这主要是因为他对墨家思想缺乏贯通的理解。

墨学是否真的"灭绝",也存在争议,多数学者认为墨学并没有"灭绝",而是由显而隐,由影响上层而影响民间,成为下层社会的信仰,成为国民性的重要组成部分。梁启超谓"墨学精神,深入人心,至今不坠"⑤。冯友兰谓"墨家虽不振,而侠士之团体,及其中所讲所行为之道德,则仍继续存在。后世《水浒传》等小说中所写,及后世秘密会社中所有之人物道德,是其表现也。不过此等人常被压于社会之下层,为'士君子'所不道而已"。⑥

五、新墨学对墨学核心要义的探讨

墨学有十大主张,被称为"墨学十义",但墨学的核心要义究竟是什么?新墨学存在巨大的争议,胡适认墨子的根本思想为"应用主义",方授楚认墨子的根本思想为"平等",伍非百认墨子的根本思想为"为天下兴利除害",李季认墨子的根本思想为"谋农工阶级的利益","梁启超认墨子的根本思想

---

① 胡适. 墨家哲学 [M]// 欧阳哲生. 胡适文集(12). 北京:北京大学出版社,2013:236.

② 陈柱. 墨学十论 [M]. 上海:华东师范大学出版社,2015:180.

③ 《墨子·贵义》中有明显的"贱人"说法,是对墨子身份的一种确认。

④ 郭沫若. 十批判书 [M]. 北京:人民出版社,1954:67,73.

⑤ 梁启超. 墨子学案 [M]. "第二自序". 上海:商务印书馆,1921:1.

⑥ 冯友兰. 原儒墨 [M]// 宋洪兵. 国学与近代诸子学的兴起. 桂林:广西师范大学出版社,2010:422.

第二章 "建设墨家店"：新文化运动与新墨学话语体系的生成

为兼爱，夏曾佑认墨子的根本思想为明鬼，李石岑认墨子的根本思想为非乐[①]，胡朴安认墨子的根本思想为非攻"。[②]

其一，应用主义。

这一论点的代表为胡适，胡适运用实验主义的方法，得出的结论是：墨子学说的根本观念，就在于他的"应用主义"，"墨子的根本观念，在于人生行为上的应用""他处处把人生行为上的应用，作为一切是非善恶的标准""其余的兼爱、非攻、尚贤、上同、非乐、非命、节用、节葬，都是这根本观念的应用"。[③]胡适的"应用主义"论虽然别出心裁，但和者寡。

其二，兼爱主义。

以"兼爱"为墨学的根本观念，是先秦以来学界的主流，也是新墨学的主流。梁启超谓"兼爱"是墨学的"根本观念"，"墨学所标纲领，虽有十条，其实只从一个根本观念出来，就是兼爱"。梁启超认为孟子所言"墨子兼爱，摩顶放踵利天下为之"，"实可以包括全部《墨子》"。"非攻""节用""节葬""非乐""天志""明鬼""非命"等都是从"兼爱"衍生出来的。"因为墨子所谓爱是以实利为标准"，故有"节用""节葬""非乐"。"天志""明鬼"则是"借宗教的迷信来推行兼爱主义"。"非命"是"因为人人信有命，便不肯做事不肯爱人了"。[④]陈柱谓"墨子唯一之主义在乎兼爱"，"非攻""尚同""天志""节用""节葬""非乐""非儒""非命""明鬼""尚贤""修身""论理""守御之法"都是由"兼爱"派生出来的。[⑤]唐敬杲谓"墨子之根本主义，厥维兼爱。彼以为天下之祸乱，皆起于不相爱"[⑥]。蒋伯潜谓"兼爱"是墨子的"中心思想"，"'墨子兼爱，摩顶放踵，利天下，为之。'这几句话，最足以表示墨子的主旨和精神"。[⑦]胡耐安谓"墨子之学，赅而言之曰：'舍己为群''强本节用'。盖以其人身当战国之世，兵革四起，民生凋敝，欲矫其弊，'兼爱''节用'尚矣"。[⑧]郭沫若谓在墨子思想中"最为特色而起着核心作用的要算是他的'兼

[①] 另一说为"尚同"，即"平等"之义。

[②] 李季. 胡适《中国哲学史大纲》批判[M]. 上海：神州国光社，1931：134-135.

[③] 胡适. 墨家哲学[M]//欧阳哲生. 胡适文集（12）. 北京：北京大学出版社，2013：199，205.

[④] 梁启超. 墨子学案[M]. 上海：商务印书馆，1921：15，16.

[⑤] 陈柱. 墨学十论[M]. 上海：华东师范大学出版社，2015：39.

[⑥] 唐敬杲选注. 墨子[M]. 武汉：崇文书局，2014：9.

[⑦] 蒋伯潜. 诸子学纂要[M]. 北京：首都经济贸易大学出版社，2017：123.

[⑧] 胡耐安. 先秦诸子学说[M]. 上海：北新书局，1936：70.

爱'①与'非攻'的一组",属于"时代精神的反映"。②蔡尚思谓墨子的思想体系以"兼爱"("打破血统观念")、"非命"("打破宿命观念")为中心,"敢于打破亲疏、人我、强弱、贵贱、贫富的种种差别,就是墨家最为可贵的伟大精神"。③

其三,平等主义。

平等主义,是新墨学与社会主义结缘的核心思想,方授楚认为墨子的"根本精神""根本思想"为"平等","此非独墨家自己知之,即反对墨家者,亦莫不知之"。如"反对墨家最烈"的荀子亦认为墨子"有见于齐","齐"即"平等"之意。④朱偰谓"墨子的根本主张",即"主旨",是贵'兼'恶'别',就是平等",但墨子"实现平等之手段,却不是阶级战争。他所主张的只是兼爱",墨子平等主义的核心是经济平等,"墨子所主张的平等,不只是欧美18世纪学者所主张的法律平等,他并且主张经济平等。"⑤嵇文甫认为墨子"最紧要"的思想,就是"无差等,无别异,一视同仁的思想",即"齐一思想","他要根本打破差别观念,而主张'兼以易别'"。⑥吴虞认为儒家制度为阶级制度,墨家制度为平等制度,"墨子的学说,不但主张亲操橐耜,以自苦为事而止。他的意思,更要废去儒家所主张的阶级制度,把尊君卑臣、崇上抑下的礼教,一扫而空之。他主张的是上下同等,君臣并耕,不劳动者不得食。所以他说:'君臣氓通约也。'就是说,君、臣、氓,不过依着通约,立了三个名称,以便分任其事。其实是一样,是同等,并没有上下尊卑贵贱阶级的区别,个人还是耕田的耕田,织屦的织屦,捆席的捆席,不过到了办事的时候,各人照着通约上规定的职务,各人去办事就是了。"⑦李石岑认为墨子的根本思想是"尚同主义"、是"齐一主义","尚同的类型,在中国哲学史上,墨子是惟一的代表者。他

---

① 郭沫若认为墨子"兼爱"的重心"不在人而在财产",主张财产私有权神圣不可侵犯。
② 郭沫若. 孔墨的批判 [M]// 十批判书. 北京:人民出版社,1954:98.
③ 蔡尚思. 墨子思想体系 [M]// 中国古代学术思想史论. 上海:上海古籍出版社,2013:159.
④ 方授楚. 墨学源流 [M]. 上海:中华书局,1937:107.
⑤ 朱偰. 墨学与社会主义 [M]// 宋洪兵. 国学与近代诸子学的兴起. 桂林:广西师范大学出版社,2010:149.
⑥ 嵇文甫. 先秦诸子思想述要 [M]. 北平:开拓社,1932:23,25.
⑦ 吴虞. 墨子的劳农主义 [M]// 宋洪兵. 国学与近代诸子学的兴起. 桂林:广西师范大学出版社,2010:162.

第二章 "建设墨家店":新文化运动与新墨学话语体系的生成

把一切看成是平等的,划一的",①墨子的"全般思想,都站在尚同说的观点上面,站在齐一主义的立场上面","从尚同出发,走上封建道德统治,走上有神论,走上形式论理,是极其自然的"。②李石岑的"尚同""齐一"亦是"平等"之意。

其四,天志主义。

高维昌认为墨子"以尊天为第一要义",其他主张"皆本尊天之义而扩充","天者,义之所从出,王公大人、卿士大夫之法仪,操祸福之柄以赏罚天下者也;故经制人心,齐一世俗,皆以尊天为极则。其言尚贤、尚同、节用、节葬、非乐、非命、明鬼、兼爱、非攻,则皆本尊天之义而扩充之者也。"③

其五,"为天下兴利除害"。

墨子之学的根本要义在于为天下人"兴利除害",伍非百认为,"夫墨子之学所谓'天志''节用''尚同''明鬼'诸目者,皆非本也。其本维何?曰:'为天下兴利除害而已矣','古之所谓仁人者,必务兴天下之利,除大下之害。'斯语也,凡读《墨子》书者,每篇必一见焉,或再见焉。然则谓墨子之学,皆为天下'兴利除害'而作可也。凡事之为天下害者,必务去之。为天下利者,必务兴之。斯则墨子之志,亦即墨子之学也。"④杜守素(杜国庠)也认为,墨子"十义"有一个"共同的目的",那就是"欲国家之富,人民之众,刑政之治",一般地说,就是"欲兴天下之利,除天下之害"。⑤王元德在为伍非百《墨子大义述》作序时亦指出,"嗟乎,今世乱亟矣,墨子有云,'当世仁人君子,将欲兴天下之利,除天下之害,亦尝察乱之所自起乎',倘察乱之自所起,吾知其必于是书⑥有得也。"⑦可知,王元德以"兴天下之利,除天下之害"为墨学的根本目标,而"兼爱"则是"兴利除害"的根本方法。

其六,谋农工阶级的利益。

李季从墨子代表的阶级利益出发,认为墨子的根本思想在"谋农工阶级的利益","所有兼爱、明鬼、非命、节葬、非乐、非攻以及节用、尚贤、尚同、

---

① 李石岑. 中国哲学十讲[M]. 北京:中华书局,2015:74.
② 李石岑. 中国哲学十讲[M]. 北京:中华书局,2015:67.
③ 高维昌. 周秦诸子概论[M]. 上海:商务印书馆,1930:112.
④ 伍非百. 墨子大义述[M]. 南京:国民印务局,1933:19.
⑤ 杜守素. 先秦诸子思想[M]. 上海:生活书店,1946:16.
⑥ "是书"指的是伍非百《墨子大义述》。
⑦ 王元德.《墨子大义述》序[M]//伍非百. 墨子大义述. 南京:国民印务局,1933:2.

天志等等，无不以此为出发点，也无不归宿于此"。①

以上论点，从不同的角度看，都有其道理。但从墨学"十义"的内在关系看，墨子"贵兼"是多数学者的共识。但"贵兼"的目的又是什么，答案显然是"为天下兴利除害"。

六、新墨学对墨学现代性的发掘

从墨学中寻找现代性，是新墨学建设的重点工程之一。墨学复兴，一方面是在西方现代性冲击和传播中应运而生，另一方面是在中国人重新寻找文化自信中应运而成，墨学与西学的相遇与会通，是近代中国知识界的重大事件。梁启超与胡适开启的新墨学话语体系建设，一个重要旨趣就是为西学在中国的传播寻找"合适土壤"，另一个重要旨趣就是为中国人在现代世界安身立命寻找文化上的"心安理得"，而所谓构建中国的现代性正是二者的混合物。新墨学在墨学中发掘的现代性包括：宗教（博爱）、科学、民主、平等、劳动、革命、法治等。

"宗教性"的发掘源于基督教的入华，基督教是传统与现代的连接体与混合体，传统的基督教②是"现代性"的批判对象，而宗教改革之后的"基督新教"③则是"现代性"的产物，"博爱"是基督教的核心价值观。近代中国"宗教性"的发掘是基督教冲击下的产物，也是以基督教为参照标准的。从墨学中寻找"宗教性"，主要源于墨学"兼爱"，又有严密的组织性。发掘墨学的"宗教性"，主要始于第二次鸦片战争之后，当时西方基督教在中国内地开始传播，士大夫亟需寻找具有基督教"博爱"特点的中国宗教，来与基督教对话与对抗，结果是墨学成为"墨教"。新文化运动以来，虽然"科学"变成"科学主义"，成为一股批判"迷信"的强劲思潮，而宗教往往被指为"迷信"，但墨学的"宗教"化运动并没有退潮，而是继续"高涨"，胡适、梁启超开启的新墨学话语体系，墨学的"宗教性"仍然是极为重要的话题。当然，墨学的"宗教性"也受到不少学者的非议。

胡适明确主张"墨子是一个宗教家"，"是一个实行的宗教家"，墨教的特色就是"要使后世的墨者，都要'以裘褐为衣，以跂蹻为服，日夜不休，以

---

① 李季. 胡适《中国哲学史大纲》批判 [M]. 上海：神州国光社，1931：134.
② 传统的基督教，指的是天主教与东正教。
③ 基督新教，指的是加尔文教、路德教与英国国教。

第二章 "建设墨家店":新文化运动与新墨学话语体系的生成

自苦为极'"。① 墨子的宗教,以"天志"为本,以"天志"为起点,以"尚同"为终局,"天志就是尚同",②"天志便是兼爱",为什么要兼爱?因为要"兴天下之利,除天下之害"。③ 胡适对墨家"宗教性"的认定主要基于墨子的"天志""尚同""兼爱""自苦"。梁启超认定墨学"宗教性"的标准主要是基于"天志""明鬼""非命","'天志''明鬼''非命'组成墨子的宗教"。④ 但梁启超认为墨子的"天志"与基督教不同,不是墨家的最高理想,而"纯是用来做兼爱主义的后援。质言之,是劝人实行兼爱的一种手段罢了"。⑤ 而且,墨子的"天志"还有一个与基督教"大不同"之处,就是"基督教说'灵魂',说'他界',墨子一概不说"。⑥ 另外,"非命"亦与基督教不同,但"这个主义,直捣儒道两家的中坚,于社会最为有益"⑦。

在胡适与梁启超对墨学"宗教性"的竞相阐释下,"墨教"论蔚为成风。支伟成谓"古者以神道设教,宗教与政治不分。墨子创教,其言论思想悉以天道鬼神为出发点"⑧。胡耐安谓"墨子,盖宗教家也,其自苦为极以救斯世,颇与泰西之基督教同"⑨。嵇文甫谓"墨子很像一位教主","他们的理想政治很像一种教皇政治"。⑩ 李季从阶级性角度进一步探索了墨学具有宗教性的根源,"凡智识浅薄的人对于宗教的迷信非常坚强",墨家代表"智识浅薄的农工阶级",故有宗教信仰。⑪ 方授楚则从墨子身份地位角度阐释了墨学具有"宗教性"的原因,"墨子是一个无权无勇的人,他的(兼爱)主义,有什么方法能令他实现呢?他是个大慈善家,断不肯煽动人民流血革命;而且那时也不是群众运

---

① 胡适. 墨家哲学 [M]// 欧阳哲生. 胡适文集(12). 北京:北京大学出版社,2013:190,191.

② 胡适. 墨家哲学 [M]// 欧阳哲生. 胡适文集(12). 北京:北京大学出版社,2013:204.

③ 胡适. 墨家哲学 [M]// 欧阳哲生. 胡适文集(12). 北京:北京大学出版社,2013:200.

④ 梁启超. 墨子学案 [M]. 上海:商务印书馆,1921:45.

⑤ 梁启超. 墨子学案 [M]. 上海:商务印书馆,1921:48.

⑥ 梁启超. 墨子学案 [M]. 上海:商务印书馆,1921:49.

⑦ 梁启超. 墨子学案 [M]. 上海:商务印书馆,1921:51.

⑧ 支伟成. 墨子综释 [M]. 北京:知识产权出版社,2013:11.

⑨ 胡耐安. 先秦诸子学说 [M]. 上海:北新书局,1936:90.

⑩ 嵇文甫. 先秦诸子思想述要 [M]. 北平:开拓社,1932:26.

⑪ 李季. 胡适《中国哲学史大纲》批判 [M]. 上海:神州国光社,1931:11.

动的时代。他没有法子，只好利用古代迷信的心理，把这新社会建设在宗教基础之上。他的性格，本来是敬虔严肃一路，对于古代宗教，想来也有热诚的信仰，所以借'天志''明鬼'这些理论，来做主义的后援。"①认定墨学具有"宗教性"这一论点虽然是主流，但也有学者不大认同，郭沫若谓以墨子的精神和主张"尽可以成立一个中国独特的宗教"，但结果墨学并没有形成宗教。②蒋伯潜肯定墨学具有"宗教色彩"，但指出所谓"宗教"其实"只是墨子宣传其学说的手段"，说墨子的学说有"极浓厚的宗教色彩则可"，"径说墨学是一种宗教则不可"。③蔡尚思更认同墨学"政治团体"说，"与其断定墨子为宗教家，不如断定墨子为思想家；与其断定墨学为宗教组织，不如断定墨学为政治团体。"④反对"墨教"说的依据主要是，墨子并不真正信仰鬼神，"墨教"并非严格意义的宗教，它没有"灵魂"与"他界"，秦汉以来也没有得到传播，而是"中绝"。

"科学性"无疑是"现代性"的核心构成，长期被视为西方"富强"的秘诀。寻找"科学性"，是墨学复兴的第一声，从鸦片战争之后就开始了。新文化运动时期，新墨学启动了对《墨经》的专门研究，在墨学中寻找"科学性"进入高潮，整个民国时期持续不绝。新墨学一直认为墨学具有强烈的"科学性"，《墨经》是一部百科全书，不仅开创了中国的逻辑学，也包含社会科学的丰富内容，如哲学、政治学、经济学，而且"还包括了几何学、物理学、数学、光学等自然科学"。⑤诸子百家之中，为何墨学含有大量的"科学性"？这与墨子、墨学的独特性有关，墨子本人是手工业者出身，是能工巧匠，墨家学派亦多为手工业者、农民与商人，具有丰富的生产经验，墨家"非攻"更需要军事科技支持，这些现实因素无疑使墨家有着广泛的科技基础。李季的解释是，"墨子既是农工阶级的代表，'以裘褐为衣，以跂蹻为服，日夜不休，以自苦为极'相勖，他的门徒因参加生产或接近农工而获得种种经验，创造种种科学，这是理所当然，丝毫不足奇怪。"⑥墨学"科学性"的发掘因应近代以来西方科技在的东方传播

---

① 方授楚. 墨学源流 [M]. 上海：中华书局，1937：7.
② 郭沫若. 孔墨的批判 [M]// 十批判书. 北京：人民出版社，1954：96.
③ 蒋伯潜. 诸子学纂要 [M]. 北京：首都经济贸易大学出版社，2017：129–130.
④ 蔡尚思. 墨子思想体系 [M]// 中国古代学术思想史论. 上海：上海古籍出版社，2013：169.
⑤ 蔡尚思. 墨子思想体系 [M]// 中国古代学术思想史论. 上海：上海古籍出版社，2013：170.
⑥ 李季. 胡适《中国哲学史大纲》批判 [M]. 上海：神州国光社，1931：136.

第二章 "建设墨家店":新文化运动与新墨学话语体系的生成

与中国科技发展的现实需求,"自欧学东注,近世学者,多凭借新知以商量旧学,乃发明墨学之鸿富",发现"举凡各种科学,(墨学)皆早已开其端,是盖可见中外古今之心理固有同然者矣"。①新墨学感叹"我国为现代科学落后的国家,而《墨经》中已有这许多关于科学常识的话,可见我国的科学知识萌芽很早,不过后来没有继续研究、发扬光大的人,以致中绝,这是很可惜的"②。

"民主性"也是"现代性"的核心构成,维新运动以来,被视为西方"富强"的奥秘。为了在中国建立民主制度,新墨学也致力于发掘墨学的"民主性"元素,主要从"社会契约论"与"民主制度建设"两个维度进行探析。从"社会契约论"看,吴虞、梁启超、蒋伯潜、嵇文甫、方授楚、王桐龄等人都认为墨子的"通约"论与西方的"社会契约论"近似。梁启超谓墨子关于社会起源的见解"和欧洲初期的'民约论'很相类"。③蒋伯潜谓墨子说国家的起源,可谓与霍布士(今译霍布斯)"极相似"。④嵇文甫谓"墨子的政治思想有一点近乎霍布士,而却又带有很浓厚的神权气味"⑤。王桐龄比较儒家与墨家的国家起源论,谓"儒家理想中国家之起原(源),为家族式的;墨家理想中国家之起原(源),为民约论的"⑥。吴虞则谓墨子的"通约","就是卢梭的《民约论》"⑦。吴虞的说法把墨子的"民主性"向前推进了一步。方授楚亦认为墨家有"主权在民"的思想,谓墨家主张"君由臣民通约而产生,故'君以顺民也'。此有国家主权在民之义"⑧。

从"民主制度建设"看,梁启超谓墨子有一种"人民选择天子"的制度构想,"明乎天下之乱生于无政长,故选择贤圣立为天子,使从事乎一同"。甚么人'明'?自然是人民'明';甚么人'选择',自然是人民选择;甚么人'立'?甚么人'使'?自然是人民'立',人民'使'"⑨。冯友兰谓墨家主张"选天下之贤可者,立为天子",是为"推选天子"制度,为何墨家会主张"天子推选"制度?"本

---

① 支伟成. 墨子综释[M]. 北京:知识产权出版社,2013:27.
② 蒋伯潜. 诸子学纂要[M]. 北京:首都经济贸易大学出版社,2017:146.
③ 梁启超. 墨子学案[M]. 上海:商务印书馆,1921:62.
④ 蒋伯潜. 诸子学纂要[M]. 北京:首都经济贸易大学出版社,2017:130.
⑤ 嵇文甫. 先秦诸子思想述要[M]. 北平:开拓社,1932:29,31.
⑥ 王桐龄. 儒墨之异同[M]. 北平:文化学社,1931:214.
⑦ 吴虞. 墨子的劳农主义[M]//宋洪兵. 国学与近代诸子学的兴起. 桂林:广西师范大学出版社,2010:162.
⑧ 方授楚. 墨学源流[M]. 上海:中华书局,1937:167.
⑨ 梁启超. 墨子学案[M]. 上海:商务印书馆,1921:62.

出于侠士团体中所行之道德，则可知其并非自天降下。盖侠士团体之首领。其第一次固可由推选而来。后世'狭义'团体中，如《水浒传》中所说晁盖、宋江之取得首领地位，亦皆由推选而来。"① 蔡尚思亦明确认为墨子主张"天子民选"制度，"人民选出最高的天子"。② 李季谓墨子主张"完全由平民来组织政府"，所以要"选择天下贤良圣智辩慧之人立以为天子""选择赞阅贤良圣智辩慧之人立以为三公""虽在农与工肆之人，有能则举之，高予之爵，重予之禄"。③ 王桐龄在比较儒墨政治制度构想时指出，墨家理想为"立宪政体""共和政体""总统制"，"孔孟学说宜于君主国体，墨子学说宜于共和国体；孔孟学说宜于专制政体，墨子学说宜于立宪政体"，④"儒家理想之主权者为家长式的，墨家理想之主权者为总统式的"。⑤ 当时也有一些学者对墨家的"民主"说有疑问。如陈柱认为墨子没有"民选天子"的制度构想，墨子主张的应该是"开明专制"，墨子"绝无民选之意，岂有最高之天子，而反委诸民选者乎"，⑥"谓墨子之政治，为主张开明专制，亦无不可者矣"，⑦ 西方的议会制不是墨子的制度构想，"现代议会制的'多数政治'和所谓'全民政治'，墨子都不见得赞成"。⑧ 嵇文甫则认为墨家主张的是"专制独裁"，但"并不拥护暴君"。⑨ 郭沫若也反对墨子"最民主"说，"要说墨子是'最民主'，是'布尔什维克'，那却是中饱了二千多年的历史"。⑩

"平等性"也是"现代性"的核心构成，它既是人类社会的一种理想，也是反对"封建性"的产物，资本主义与社会主义都在追求"平等"，资本主义注重竞争机会的"平等"与社会人格的"平等"，社会主义则注重生存机会的"平等"与政治地位的"平等"。社会主义思潮入华之后，在墨学中挖掘"平等性"成

---

① 冯友兰. 原儒墨 [M]// 宋洪兵. 国学与近代诸子学的兴起. 桂林：广西师范大学出版社，2010：421.

② 蔡尚思. 墨子思想体系 [M]// 中国古代学术思想史论. 上海：上海古籍出版社，2013：168.

③ 李季. 胡适《中国哲学史大纲》批判 [M]. 上海：神州国光社，1931：115.

④ 王桐龄. 儒墨之异同 [M]. 北平：文化学社，1931：223.

⑤ 王桐龄. 儒墨之异同 [M]. 北平：文化学社，1931：214.

⑥ 陈柱. 墨学十论 [M]. 上海：华东师范大学出版社，2015：110.

⑦ 陈柱. 墨学十论 [M]. 上海：华东师范大学出版社，2015：111.

⑧ 蒋伯潜. 诸子学纂要 [M]. 北京：首都经济贸易大学出版社，2017：130.

⑨ 嵇文甫. 先秦诸子思想述要 [M]. 北平：开拓社，1932：29，31.

⑩ 郭沫若. 十批判书 [M]. 北京：人民出版社，1954：101.

为一股异常强劲的思潮。这是因为许多学者认为"平等性"正是墨学的核心要义,墨学的"兼爱"是建立在"平等"的基础上,而"天志"则是"平等"的合法性基础,"法治"是"平等"的现实性基础。辛亥革命时期,开始重点发掘墨学的"平等性"。新文化运动以来,特别是中国共产党成立以来,墨学的"平等性"得到进一步彰显。梁启超是致力于发掘墨学"平等性"的代表,他认为墨子的理想社会是"平等而不自由的社会"①。"平等性"是墨子思想的精华,这一点远远胜过其批判者——荀子,荀子批评墨子"有见于齐,无见于畸","说他看见人类平等的方面,忘却他不平等的方面,确能中墨子之病,但荀子自己却是'有见于畸无见于齐',他认'容辨异,县(悬)君臣'是社会组织唯一要件,全是为阶级观念所束缚,见地实远在墨子下了"②。王桐龄通过对儒墨的比较,谓"万民平等"乃是墨学义理的基本特征。墨子的根本主张是"持平民主义,万民平等"③。儒家含有"阶级性",而墨家不含有"阶级性",王桐龄所言"阶级性",即"等级性","儒家言仁,含有阶级,施行之际,由近及远,由尊及卑;墨家言爱,不含有阶级,施行之际,一切人类皆平等,无远近尊卑之差"④。墨家的理想社会是"平等社会",其理想制度是"平等制度","儒家理想之社会,含有阶级制度,以亲亲、贵贵、尊贤、尚齿为标准;墨家理想之社会,为平等制度,以尚贤为标准"⑤。墨学义理蕴含的只能是"平等制度","孔孟学说宜于阶级制度,墨子学说宜于平等制度"⑥,墨家的教育制度,也只能是"平等教育制度","墨子之教育主义,一切平等,不问其人之身分如何,才力如何"⑦。墨家"平等"的现实基础与制度平台是"法治",王桐龄谓"儒家以道德治国,墨家以法治国"⑧。蔡尚思谓"墨家的法治精神,远远超过后来的法家"⑨,蔡氏这一论断,是很有道理的,因为法家并不主张"兼爱",而只有"兼爱"才可能有"平等",有了"平等",才可能有真正的"法治",离开"平等"谈"法

---

① 梁启超. 墨子学案 [M]. 上海:商务印书馆,1921:66.
② 梁启超. 墨子学案 [M]. 上海:商务印书馆,1921:153-154.
③ 王桐龄. 儒墨之异同 [M]. 北平:文化学社,1931:221.
④ 王桐龄. 儒墨之异同 [M]. 北平:文化学社,1931:213.
⑤ 王桐龄. 儒墨之异同 [M]. 北平:文化学社,1931:214.
⑥ 王桐龄. 儒墨之异同 [M]. 北平:文化学社,1931:223.
⑦ 王桐龄. 儒墨之异同 [M]. 北平:文化学社,1931:216.
⑧ 王桐龄. 儒墨之异同 [M]. 北平:文化学社,1931:214.
⑨ 蔡尚思. 墨子思想体系 [M]// 中国古代学术思想史论. 上海:上海古籍出版社,2013:174.

治"，"法治"就变成了"刑治"。

"劳动价值论"是西方经济现代性的核心话语，亦为社会主义的核心话语。在墨学里发掘"劳动性"，是西方现代经济思想与社会主义入华之后的一个热点。梁启超谓墨子有"赖其力则生，不赖其力则不生"的劳动经济思想，这是"以劳力为本位，所以'劳作神圣'为墨子唯一的信条"①。梁氏充分肯定"墨子是主张劳作神圣的人"，但认为墨子的"劳作神圣"既包括体力劳动，亦包括脑力劳动，"墨子效法大禹的'形劳天下'，自然是最重筋肉劳动。但对于脑力劳动，也不轻视"。②的确如此，墨子高度重视的"所染""修身""为义"，都可归属于脑力劳动，墨子自己从事的"为义"就是脑力劳动，且墨子自言"功贤于耕织也"。③王桐龄在比较儒墨劳动观之后，认为墨家更突出劳动力的价值，视劳动力为"独一无二之生产要素"，"儒家之经济观念，以土地、劳力、资本为原（元）素，提倡井田之法；墨家之经济观念，以劳力为独一无二之生产要素，主张增加人口，讲求卫生，爱惜时日"。④方授楚认为墨家的"劳动观"建立在其"平等观"的基础上，"墨家以平等故，则人人劳动生产"。⑤李季认为墨家的"劳动观"属于劳动价值"唯一"论，因为墨家主张"劳动（墨家称为'力'）为人类生存的唯一要素"，墨家"劳动观"源于墨家出自"劳动者"，代表"农工阶级"。⑥

"革命"是"现代性"生成的手段，发掘"革命性"是生成"现代性"的动力。在墨学中寻找"革命性"始于辛亥革命，此后，墨学的"革命性"一直得到强调。新文化运动以来，对墨学"革命性"的发掘进一步加强。梁启超谓墨子有"极端革命"的色彩，"觉得旧社会整个要不得，非从根本推翻改造不可。所以他所提倡几条大主义，条条都是反抗时代潮流，纯带极端革命的色彩。革除旧社会，改造新社会，就是墨子思想的总根源"。⑦方授楚也认同墨家"革命"说，"墨家以平等而欲实现理想之社会，故不惮革命而无先例可循"。⑧为何墨家"不

---

① 梁启超. 墨子学案 [M]. 上海：商务印书馆，1921：33.
② 梁启超. 墨子学案 [M]. 上海：商务印书馆，1921：69，70.
③ 谭家健，孙中原译注. 墨子今注今译·鲁问 [M]. 北京：商务印书馆，200：43.
④ 王桐龄. 儒墨之异同 [M]. 北平：文化学社，1931：215.
⑤ 方授楚. 墨学源流 [M]. 上海：中华书局，1937：112.
⑥ 李季. 胡适《中国哲学史大纲》批判 [M]. 上海：神州国光社，1931：127.
⑦ 梁启超. 墨子学案 [M]. 上海：商务印书馆，1921：5.
⑧ 方授楚. 墨学源流 [M]. 上海：中华书局，1937：112.

第二章 "建设墨家店"：新文化运动与新墨学话语体系的生成

惮革命"？"墨子以贱人出身而欲于政治、社会有所改造，且以贱人为标准而行之，则欲鼓动当时之贱人于其传统之精神信仰不能不有所破坏，以别图建立此势所必然也。墨子于此方面，所以催陷廓清旧信仰者，则有非命；代之而起者，则为《天志》《明鬼》"。①

结语

鸦片战争、第二次鸦片战争、戊戌维新、辛亥革命均不同程度地推进了新墨学话语体系的建设，但只有新文化运动才第一次全面推动了新墨学话语体系的构建，使得西方学理得以大规模集中引入中国，使得新墨学在哲学、历史学、文学、经济学、政治学、社会学、自然科学等多学科领域展开。新墨学话语体系的建设，为西学与中学的对话提供了平台，有利于西学的中国化与传统墨学的现代化，有利于中国人重建文化认同与文化自信，有利于现代学科的成长。

在墨学中寻找"现代性"，是新墨学话语体系建设的灵魂所在，是新墨学最重要的特点。但寻找"现代性"无疑会产生牵强附会，这又变成新墨学话语体系的一个最致命的缺陷，陈柱批评新墨学"颇似商贾趋时，好以外国学说，皮傅古书；往时人喜谈卢梭，故以卢梭说傅会之；今人喜谈劳农政府等，故又以劳农政府等傅会之。此乃近世学者之长技也。其学术之能耸动听闻者在此，其短处亦正在此"②。

在墨学中寻找"现代性"产生的另一后果，就是方授楚批评的"尊墨太过"，郭沫若批评有人尊墨子为"奴隶解放者"，为"农工革命的前驱"，为"古代的布尔什维克"。③方授楚谓"尊墨太过"导致三大弊病：其一，"以《墨》书为墨子一人所著，其书又包罗万有，而备深湛广博之思；而其人救世捍患，更具坚苦卓绝之行；则视墨子为全知全能之天帝矣"。其二，"不察墨学发生之背景与其演变进步之经过，于其勃兴骤衰之理，无所了解，则视墨家如光彩炫目之彗星，昨视而终不复见，俨同神迹矣。"其三，"墨家一宗，自有限界，他派若惠施、宋钘、公孙龙辈，不复稽其异同，均援之以入墨而张大焉，仿若'驱蛇龙而放之菹'，以示墨为深渊大泽。"④

总体而言，新墨学话语体系建设，是近代学术话语体系建设的重要组成部分，

---

① 方授楚. 墨学源流 [M]. 上海：中华书局，1937：97.
② 陈柱. 墨学十论 [M]. 上海：华东师范大学出版社，2015：204.
③ 郭沫若. 十批判书 [M]. 北京：人民出版社，1954：100.
④ 方授楚. 墨学源流 [M]. "自序". 上海：中华书局，1937：1.

是中国人"再造文明"的重要文化活动，取得了重要的成。新墨学话语体系得以建构，使得文化自信得到一定程度的恢复，推动了近代"革命"与"社会主义"运动的开展，推动了"新道德"的建构，推动了"现代性"的中国"重撰"。

第三章 "言盈天下"：近代中国启蒙与革命运动中的新墨学

战国时期，墨学以其鲜明的"兼爱非攻"立场而"言盈天下"。秦汉以后，"大一统"成为历史主流，墨学隐入民间，成为中国"侠义"与"鬼神"文化的潜流。近代中国处于"新战国"时期，墨学因其适合中国启蒙运动与革命运动的"救世"需求，再次"言盈天下"。

一、自信与不自信的纠结及其原因

近代中国，在国家富强与民族国家建设的双重压力下，我们对中国传统文化采取了一种矛盾的心态，那就是文化自信与文化不自信纠结在一起。在不同的时期，知识界时而以文化自信为主，时而以文化不自信为主；在同一个知识人在不同的时期，也是如此，时而以文化自信为主，时而以文化不自信为主。甚至在同一时期的知识界与同一知识人身上也存在着文化自信与不自信的纠结，往往在民族国家建设方面要求维护文化自信，而在国家富强方面又带着文化不自信。

所谓文化自信，是对处身其中的母体文化采取欣赏、温情、敬意、传承、发展、弘扬的态度，把这种文化视为活的生命，视为一个民族的精神标识、精神血脉、精神纽带与精神支柱，视为现代民族与国家建设的必需品与营养品。文化自信是一种文化主体意识，也是一种文化反省与文化自觉意识。文化自信不仅能看到一种文化主体的缺陷，更看重这种文化主体的优点，不摧毁这种母体文化，认为所谓文化创新就是在原有的母体文化的基础上的传承发展。

所谓文化不自信，是对处身其中的母体文化主要采取怀疑、批判、否定、破坏、摧毁的态度，把这种文化视为应该送进博物馆的东西，是文化木乃伊，没有任何生机，也没有任何价值和意义，是无关民族与国家的人文建设、道德建设、价值体系建设、信仰建设、精神文明建设的东西，新的文化建设可以凭空创造或者从外部移植。文化不自信者只看到文化主体的惰性与缺陷，抹杀其优长与生机，其所谓的文化创新不过是文化移植与文化模仿，而非文化吸收与文化消化。

　　近代中国存在文化自信与文化不自信的纠结，大约始于 1894-1895 年的甲午战争。此前，我们还不存在这种纠结，对中国的文化价值并不怀疑、否定。甲午战争失败后，国人开始对自己的文化进行激烈的怀疑与批判，首先是对古文经学与上古历史的怀疑批判，目的是颠覆传统的意识形态，建立适合维新变法的新的意识形态。引入西方传来的进化论与自由民主学说，重新解释今文经学，传统的今文经学其实也受到怀疑与批判。由此开启了对中国传统文化，包括制度文化与价值文化的全面的怀疑批判，要求来一个全面的变化。1898 年，戊戌维新时期，康有为在《上清帝第六书》中明确提出"全变则强，小变仍亡"[①]。易鼐在他的《中国宜以弱为强说》也主张"一切制度悉从泰西"[②]。义和团运动失败之后，国人在一段时间完全失去文化自信，西化成为一时选择。直到第一次世界大战爆发之后，西方文化价值形象有所损伤，国人的文化自信才有所恢复，但文化不自信仍然是主流。孙中山在《民权主义演讲》第五讲指出："庚子年的义和团，是中国人的最后自信思想和最后自信能力去同欧美的新文化相抵抗"，"从那次义和团失败以后，中国一般有思想的人，便知道要中国强盛，要中国能够昭雪北京城下之盟的那种大耻辱，事事便非仿效外国不可。不但是物质科学要学外国，就是一切政治社会上的事都要学外国。所以经过义和团之后，中国人的自信力便完全失去，崇拜外国的心理便是一天高过一天"[③]。1918 年，新文化运动时期，陈独秀也主张"一切都应该采用西洋的新法子"[④]。傅斯年谓："西土学术胜，而中国学术败矣。"[⑤] 在 20 世纪 20 年代的整理国故运动之中，钱玄同主张"将帝国的一切扔下毛厕"[⑥]。在 20 世纪 30 年代初期，胡适主张"必须承认我们自己百事不如人"[⑦]。大概在 1931 年"九一八事变"之后，国人才

---

① 康有为. 上清帝第六书 [M]// 汤志钧. 康有为政论集（上）. 北京：中华书局，1981：211.

② 易鼐. 中国宜以弱为强说 [N]. 湘报，1898 年第 20 号.

③ 孙中山. 三民主义·民权主义第五讲 [M]// 孙中山全集（第九卷）. 北京：中华书局，1981：316.

④ 陈独秀. 今日中国之政治问题 [N]. 新青年，1918-07-15.

⑤ 傅斯年. 中国学术思想界之基本误谬 [N]. 新青年，1918-04-15.

⑥ 钱玄同. 赋得国庆 [N]. 京报副刊，1925-10-10.

⑦ 胡适. 介绍我自己的思想 [M]// 胡适论学近著（第一集）. 济南：山东人民出版社，1998：503.

逐渐认识到文化自信的重要性，认为文化不自信无以产生民族认同感，以致于无法团结抗战。

近代中国之所以自甲午战争之后会出现文化不自信这一历史现象，就是因为近代中国知识界很多人认为中国贫穷落后、被动挨打之根源在于中国传统文化的专制性、封建性与迷信，缺乏自由、民主与科学。但近代中国又迫切需要文化自信，因为建立现代民族、现代国家迫切需要文化凝聚与文化认同。近代中国文化自信与文化不自信纠结在一起，是因为近代中国知识界很多人认为中国要实现自由、民主、富强的目标，必须破坏消灭阻碍中国实现自由民主富强的中国传统文化，而要建立现代中国民族、现代中国国家又必须传承发展中国传统文化。近代中国知识界文化自信与不自信纠结的深层次原因，就在于渴望自由民主富强与建立现代民族国家的矛盾。破除近代以来形成的这种文化自信与不自信的纠结，就要破除把中国的贫穷落后归罪于中国传统文化的专制性、封建性与迷信的误区，积极推动中国优秀传统文化的传承与发展。

二、新墨学与自信的重建

近代中国墨学复兴，不是空穴来风，不是个别人的推动，也不是对西学的牵强附会，而是近代社会的迫切需求。近代中国一再战败，国家民族危机越来越严重，西方列强对中国的危害越来越大，以敌为师，是近代中国不得已而为之的选择。西学以极为强势的侵略姿态进入中国，既激起了中国文化主流的一再强力排斥，也激活了中国文化全部的能量，使得昔日存在过辉煌而后又长期沉潜的一股与西学相似的能量得以集中爆发，这就是曾经"言盈天下"的墨学得以复活的重要历史机遇。墨学复兴，既是中国失去文化自信力的开始（墨学被视为中国自己的西学），也是中国重建文化自信力的开始（墨学被视为中国传统文化的优秀部分）。墨学自我牺牲的品格与大无畏的救世精神，意味着墨学将在近代中国再造辉煌。

近代中国墨学复兴，始于第一次鸦片战争之后，但只是墨学的科技复兴的开始；第二次鸦片战争之后，墨学的宗教性也得以复兴；甲午战争之后，墨学的政治性进一步被解读；但墨学的真正复兴是在八国联军侵华战争之后，那是墨学全面复兴的时代，也是墨学逐渐凌驾于儒学之上的时代。《民报》评选的世界四大伟人，有墨子，没有孔子，就是明证。民国以来，墨学的复兴更是如火如荼。1922年章太炎在《〈墨子间诂笺〉序》中指出，"民国既兴，学者好治九流之学，其于墨氏尤重，至欲驾之孔、老之上。"①栾调甫在《二十年来之墨学》一文中也认为："独至晚近二十年中，（《墨子》一书）家传户诵，几如往日之读经。"墨子更是被抬到"东方救主"的高位，声称"惟墨学可以救中国"。②1922年4月27日，王桐龄在《儒墨之异同》"跋"中言："就目前形势而论，墨子学说之传播力，正如日出东方，光焰万丈，有普照全世界之观矣。"③

  近代中国墨学之所以强劲复兴，首先是因为墨学与西学的结缘会通。第一次鸦片战争之后，开始了向西方学习的潮流，此后，随着中国一再战败，这股向西方学习的潮流愈来愈强劲。但是，西学在中国的传播既需要合法性，亦需要本土化。而西学墨源说与西教墨源说，为西学在中国传播提供了合法性支持，同时也提供了西学本土化的适宜土壤，西学可以通过与墨学的会通化与一体化，获得本土扎根、本土形式与本土认同，而墨学也可以借助西学得以现代化，得以被重新理解，进而适宜新的社会环境。更何况，墨学是中国最重要的传统文化资源之一，在战国时期曾经显赫一时，而在秦汉以后，虽然长期沉寂，但并未消亡，而是在中国的民间传统与道教传统之中得以传承，同时也被儒家吸收。近代中国自甲午战争之后，虽然进入文化不自信的时代，但也是最需要文化自信的时代，国人对儒学充满了文化不自信，而墨学替代儒学，成为重新确立文化自信的资源。

  墨学复兴在某种意义上体现了近代中国人的文化不自信。近代中国有一股强劲的向西方学习的思潮，为了予以这股思潮合法化认同，不少人把西学视为墨学的西方版，如西学墨源说、西教墨源说，或者把墨学视为西方文化的中国版，如古学复兴说。近代中国一些学者认为西方富强源于其有文艺复兴运动，中国要富强也必须有中国的文艺复兴运动，墨学复兴运动，为中国文艺复兴运动之中最重要的部分。墨学复兴在某种意义上也体现了近代中国人的文化自信。近代知识界不少人认为墨学在秦汉以后并未消亡，而是向西传播（王闿运《墨子

---

① 章太炎.《墨子间诂笺》序[M]// 张纯一. 墨子间诂笺. 北京：知识产权出版社，2015：1.

② 栾调甫. 二十年来之墨学[M]// 墨子研究论文集. 北京：人民出版社，1957：139，140，145.

③ 王桐龄. 儒墨之异同[M]. 北平：文化学社，1922. 229.

注》:"南方之墨,由南洋而越海岛,故墨学被于海西。"①),成为现代西学源头,西方现代性并非突然产生,而是由墨学发展而来,西方现代性就潜藏于墨学之中。中国现代化发展无需断裂自己的传统文化,而是应该传承发展自己的传统文化,墨学就是中国传统文化的优秀部分,是中国现代化的优秀基因。

三、启蒙运动中的新墨学

启蒙是近代中国特定历史背景下的一种文化现象,指的是以源于西方的现代性思想文化来破除中国传统思想文化的禁锢,进而实现思想文化的解放。近代中国启蒙运动中的墨学复兴,主要是源于西方现代性精神文化的本土化,同时也是力图从本土的思想文化经验中自然而然地引发现代性转型与创新。墨学复兴在近代中国启蒙运动中发挥着重要的作用,不是可有可无的。一方面墨学复兴接应了源于西方的现代性思想文化,使之得以在中国扎下根来,并进而通过与墨学的融合而实现本土化的流播与创新;另一方面从墨学这个中国本土的思想文化资源母体出发,通过吸收消化西学,能够寻找适合中国的文化经验与现实需求的现代性精神,以之作为推进中国现代化的精神支柱与精神动力。墨学复兴是近代中国重建文化自信的有益尝试,在近代中国文化建设、信仰建设、价值体系建设、道德建设、精神文明建设中发挥了重要作用,对于今日中国文化建设、信仰建设、价值体系建设、道德建设、精神文明建设仍然具有一定的借鉴作用。

近代的文化启蒙是从科学技术启蒙开始的,而科技启蒙带来了墨学复兴。传统中国对科技之学虽然也很重视,但并没有将其提到第一生产力的高度,也没有将其作为独立的学科来研究,而是置于道器体系框架之中的从属部分,是小器,而非大道。第一次鸦片战争以后,中国首先向西方的科技之学学习,开始了近代意义的科学技术启蒙与墨学复兴。知识界以西学的科技部分来认识墨学之中的墨经部分,认为西学的科技部分源于墨子,科技之学不再是奇技淫巧,而是富强之道,是地道的中国之学。晚清时期,以这种眼光去看待墨学盛行一时。"道咸以降,西学东来。声光化电,皆为时务。学人徵古,经传蒐如。墨子书多论光重几何之理,足以颉颃西学。此其由微而著者",②如邹伯奇《学计一得》

---

① 王闿运. 墨子注 [M]// 任继愈. 墨子大全(第 19 册)[M]// 北京:北京图书馆出版社,2002:3.

② 栾调甫. 二十年来之墨学 [M]// 墨子研究论文集. 北京:人民出版社,1957:140.

谓："西学源于墨子"。① 张自牧《瀛海论》谓："今天下竞谈西学矣，蒙以为非西学也"。② 黄遵宪《日本杂事诗》言："不知尽是东来法，欲废儒术读墨经"。③ 觉佛《墨翟之学说》谓："机器之新发明家，当推墨子为第一人也"。④ 梁启超在《墨子之论理学》中更是认为墨子是"东方之培根""全世界论理学一大祖师"。⑤

近代基督教进入中国，在一定程度上也具有启蒙的色彩，中国宗教被认为是低级的多神教，而基督教则被视为高级的一神教。同时，基督教在中国兴办文化教育事业，也积极参与启蒙活动。经过新教化运动改造的基督教，更被中国知识界视为西方富强的重要根源之一。第一次鸦片战争之后，国人仍然高度认同儒家伦理，对基督教伦理并不认同。第二次鸦片战争之后，随着基督教在中国的合法化与更广泛的传播，中国开始认识到西方基督教的价值，中国的知识界开始以墨学的眼光看待基督教，也以基督教的眼光来重新认识墨学，墨学的宗教性得到强调，并被认为具有与基督教一样的教义、性质与功能。如张自牧《蠡测卮言》谓："耶稣……其教以熙熙为仁，颇得墨氏之道。"⑥ 黎庶昌《拙尊园丛稿·读墨子》谓："今泰西各国耶稣天主教盛行尊天、明鬼、兼爱、尚同，其术碻然本诸墨子。"⑦ 宋育仁谓基督教"爱人如己"，"则是墨氏兼爱尚同、佛氏平等之义"。⑧ 薛福成《出使英法义比四国日记》谓"泰西耶稣之教，其原盖出于墨子，虽体用不无异同，而大旨实最相近"⑨，其《庸盦笔记》之《江

---

① 邹伯奇. 昭墨篇 [M]// 沈云龙. 中国近代史料丛刊（续编第72辑）. 台北：文海出版社，1981：157.

② 张自牧. 瀛海论 [M]// 沈云龙. 中国近代史料丛刊（第75辑）. 台北：文海出版社，1966：2664.

③ 黄遵宪. 日本杂事诗 [M]// 吴振清，等. 黄遵宪集. 天津：天津人民出版社，2003：24.

④ 觉佛. 墨翟之学说 [N]. 觉民，1904-06.

⑤ 梁启超. 墨子之论理学 [M]// 饮冰室合集·专集（第10册）. 北京：中华书局，2015：71.

⑥ 张自牧. 蠡测卮言 [M]// 王锡琪. 小方壶斋舆地丛钞. 第11帙. 上海著易堂铅印本：505.

⑦ 黎庶昌. 拙尊园丛稿·读墨子 [M]// 沈云龙. 近代中国史料丛刊（第8辑）. 台北：文海出版社，1966：238.

⑧ 宋育仁. 泰西各国采风记 [M]// 王立诚. 郭嵩焘等使西记六种. 上海：中西书局，2012：372.

⑨ 薛福成. 出使英法义比四国日记 [M]// 王立诚. 郭嵩焘等使西记六种. 上海：中西书局，2012：272.

第三章 "言盈天下"：近代中国启蒙与革命运动中的新墨学

南某生神游兜率天宫》更是以文学的方式表达："此墨子，即耶稣所居也。"[①]梁启超在《子墨子学说》一书中认为，墨子与耶稣都是"平等无差别之爱普及于一切人类"[②]。其《墨子学案》谓："就坚苦实行这方面看来，墨子真是极像基督，若有人把他钉十字架，他一定含笑不悔。"[③]孙中山也认为："墨子所讲的'兼爱'，与耶稣所讲的'博爱'是一样的。"[④]

墨学也进入了近代中国政治启蒙的视野之中。第二次鸦片战争之后，中国开始了自由民主启蒙；甲午战争之后，这种启蒙更加普及；在辛亥革命期间，这种启蒙则广泛地开展。墨子的"尚同""君臣萌通约"等思想被解读为具有社会契约色彩的自由民主思想。如黄遵宪《日本国志·学术志》谓："泰西之学，其源盖出于墨子。其谓人人有自主之权，则《墨子》之'尚同'也。"[⑤]邓云昭《墨经正文解义》谓："国有大政，庶人与议，'尚同'也。"[⑥]皮嘉祐《平等说》谓："墨子之兼爱尚同也，佛法之平等也，泰西之人人有自主权利，爱汝邻如己，而倡为君民一体也，名不同而旨则一也。"[⑦]梁启超《子墨子学说》谓："墨子之政术，民约论之政术也。泰西民约主义，起于霍布士（今译"霍布斯"），盛于陆克（今译"洛克"），而大成于卢梭。墨子之说，则视霍布士为优，而精密不逮陆卢二氏。"[⑧]其他如薛福成、谭嗣同、严复、吴汝纶、王桐龄等，皆认为墨子有自由民主思想。

近代中国的启蒙运动之中，最重要的当属进化论启蒙，进化论带来了中国

[①] 薛福成. 庸盦笔记[M]. 南京：江苏人民出版社，1983：163.

[②] 梁启超. 子墨子学说[M]// 饮冰室合集·专集之三十七（第10册）. 北京：中华书局，2015：30.

[③] 梁启超. 墨子学案[M]// 饮冰室合集·专集之三十九（第11册）. 北京：中华书局，2015：35.

[④] 孙中山. 三民主义·民族主义第六讲[M]// 孙中山全集（第九卷）. 北京：中华书局，1981：244.

[⑤] 黄遵宪. 日本国志·学术志[M]// 沈云龙. 中国近代史料丛刊（续编第10辑）. 台北：文海出版社，1974：787.

[⑥] 邓云昭. 墨经正文解义[M]// 任继愈. 墨子大全（第21册）. 北京：北京图书馆出版社，2002：348.

[⑦] 皮嘉祐. 平等说[M]// 丁守和. 中国近代启蒙思潮（上卷）. 北京：社会科学文献出版社，1999：277.

[⑧] 梁启超. 子墨子学说[M]// 饮冰室合集·专集之三十七（第10册）. 北京：中华书局，2015：37.

人关于社会发展阶段、社会革命、社会理想、民族主义、国家主义、阶级斗争、国际关系等一系列观念的革命。甲午战争之后，中国开始了进化论启蒙，而墨子的"非命论"也被诠释为进化论的先驱。觉佛《墨翟之学说》谓："物竞天择，优胜劣汰，欧西新发明之天演学理，墨氏其有先见之明与？"① 梁启超《子墨子学说》谓墨子"非命"，"此其实行力所以至强而莫能御也"，② "救时最适之良药也"。③ 梁启超激烈批判"命定论"对中国社会进化的危害，"命之一语，其斫腐我中国之人心者，数千年于兹矣"④ "人人安于命而弛于力，则世界之进化，终不可期"⑤ 寄希望于墨子"非命说"之复兴，"墨子非命，真千古之雄识哉""安得起墨子于九原化一一身"。⑥ 其《墨子学案》亦言："我国几千年的社会，实在被这种'命定主义'阻却无限的进化，墨子大声疾呼排斥他，真是思想界一线曙光。"⑦

　　自由、平等、博爱是西方启蒙的核心观念。甲午战争之后，特别是八国联军侵华战争之后，自由、平等、博爱的宣传盛极一时。同时，受西方如火如荼的社会主义运动影响，社会主义启蒙也得以倡导。墨子被宣传为平等、博爱、社会主义之世界第一人。皮嘉祐有《平等说》，侯声有《博爱主义》，均大力阐发墨子的平等博爱思想。孙中山谓："古时最讲爱字的莫过于墨子。"⑧ 张

---

① 觉佛. 墨翟之学说[N]. 觉民，1904-06.

② 梁启超. 子墨子学说[M]// 饮冰室合集·专集之三十七（第10册）. 北京：中华书局，2015：42.

③ 梁启超. 子墨子学说[M]// 饮冰室合集·专集之三十七（第10册）. 北京：中华书局，2015：12.

④ 梁启超. 子墨子学说[M]// 饮冰室合集·专集之三十七（第10册）. 北京：中华书局，2015：17.

⑤ 梁启超. 子墨子学说[M]// 饮冰室合集·专集之三十七（第10册）. 北京：中华书局，2015：13.

⑥ 梁启超. 子墨子学说[M]// 饮冰室合集·专集之三十七（第10册）. 北京：中华书局，2015：17.

⑦ 梁启超. 墨子学案[M]// 饮冰室合集·专集之三十九（第11册）. 北京：中华书局，2015：24.

⑧ 孙中山. 三民主义·民族主义第六讲[M]// 孙中山全集（第九卷）. 北京：中华书局，1981：244.

之锐《新考证墨经注》更是称墨子为"古今第一博爱者"。①在清末民初,平等博爱的阐释往往与无政府主义、社会主义的阐释交融在一起,如觉佛《墨翟之学说》谓:"兼爱主义者,社会主义也。"②鞠普《〈礼运〉大同释义》谓:"墨言兼爱","与夫今之无政府党、社会党,皆大同主义也。"③梁启超《子墨子学说》谓"墨子之生计学,以劳力为生产独一无二之要素,其根本观念,与今世社会主义派所持殆全合",④"墨子之政术,非国家主义,而世界主义、社会主义也"。⑤其《墨子学案》谓:"兼相爱是托尔斯泰的利他主义,交相利是科尔璞特金(今译'克鲁泡特金')的互助主义。"⑥梁启超不仅把马克思墨子化,谓"墨子又是个大马克思。马克思的共产主义,是在'唯物观'的基础上建设出来,墨子的'唯物观',比马克思还要极端"⑦"马克思一派说,资本家的享用,都是从掠夺而来,这种立论根据,和二千年前的墨子正同"⑧"墨子是主张劳作神圣的人"⑨还把墨子平等博爱理想与苏俄社会主义的制度实践联为一体:"现在俄国劳农政府治下的经济组织,很有几分实行墨子的理想",⑩"墨子的新社会,可谓之平等而不自由的社会,揣想起来,和现在俄国的劳农政府,

---

① 张之锐. 新考证墨经注 [M]// 任继愈. 墨子大全(第32册). 北京:北京图书馆出版社,2002:33.

② 觉佛. 墨翟之学说 [N]. 觉民,1904-06.

③ 鞠普.《礼运》大同释义 [N]. 新世纪,1908.

④ 梁启超. 子墨子学说 [M]// 饮冰室合集·专集之三十七(第10册). 北京:中华书局,2015:22.

⑤ 梁启超. 子墨子学说 [M]// 饮冰室合集·专集之三十七(第10册). 北京:中华书局,2015:41.

⑥ 梁启超. 墨子学案 [M]// 饮冰室合集·专集之三十九(第11册). 北京:中华书局,2015:8.

⑦ 梁启超. 墨子学案 [M]// 饮冰室合集·专集之三十九(第11册). 北京:中华书局,2015:20.

⑧ 梁启超. 墨子学案 [M]// 饮冰室合集·专集之三十九(第11册). 北京:中华书局,2015:14.

⑨ 梁启超. 墨子学案 [M]// 饮冰室合集·专集之三十九(第11册). 北京:中华书局,2015:31.

⑩ 梁启超. 墨子学案 [M]// 饮冰室合集·专集之二十九(第11册). 北京:中华书局,2015:18.

很有点相同。"①

四、革命运动中的新墨学

墨学为什么与近代中国革命紧密地关联在一起？因为它是近代中国革命者建构革命精神、传播革命思想、树立革命自信的一个极为重要的精神资源。近代中国革命运动中，墨学复兴，主要是墨子与墨家学派人格精神的复活，如墨学能够提供大无畏的积极进取精神、大公无私的利他主义精神、勇与奉献的自我牺牲精神、平等博爱的人道主义精神和代表广大劳苦大众利益的社会主义精神，以之为近代中国革命提供强大的精神动力与精神支柱。不仅如此，先秦墨家具有最深沉的博爱、最刻苦（节俭）的生活、最勤奋（努力）的工作、最严明的法治（纪律）、最无私的奉献、最坚决的捍卫和平、最平等的社会组织等特点。这一点不仅吸引历代下层社会的人民，使墨家思想长期传承发展于社会底层之中，潜移默化地影响中华民族的性格与精神，更吸引着身处国家民族苦难之中又深受自由、平等、博爱、社会主义理想熏陶的近代中国革命志士。墨家思想在近代革命志士中的流行，是文化自信与革命自信结合的产物，也是西方革命文化中国化的必然要求。

戊戌维新，就其政治目标与思想文化取向而言，可以说是一场名副其实的革命，维新时期的革命家，对儒家古文经学、上古历史、老学、荀学、秦始皇以来的专制政治发起了猛烈的攻击，其精神支柱在一定程度上可以说是墨家精神。梁启超在《亡友夏穗卿先生》的回忆中谈到自己取名"任公"与"兼士"的原因："我是心醉墨学的人，所以自己号称'任公'，又自命'兼士'。"②"兼爱"与"任侠"就是梁启超的革命精神。谭嗣同在《仁学》中也鲜明地表达了自己要以墨子与墨家精神为榜样的大无畏的革命精神："私怀墨子摩顶放踵之志，"③"惟兼爱一语为能超出体魄之上而独任灵魂，墨学中之最合以太者也"。④谭嗣同在《论今日西学与中国古学》中还认为墨子不仅具有革命精神，还具有

---

① 梁启超. 墨子学案 [M]// 饮冰室合集·专集之三十九（第11册）. 北京：中华书局，2015：30.

② 梁启超. 亡友夏穗卿先生 [M]// 饮冰室合集·文集之四十四上（第15册）. 北京：中华书局，2015：22.

③ 谭嗣同. 仁学 [M]// 何执. 谭嗣同集. 长沙：岳麓书社，2012：311.

④ 谭嗣同. 仁学 [M]// 何执. 谭嗣同集. 长沙：岳麓书社，2012：333.

第三章 "言盈天下"：近代中国启蒙与革命运动中的新墨学

科学精神："任侠而兼格致，则有墨子之类。"①梁启超《西学书目表后序》明确表示："当知墨子之学当复兴。"②即使是致力于从学术角度研究墨子之学的孙诒让，也在其代表作《墨子间诂》中大力表彰墨子的救世精神：墨子"用心笃厚，勇于振世救敝"，③"劳身苦志以振世之急，权略足以持危应变而脱屣利禄不以累其心，所学尤该综道艺，洞究象数之微。其于战国诸子，有吴起、商君之才而济以仁厚，节操似鲁连而近实亦过之。"④《墨子间诂》进一步引发了梁启超的墨学兴趣，其《中国近三百年学术史》言："我生平治墨学及读周秦诸子之兴味，皆由此书导之。"⑤

辛亥革命时期，革命者热衷于建设革命道德与新的国民性，墨子的道德与精神得到普遍认同与提倡。栾调甫在《二十年来之墨学》指出："光宣之交，博爱之教、逻辑之学，大张于世。"⑥《民报》创刊号列墨子为世界四大伟人之一，称墨子为"世界第一平等博爱主义大家"。《新世纪》第24期《好古》指出当时有一种思潮："大同博爱主义兴，则墨子为首倡矣。"⑦孙中山《民族主义第六讲》谓："古时最讲爱字的莫过于墨子。"⑧觉佛《墨翟之学说》更是高度评价墨家大公无私的自我牺牲的救世精神："发明社会学，养成一种仗义敢死、摩顶放踵以利同胞之精神热力"，推崇墨学为唯一的革命救国之学："墨子之学说，在我国今日，岂非起死回生之妙药哉！"⑨章太炎《论诸子学》也大力表彰墨子道德："其道德，则非孔、老所敢窥视也。"⑩视为建设"革命道德"的良药之一。梁启超《子墨子学说》更是充满激情地对墨子道德进行了无以复加的表彰："墨

---

① 谭嗣同. 论今日西学与中国古学[M]// 何执. 谭嗣同集. 长沙：岳麓书社，2012：437.
② 梁启超. 西学书目表后序[M]// 饮冰室合集·文集之一（第1册）. 北京：中华书局，2015：128.
③ 孙诒让. 自序[M]// 墨子间诂. 孙启治点校. 北京：中华书局，2001：2.
④ 孙诒让. 墨子后语上·墨子传略第[M]// 墨子间诂. 孙启治点校. 北京：中华书局，2001：683.
⑤ 梁启超. 中国近三百年学术史[M]// 饮冰室合集·专集之七十五（第17册）. 北京：中华书局，2015：230.
⑥ 栾调甫. 二十年来之墨学[M]// 墨子研究论文集. 北京：人民出版社，1957：140.
⑦ 民. 好古[N]. 新世纪，1907-11-30.
⑧ 孙中山. 三民主义·民族主义第六讲[M]// 孙中山全集（第九卷）. 北京：中华书局，1981：244.
⑨ 觉佛. 墨翟之学说[N]. 觉民，1904-06.
⑩ 章太炎. 论诸子学[M]// 章太炎全集·演讲集上. 上海：上海人民出版社，2015：57.

子为中国独一无二之实行家",①"呜呼,千古之大实行家,孰有如子墨子者耶!孰有如子墨子者耶!"②梁启超在这一时期痴迷于墨子救国救民精神的宣传,大声疾呼:"今欲救之,厥惟墨学",③其《中国之武士道》谓:"墨子,圣人也,其教泽远矣!救世之患,急人之难。"④

新文化运动时期,在打倒"孔家店"与道教的呼声中,"墨家店"被提到一个新的高度。易白沙《述墨》谓:"周秦诸子之学,差可益于国人而无余毒者,殆莫如子墨子矣。"⑤其《孔子平议上》谓:"墨家赴汤蹈火,死不旋踵。"⑥李杰谓:"古人学说之最合于现代者,莫庄、墨若。墨子兼爱,适合于近世所谓社会主义,而为大同之基础。"⑦陈独秀《敬告青年》谓:"吾愿青年之为孔、墨。"⑧陈独秀这里的"孔、墨"主要指的是墨子。其《答俞颂华》亦言:"设全中国自秦汉以来,或墨教不废,或百家并立而竞进,则晚周即当欧洲之希腊,吾国历史必与已成者不同。"⑨陈独秀推崇墨子、庄子与许行为中国的三位伟人。其《答李杰》言:"墨氏兼爱,庄子在宥,许行并耕,三者诚人类最高之理想。"⑩有人期待陈独秀成为当时墨子。胡适当时也发动了"一项小小的革命",那就是"墨子,与孔子并列"。⑪这一时期,梁启超《墨子学案》亦大力表彰墨子精神为构成中华民族的核心精神之一,其《第二自序》言:"墨学之精神,深入人心,至今不坠,因以形成吾民族特性之一","我族能继继绳绳与天地长久,

---

① 梁启超. 子墨子学说[M]// 饮冰室合集·专集之三十七(第10册). 北京:中华书局,2015:41.

② 梁启超. 子墨子学说[M]// 饮冰室合集·专集之三十七(第10册). 北京:中华书局,2015:4.

③ 梁启超. 子墨子学说[M]// 饮冰室合集·专集之三十七(第10册). 北京:中华书局,2015:1.

④ 梁启超. 中国之武士道[M]// 饮冰室合集·专集之二十四(第6册). 北京:中华书局 2015:25.

⑤ 易白沙. 述墨[N]. 青年杂志,1915-10-15.

⑥ 易白沙. 孔子平议上[N]. 青年杂志,1916-02-15.

⑦ 李杰. 通信·致陈独秀[N]. 新青年,1917-05-01.

⑧ 陈独秀. 敬告青年[N]. 青年杂志,1915-09-15.

⑨ 陈独秀. 通信·答俞颂华[N]. 新青年》第三卷第一号,1917-03-01.

⑩ 陈独秀. 通信·答李杰[N]. 新青年》第三卷第三号,1917-05-01.

⑪ 唐德刚译注. 胡适口述自传[M]// 胡适文集(①). 北京:北京大学出版社,1998:338.

第三章 "言盈天下"：近代中国启蒙与革命运动中的新墨学

未始不赖是也。"梁启超强调："墨教之根本义，在肯牺牲自己。"[①]"论到人格，墨子真算千古的大实行家，不惟在中国无人能比，求诸世界也是少见。"[②] 其《先秦政治思想史》更是高度表彰墨子"古今中外哲人中，同情心之厚、义务观念之强、牺牲精神之富，基督而外，墨子而已"。[③]

新民主主义革命时期，中国共产党人对墨子的革命精神也是不遗余力地倡导。1918 年 8 月 21 日，蔡和森写给毛泽东的书信，谓墨子的理论与马列主义近似，"近来俄之列宁颇能行之，弟愿则而效之"。[④] 唐铎回忆其"有时也讲老子、庄子，但他最信仰墨子的学说"。[⑤]1939 年 2 月 1 日，毛泽东写给陈伯达的回信中赞赏陈伯达的著作《墨子哲学思想》，"看了，这是你的一大功劳，在中国找出赫拉克利特来了"；"题目似改为'古代辩证唯物论大家——墨子的哲学思想'或'墨子的唯物哲学'较好"。[⑥] 可知毛泽东视墨子为"古代辩证唯物论大家""中国的赫拉克利特"。1939 年 4 月 24 日，毛泽东在抗日军政大学召开的生产运动初步总结大会上的即席演讲中谈道："还有一个墨子，也是一个劳动者，他不做官，但他是比孔子更高明的圣人。孔子不耕地，墨子自己动手做桌子椅子。"[⑦] 毛泽东在此重点表彰了墨子的劳动精神。陈伯达在《墨子新论》中，把中国共产党人视为"墨子精神的继承者""真正能够继承其言行最优美的传统的后代"。[⑧] 郭沫若《十批判书·孔墨的批判》指出当时党内有一种说法："墨子是奴隶解放者，是农工革命的先驱，是古代的布尔什维克"；"墨子是人民的朋友"；

---

① 梁启超. 墨子学案·第二自序[M]//饮冰室合集·专集之三十九（第 11 册）. 北京：中华书局，2015：3，4.

② 梁启超. 墨子学案[M]//饮冰室合集·专集之三十九（第 11 册）. 北京：中华书局，2015：30.

③ 梁启超. 先秦政治思想史[M]//饮冰室合集·专集之五十（第 13 册）. 北京：中华书局，2015：126.

④ 蔡和森. 墨子的理论与马列主义近似[M]//蔡和森文集. 北京：人民出版社，1980：8.

⑤ 唐铎. 回忆我的良师益友——蔡和森同志[M]//回忆蔡和森》，北京：人民出版社，1980：143.

⑥ 毛泽东. 致陈伯达[M]//毛泽东书信选集. 北京：人民出版社，1983：140.

⑦ 中央文献研究室. 毛泽东著作专题摘编（下）[M]. 北京：中央文献出版社，2003：2280.

⑧ 陈伯达. 墨子新论[M]//任继愈. 墨子大全（第 49 册）. 北京：北京图书馆出版社，2002：166.

"事事为民利着想";"墨子是'最民主',是'布尔什维克'"。[1] 范文澜《中国通史简编·墨子及墨家》谓墨子"代表下层社会农工奴隶要求改善自己的社会地位""始终是为庶民利益着想的"。[2] 吕振羽《中国政治思想史·作为农民阶级政治学说的墨子》更是对墨子的精神遗产做了全面总结与高度评价:"墨子的思想,给中国民族留下了唯物主义、社会主义、民主主义思想的传统,值得批判地继承";"墨子信徒那种对信仰的坚定性、对团体的严格纪律性以及'自苦为极'不惜牺牲自己一切为革命斗争的实践精神,以后都长留在中国农民阶级和中国民族的血液中,是中国民族的优良传统"。[3] 可以说,当时的共产党人是自觉以墨子精神来构建中国的革命文化、革命道德、革命精神。在整个近代中国革命之中,来自西方与俄国的革命精神,通过墨子精神得以中国化,得以具有感召力,得以深入人心,得以成为近代中国革命家强大的精神动力与精神支柱。

结语

近代中国,传统文化既失落,又复兴。中国人对传统文化既不自信,又不得不自信。文化失落与文化复兴、文化自信与文化不自信纠结在一起,成为近代中国特有的历史现象。传统文化失落与文化不自信,源于知识界把中国贫穷落后、被动挨打的根源归罪于传统文化的专制性、封建性与迷信;而传统文化的复兴与文化自信,则源于知识界把民族国家建设的根基立足于文化认同之上。墨学复兴,既是中国传统文化失落与文化不自信的开始,亦是中国传统文化复兴与文化自信重建的开始。这源于近代知识界认为墨学与西学结缘会通,又是中国传统文化的重要资源。西学的本土化与中国传统文化的现代化,均以墨学复兴为重要载体。

---

[1] 郭沫若. 十批判书[M]. 北京:人民出版社,1957:100,101.
[2] 范文澜. 中国通史简编[M]. 北京:华东师范大学出版社,2014:71.
[3] 吕振羽. 中国政治思想史[M]. 北京:人民出版社,2008:120.

第四章　个人主义与爱利主义：新文化运动与新杨朱话语体系的生成

杨朱学派主张"人人不损一毫，人人不利天下，天下治矣"①，在战国时期曾经"言盈天下"。新文化运动时期，随着个人主义诉求的伸张，一批学者开始利用《列子》《孟子》《庄子》《韩非子》《吕氏春秋》等典籍，重新探讨杨朱学派的思想，杨朱学说再次"言盈天下"，新杨朱话语体系得以生成，胡适、梁启超、张默生、顾实、陈此生等是其中的代表人物，胡、梁二氏的影响更大些。他们一开始均以《列子·杨朱篇》为基本史料构建新杨朱话语体系，均反对关于杨朱学派"自私自利"的误解，肯定杨朱"为我主义"的积极性；后来又均把《列子·杨朱篇》归之为"伪书"之列，而不再相信，进一步肯定杨朱学派的价值。梁启超谓"周秦诸子，无论哪一派，都带有积极精神"②，胡适则转而从《吕氏春秋》中寻找史料重新构建新杨朱话语体系，杨朱学派的形象进一步趋于正面化，胡适谓其为"很纯粹的个人主义"与"乐利主义"。胡适是建构新杨朱话语体系的最著名代表。

1919 年胡适的《中国哲学史大纲》出版，以《列子·杨朱篇》为基本史料探讨杨朱学派的核心思想。基本理由是：《列子·杨朱篇》谈论的核心命题"为我主义"，正是杨朱学派的基本思想；其讨论的"名实"问题，也是当时思想家探讨的基本问题（胡适谓之"方法论"问题）；其专记杨朱的言行，可能正

---

① 杨伯峻. 列子集释[M]. 北京：中华书局，2002：220.
② 梁启超. 评胡适之《中国哲学史大纲》[M]// 宋洪兵. 国学与近代诸子学的兴起. 桂林：广西师范大学出版社，2010：271.

是杨朱学派的资料汇集。①梁启超亦认为《列子·杨朱篇》"似从古书专篇采集以充轶者",②"其中一部分容或出自古籍而为作伪者所采入",③且"持之有故、言之成理"。④陈安仁谓《列子·杨朱篇》为"最可凭的史料"。⑤杨幼炯谓《列子·杨朱篇》"所记杨朱言行,有孟子作旁证,大体似可凭信"。⑥1930年胡适写《读〈吕氏春秋〉》,则不再以《列子·杨朱篇》为基本史料,而是以《吕氏春秋》的《本生》《重己》《贵生》《情欲》为基本史料,来重新探讨杨朱学派的核心思想。其基本理由是,《吕氏春秋》的中心思想就是"个人主义",而这几篇完全围绕"贵己"("重己")、"重生"("贵生""本生""全生")展开论述,无疑属于杨朱学派的思想。按胡适的意思,整个《吕氏春秋》都围绕着"个人主义"展开叙述的,深刻打上了杨朱学派的烙印。胡适的前后变化,一则是其"疑古"思想所致,他在《中国哲学史大纲》一书中已经把《列子》划入"伪书"之列;⑦二则受到"疑古史学"思潮的推动,学界几乎都把《列子》列入"伪书";三则受到梁启超批评的影响,1922年梁启超在《评胡适之〈中国哲学史大纲〉》⑧一文中,奉劝胡适"割爱",谓《列子·杨朱篇》"完全是魏晋清谈家的'颓废思想'",决不是杨朱学派的思想,理由是"周秦诸子,无论那一派,都带有积极精神,像这样没出息的虚无主义,断断是不会有的"。⑨1958年胡适为《中

---

① 陈鼓应在《论〈老子〉晚出说在考证方法上常见的谬误——兼论〈列子〉非伪书》(载《道家文化研究》第4辑,后收入《中国哲学创始者——老子新论》一书)中认为,《杨朱篇》与列子学派事实上并没有什么关系,是后人夹杂到《列子》里面去的。属于"古书混编"。

② 梁启超. 老孔墨以后学派概观[M]//梁启超论诸子百家. 北京:商务印书馆,2012:329.

③ 梁启超. 先秦政治思想史[M]. 北京:商务印书馆,2014:135.

④ 梁启超. 老孔墨以后学派概观[M]//梁启超论诸子百家,北京:商务印书馆,2012:329.

⑤ 陈安仁. 中国政治思想史大纲[M]. 上海:商务印书馆,1930:16.

⑥ 杨幼炯. 中国政治思想史[M]. 上海:商务印书馆,1937:53.

⑦ 民国时期道家学者张默生在《先秦道家哲学研究》(济南:山东文化学社1933年版)一书详细比对《庄子》与《列子》二书,考证《列子》为抄录而成,非由魏晋人所创造。陈鼓应在《论〈老子〉晚出说在考证方法上常见的谬误——兼论〈列子〉非伪书》亦考证出《列子》绝非伪书,基本上是先秦的作品,只是其中有极少的段落有后人羼入的可能。

⑧ 刊于1922年3月13日至17日《晨报副刊》第7版。

⑨ 梁启超. 评胡适之《中国哲学史大纲》[M]//刘东、翟奎凤. 梁启超文存. 南京:江苏人民出版社,2011:224.

第四章 个人主义与爱利主义：新文化运动与新杨朱话语体系的生成

国古代史大纲》重版写"出版自记"时，认同了第二种研究方案，否定了第一种研究方案，胡适谓"我当时用《列子》里的《杨朱》篇来代表杨朱的思想，这也是错的。《列子》是一部东晋时人伪造的书，其中如《说符篇》好像摘抄了一些先秦的语句，但《杨朱》篇似乎很不可信。请读者看看我的《读〈吕氏春秋〉》。我觉得《吕氏春秋》的《本生》《重己》《贵生》《情欲》诸篇很可以表现中国古代产生的一种很健全的个人主义，大可以不必用《列子》的《杨朱》篇了。《吕氏春秋·不二》篇说'杨生贵己'，李善注《文选》引作'杨朱贵己'。我现在相信《吕氏春秋》的'贵生''重己'的理论很可能就是杨朱一派的'贵己'主义"。①胡适对《列子》与《列子·杨朱篇》并没有详细考证，而是随从当时"疑古"史学的考证，然而，正如胡适批评"疑古"史学对《老子》的考证一样，"疑古"史学对《列子》与《列子·杨朱篇》的考证亦存在严重的方法论问题。更重要的是胡适、梁启超以及不少民国学者对《列子·杨朱篇》存在严重误解。

一、"无名主义"的方法论

胡适构建新杨朱话语体系，特别强调其方法论，"杨朱学派的根本方法在于他的无名主义"。②这种"无名主义"方法论，"只承认个体的事物（实），不认全称的名。所以说'实无名，名无实。实者，伪而已矣。'伪是'人为的'。一切名都是人造的，没有实际的存在。故说'实无名，名无实。'"③张默生在"名实"问题上完全认同胡适的看法，谓杨朱学派"根本上不承认有'名'"，"简直是不承认'名'与'实'有什么关系"。④

"无名主义"的方法论，其应用的结果是什么？政治与人生方面必然倾向个人主义。胡适谓"把一切名器礼文都看作人造的虚文"，"只认个人的重要，轻视人伦的关系，故趋于个人主义"。⑤张默生谓"杨朱既将'名'与'实'看为截然两事，而且将'实'看成是'实在'的，将'名'视为'虚空'的，则自然崇尚实利，而鄙弃虚名，自然趋与现世享乐，而蔑视社会礼法，自然倾

---

① 胡适.《中国古代哲学史》台北版自记[M]//欧阳哲生. 胡适文集（6），北京：北京大学出版社，2013：142-143.

② 胡适. 中国哲学史大纲（卷上，古代哲学史）[M]. 上海：商务印书馆，1919：177.

③ 胡适. 中国哲学史大纲（卷上，古代哲学史）[M]. 上海：商务印书馆，1919：179.

④ 张默生. 先秦道家哲学研究[M]. 济南：山东文化学社，1933：11，14.

⑤ 胡适. 中国哲学史大纲（卷上，古代哲学史）[M]. 上海：商务印书馆，1919：179.

向个人主义,而反对集团生活"。①

"无名主义"的方法论,其源头在哪里?杨幼炯谓杨朱学派继承的是老子的"无名主义",而且更加"彻底","只承认个体之事物(实),不认全称之'名',凡一切之'名',皆可根本取消;故一切名器礼文,皆为人造之虚文,只有个人之重要,轻视人伦之关系,仍一本其极端的个人主义而出发也"。②杨幼炯的观点明显受到胡适的影响。

为什么杨朱学派主张"无名主义"?这与春秋战国时期特殊的崇尚"功利"的大环境密切相关。陈安仁谓"因为当时承五霸功利之遗风,举世滔滔,奔逐忘返,甚有为名利而害及身命的,故杨子主张非名贵实"。③谢无量谓"盖世人之所以锢于苦而失其乐者,悉坐不知名实生死之真义,无不徇名而忘实,贪生而畏死,杨朱乃明名之不可以贸实,而死生一致,自然之道,不足为忧喜也。非破除此等常见,则不能得乐"。④

严格说来,杨朱学派并不主张"无名主义",而只是反对"守名而累实"。杨朱言:"名胡可去?名胡可宾?但恶夫守名而累实。守名而累实,将恤危亡之不救,岂徒逸乐忧苦之间哉?"杨朱所举"守名而累实"的典型是"忠""义"二名,"忠不足以安君,适足以危身;义不足以利物(此处"物"即"人"之意),适足以害生。安上不由于忠,而忠名灭焉;利物不由于义,而义名绝焉。君臣皆安,物我皆利,古之道也"。⑤

二、"个人主义"的人生哲学

杨朱学派的个人主义究竟是什么?陈元德谓杨朱学派的中心思想是"尊重自我"⑥。胡适谓以尊重个人生命为核心,"不是教人贪生怕死,也不是教人苟且偷生"。⑦杨朱学派区别了尊重个人生命的四个层次:"全生"("六欲皆得其宜")、"亏生"("六欲分得其宜")、"死""迫生"("六欲莫得其宜")。

---

① 张默生. 先秦道家哲学研究[M]. 济南:山东文化学社,1933:17.
② 杨幼炯. 中国政治思想史[M]. 上海:商务印书馆,1937:55.
③ 陈安仁. 中国政治思想史大纲[M]. 上海:商务印书馆,1930:27.
④ 谢无量. 中国哲学史(第一编 下)[M]. 上海:中华书局,1916:23.
⑤ 杨伯峻. 列子集释[M]. 北京:中华书局,2002:228.
⑥ 陈元德. 中国古代哲学史[M]. 上海:中华书局,1937:237.
⑦ 胡适. 读《吕氏春秋》[M]//欧阳哲生. 胡适文集(4). 北京:北京大学出版社,2013:181.

第四章　个人主义与爱利主义：新文化运动与新杨朱话语体系的生成

只有"全生"（"适性"）才算是真正的尊重生命，"亏生"是部分地尊重生命，死亡是生命的结束，而"迫生"则是"生不如死"，活着却没有任何生命意义。"尊重人生""把人生看作行为动作的标准，看作道德的原则"，是杨朱学派个人主义思想的"最大特色"。①

战国时代为什么会出现盛极一时的"个人主义"思潮？张默生谓："杨朱生在春秋战国之间，眼见这种社会，人民的生命财产，朝不保夕，为自卫计，即不能作积极的反抗，亦当作消极的抵制。第一，不为野心家所利用；第二，反对悉天下奉一身的野心家。为达到这两种目的，必须从极端的个人主义做起。果能做到极端的个人主义，一介不与，一介不取，养成独立的精神，不依赖人，亦不利用人，社会的分子个个都能健全了，整个的社会，焉有不健全的道理呢？"②胡适谓战国时代的个人主义，导源于当时流行的自然主义，无名主义的方法论与自然主义的宇宙观，导致个人主义的人生观与政治观，"这个时代的自然主义一派思想，经过杨朱的为我主义，更趋向个人主义的一条路上去，故孟子在前四世纪末说杨朱、墨翟之言盈天下，又说当时的三大系思想是杨、墨、儒三家。杨朱的书，如《列子》书中所收，虽在可信可疑之间，但当时的'为我主义'的盛行是决无可疑的。我们即使不信《列子》的《杨朱篇》，至少可以从《吕氏春秋》里寻得无数材料来表现那个时代的个人主义的精义，因为这是《吕氏春秋》的中心思想。"③胡适谓《吕氏春秋》的《本生》《重己》《贵生》《情欲》属于杨朱学派的思想，"提倡的是一种很健全的个人主义，叫做'贵生'主义，大体上即是杨朱的'贵己'主义"。④

胡适根据《列子·杨朱篇》，强调杨朱敢于提倡"为我"的观念，而且提出了其根本的哲学根据，"杨朱的人生哲学只是一种极端的'为我主义'"，"为我主义"的哲学根据是"一切有生命之物都有一个'存我的天性'"。⑤胡适运用生物进化论解释杨朱的"存我的天性"的意涵，"一切生物的进化，形体的变化，

---

① 胡适. 读《吕氏春秋》[M]// 欧阳哲生. 胡适文集（4）. 北京：北京大学出版社，2013：181.

② 张默生. 先秦道家哲学研究[M]. 济南：山东文化学社，1933：8.

③ 胡适. 读《吕氏春秋》[M]// 欧阳哲生. 胡适文集（4）. 北京：北京大学出版社，2013：179.

④ 胡适. 读《吕氏春秋》[M]// 欧阳哲生. 胡适文集（4）. 北京：北京大学出版社，2013：179.

⑤ 胡适. 中国哲学史大纲（卷上，古代哲学史）[M]. 上海：商务印书馆，1919：179.

机能的发达,都由于生物要自己保存自己,故不得不变化,以求适合于所居的境地。"①

杨朱学派表达个人主义思想最为知名的一句话,是"拔一毛以利天下,不为也",胡适谓其本意只是说"天下莫贵于吾生,故不以天下害吾生",生命比一切都重要,这种高度尊重个人生命的人生哲学,胡适评价其为"很纯粹的个人主义"。②胡适推断杨朱,"恐怕人把存我观念看作损人利己的意思,故刚说'智之所贵,存我为贵',忙接著(着)说'力之所贱,侵物为贱'。"胡适强调,"杨朱的为我主义,并不是损人利己。他一面贵'存我',一面又贱'侵物'。一面说'损一毫利天下不与也',一面又说'悉天下奉一身不取也'。他只要'人人不损一毫,人人不利天下。'"③梁启超亦反对把杨朱学派认定为"损人利己""自私自利"的说法,梁启超谓"杨朱之所谓'为我',实与浅薄之自私自利观念不同,吾得名之曰,'无我的为我主义'"。④梁启超把"无我的为我主义",称为"极端的个人主义"。认为其主张"人人绝对的自由"。⑤张默生谓杨朱学派"一毛不拔"的主张,与墨子"摩顶放踵"的主张"所差无几","是不愿意轻于为人利用的意思。尤其不愿为野心家所利用,以妨害社会的和平。"⑥钱穆在《杨朱考》中言"凡天下之自私自利者,皆孟子所谓杨氏之言,而未见其果为杨也"。⑦

三、"自然主义"的养生哲学

杨朱学派的养生哲学为自然主义,何谓自然主义?胡适谓大要是"从心而动,不违自然所好""从性而游,不逆万物所好""不要太贫,也不要太富。太贫了'损生',太富了'累身'""主张的只是'乐生''逸身'两件,他并不求长寿,

---

① 胡适. 中国哲学史大纲(卷上,古代哲学史)[M]. 上海:商务印书馆,1919:180.

② 胡适. 读《吕氏春秋》[M]// 欧阳哲生. 胡适文集(4). 北京:北京大学出版社,2013:180.

③ 胡适. 中国哲学史大纲(卷上,古代哲学史)[M]. 上海:商务印书馆,1919:180-181.

④ 梁启超. 老孔墨以后学派概观[M]// 梁启超论诸子百家. 北京:商务印书馆,2012:330.

⑤ 梁启超. 先秦政治思想史[M]. 北京:商务印书馆,2014:136.

⑥ 张默生. 先秦道家哲学研究[M]. 济南:山东文化学社,1933:6.

⑦ 钱穆. 先秦诸子系年[M]. 北京:九州出版社,2011:257.

第四章　个人主义与爱利主义：新文化运动与新杨朱话语体系的生成

也不求速死""只是从心而动，任性而游"。① 张默生谓杨朱的自然主义，"不外'不违自然所好'一语，过此或不及此，均非正当的人生"。② 陈元德谓杨朱学派"全性保真，不以物累形"，是"为我"乃为"养生"。③ 赵兰坪谓"杨子之于生死，一任自然，毫不为之劳心劳力"。④ 梁启超谓杨朱的根本观念是"从心而动，不违自然"，"杨朱以为苟有我之见存，则为我固为大愚，苟无我之见存，则亦何必不为我？'从心而动，不违自然'八字，正是杨朱学说之主脑。彼之人生观，以返于自然状态为究竟目的，故曰'智之所贵，存我为贵'。在自然状态之下，不加一毫修饰，则当前涌现者必为'存我'观念，故其所耳。"⑤ 杨朱哲学的最大特色，在于"不以'灵'的理性，检制'肉'的情感，此杨朱哲学之最大特色也"。⑥ "若与老子'去奢去泰，少私寡欲'之旨相反，但以言自然主义耶？必如杨朱，乃真为赤裸裸的彻底的自然，若老庄乃正吾所谓反'反自然'者也。"⑦

杨朱学派为何主张自然主义？陈安仁谓"因为见世儒矜持礼教而不知本，陷于无情的克己，故主张自然的放任主义""因为当时社会摇动，人心不安，故主张顺自然的定名论"。⑧ 梁启超谓杨朱学派的自然主义源于老子的自然主义，是对老子的自然主义的继承与发展。顾实则从民族富强的角度，谓自然主义可以救世，"杨朱之'全性保真，不以物累形'，尤富于修养之精神，而可为吾民族转弱为强，绝对无上之妙方，亦救时之良策也"。⑨

对于杨朱学派的自然主义，有两种误解：纵欲主义（或曰快乐主义、享乐主义）与厌世主义（或曰悲观主义）。梁启超认同纵欲主义（快乐主义）说，

---

① 胡适. 中国哲学史大纲（卷上，古代哲学史）[M]. 上海：商务印书馆，1919：182，183.

② 张默生. 先秦道家哲学研究 [M]. 济南：山东文化学社，1933：30.

③ 陈元德. 中国古代哲学史 [M]. 上海：中华书局，1937：237.

④ 赵兰坪. 中国哲学史（上卷）[M]. 上海：国立暨南学校出版部，1925：185.

⑤ 梁启超. 老孔墨以后学派概观 [M]// 梁启超论诸子百家，北京：商务印书馆，2012：330.

⑥ 梁启超. 老孔墨以后学派概观 [M]// 梁启超论诸子百家，北京：商务印书馆，2012：332.

⑦ 梁启超. 先秦政治思想史 [M]. 北京：商务印书馆，2014：136.

⑧ 陈安仁. 中国政治思想史大纲 [M]. 上海：商务印书馆，1930：27.

⑨ 顾实. 杨朱哲学 [M]. 长沙：岳麓书社，2010：5.

谓杨朱学派属于"个人现世之快乐主义"①，而反对"厌世主义"（悲观主义）说，谓之为"赤条条的"②。赵兰坪则既认同厌世主义，又认同快乐主义，谓"杨子之人生观，属于厌世派，然亦未至自杀，唯从生死大道而已"，③既然"唯从生死大道而已"，那就不是"厌世主义"；"杨子之快乐主义，不受世间之束缚，不因名誉、富贵、法律、刑罚，而劳其身心，苦其心志，爱其天赋生命，而杨其快乐也，故其言往往与肉体兽欲类似。然察其意，则皆不失保养真性之旨"。④既然"不失保养真性之旨"，那也不是纵欲主义（快乐主义）。张默生则把"厌世主义""享乐主义""自然主义"视为一体，谓"由悲观厌世，生出现世享乐，由现世享乐，生出全性保真，由全性保真，生出顺乎自然；终之以由自然而生，由自然而死"。⑤

其实，杨朱学派的自然主义既不是以纵欲主义为内核的快乐主义，亦不是以悲观主义为内核的厌世主义，而只是一种"从心而动""从性而游""不违自然""不逆万物"的自然主义。其一，杨朱学派并不主张纵欲主义，而是反对纵欲主义，主张"适欲"。杨朱明确反对"无厌之性"，批评"无厌之性，阴阳之蠹也"。⑥杨朱批评伯夷过分矜清，批评展季过分矜贞，批评原宪过分贫困，批评子贡过分富裕，批评人们过分追求长生不老，亦批评人们因为绝望而自杀，杨朱学派的人生观是"中道"的人生观，既不能"损生"，也不能"累身"，而是"生相怜（爱），死相捐（哀）"，物质（"温""饱"）与情感（"爱""哀"）都有关注，"勤能使逸，饥能使饱，寒能使温，穷能使达"。⑦胡适亦认为杨朱学派主张"适欲"，但他是以《吕氏春秋》作为杨朱学派的思想而总结的，而《列子·杨朱篇》亦有明确的"适欲"思想，说《列子·杨朱篇》有纵欲主义思想，完全是对其表面意义的误解，没有看清其所谓"恣耳之所欲听，恣目之所欲视，恣鼻之所欲向，恣口之所欲言，恣体之所欲安，恣意之所欲行"，"肆之而已，勿壅勿阂"，是针对当时礼教束缚之下的人的欲望情感的过分抑制而言，

---

① 梁启超. 老孔墨以后学派概观[M]// 梁启超论诸子百家，北京：商务印书馆，2012：331.

② 梁启超. 老孔墨以后学派概观[M]// 梁启超论诸子百家，北京：商务印书馆，2012：333.

③ 赵兰坪. 中国哲学史（上卷）[M]. 上海：国立暨南学校出版部，1925：185.

④ 赵兰坪. 中国哲学史（上卷）[M]. 上海：国立暨南学校出版部，1925：185.

⑤ 张默生. 先秦道家哲学研究[M]. 济南：山东文化学社，1933：30.

⑥ 杨伯峻. 列子集释[M]. 北京：中华书局，2002：227.

⑦ 杨伯峻. 列子集释[M]. 北京：中华书局，2002：212.

是一种自然主义。其二，杨朱学派亦非悲观主义（厌世主义），其明确主张"可在乐生，可在逸身"①，反对对人生的绝望，明确主张"生相怜（爱）"。其三，杨朱学派明确主张自然主义，"从心而动，不违自然所好""从性而游，不逆万物所好"，不过于追求功名利禄与长生不老，"名誉先后，年命多少，非所量也"。②

四、"爱利主义"的政治哲学

关于杨朱学派的政治理想，新杨朱话语体系有两种说法，一种是以胡适为代表的"爱利主义"政治，反对"无政府主义"说；另一种是以梁启超为代表的"极端个人主义"的政治（往往称为"放任主义"的政治，或"无政府主义"的政治）。胡适认为杨朱学派以尊重个人生命（"贵己贵生"）为核心，其在政治方面的表现，就是建立一个"爱利主义"（胡适又称为"健全的乐利主义"）为导向的政府，杨朱学派"根据于'法大地'的自然主义，充分发挥贵生的思想，侧重人的情欲，建立一种爱利主义的政治"，胡适认为杨朱学派并不主张无政府主义，而是主张建立一个充分尊重个人生命（"全生"）的政府。"在政治上并不主张无政府。政府之设是为一群之利的"，杨朱学派认为政府的起源在于保障个人生命的需要，"政府的起原（源）在于'全生'，在于利群"，政府的作用就在于理解生命、尊重生命、保障生命，"政府的功用在于全生，故政府的手段在于利用人的情欲"，主张尊重人的欲恶，"使人民得遂其欲"，建立一种"乐利主义的政治"，"老实承认政治的运用全靠人的欲恶，欲恶是政治的纪纲；欲望越多的人可得用；欲望越少的人，越不可得用；无欲的人，谁也不能使用"。③但胡适也指出，"乐利主义的政治"，"虽然侧重个人的欲恶"，主张"重民之生，达民之欲，要令人得欲无穷"，的确含有"民主政治"的精神，④但杨朱学派并不直接主张搞"民主的政治"，《吕氏春秋·不二篇》云："听群众人议以治国，国危无日矣。"因为杨朱学派认为，"群众往往是短见的，

---

① 杨伯峻. 列子集释[M]. 北京：中华书局，2002：212.
② 杨伯峻. 列子集释[M]. 北京：中华书局，2002：210.
③ 胡适. 读《吕氏春秋》[M]//欧阳哲生. 胡适文集（4）. 北京：北京大学出版社，2013：183，184，185.
④ 胡适. 读《吕氏春秋》[M]//欧阳哲生. 胡适文集（4）. 北京：北京大学出版社，2013：193.

眼光（望）不出一身一时的利害之外，故可以坐享成功，而不能深谋远虑。"①杨朱学派也不主张"纯粹的法治主义"，而是主张一种自然主义的"无知无为的君道论"，一种"虚君的丞相制"，即"虚君之下的贤能政治"。②顾实认同胡适的"民主精神"说，"昔日之杨朱无君者，今日之民主精神也。杨朱非无君也，人尽得而为君也。犹今日吾民主政体，四百兆同胞，人皆尽皇帝也。"③

梁启超归纳杨朱学派的政治理想为"极端个人主义"的政治，即"排斥干涉主义""人人绝对的自由"，梁启超谓杨朱的"人人不损一毫，人人不利天下，天下治矣"，其含义"不外排斥干涉主义，以为只要人人绝对的自由，天下自然太平"。④陈安仁亦认同杨朱学派的政治是一种"极端的个人主义"的政治，即"放任主义"的政治，一方面，"周室衰微，社会无统一希望，否认国家的组织，故主张极端的个人主义"；另一方面，其"哲学的根本主张是个人主义，故他的政治理论，也是个人主义的。因为这样，所以他排斥干涉主义，而主张放任主义"。"极端的个人主义"的政治，认为"人人能实行自治，而天下不期而自治，这是何等彻底的主张"。⑤杨幼炯同样认为杨朱学派建立的是"以个人为中心之社会秩序"，主张的是"个人主义的政治"，"杨子之政治思想，既建立于其为我主义的理论基础之上；则成为极端的个人主义，一切皆以个人之利益为转移，要求树立以个人为中心之社会秩序。"杨朱学派的"个人主义的政治"，"着重于自治，人人若能实行自治，天下不期而自治。其政治理论中心之所在，乃在'人人不损一毫，人人不利天下，天下治矣'之个人主义的政治论"。⑥张默生谓杨朱学派的政治是"极端的反对政治""极端的个人自由主义"，完全视政治为"人类的桎梏"，"简直不承认社会上的组织，甚且不承认人与人的关系，甚且拔一毛而利天下不为"。但"天下治"仍然是杨朱的"最终理想"，"不过他是从组织社会的分子着手，要个个人人健全起来，要个个人人养成独立的精神，不为野心家所利用，不赖慈善家所周济，整个的社会自然要好起来。"⑦

---

① 胡适. 读《吕氏春秋》[M]// 欧阳哲生. 胡适文集（4）. 北京：北京大学出版社，2013：187，188.

② 胡适. 读《吕氏春秋》[M]// 欧阳哲生. 胡适文集（4）. 北京：北京大学出版社，2013：190，192，193.

③ 顾实. 杨朱哲学[M]. 长沙：岳麓书社，2010：5.

④ 梁启超. 先秦政治思想史[M]. 北京：商务印书馆，2014：136.

⑤ 陈安仁. 中国政治思想史大纲[M]. 上海：商务印书馆，1930：27.

⑥ 杨幼炯. 中国政治思想史[M]. 上海：商务印书馆，1937：55.

⑦ 张默生. 先秦道家哲学研究[M]. 济南：山东文化学社，1933：31.

五、杨朱学派的价值重估

战国时期杨朱学派虽然"言盈天下",但也遭到儒家与法家的强烈批评,秦汉以来,儒法二家逐渐成为主流思想,受儒法二家批评的影响,对杨朱学派的评价几乎都是负面的。新文化运动提出了对中国传统思想进行"价值重估"的倡议,杨朱学派以其旗帜鲜明的"个人主义"而重新受到关注。对于杨朱学派的价值重估,既有正面,亦有负面,大体看来,正面的评价越来越多,负面的评价越来越少。特别是在梁启超、胡适等一批很有影响的学者均不再以《列子·杨朱篇》为杨朱学派基本史料之后,杨朱学派的积极意义更是得到充分肯定,胡适的《读〈吕氏春秋〉》、顾实的《杨朱哲学》就是典型。

梁启超对杨朱学派的评价不断变化,在新文化运动时期,其评价有正面,也有负面。其负面评价是,批评杨朱学派乃是一种"极端的现世主义、肉欲主义、断灭主义",有"颓废思想"。梁启超在《先秦政治思想史》中,对杨朱学派的评价极低,谓杨朱学派"纯属所谓'颓废思想',诚无深辨之价值"[1]。梁启超在《老孔墨以后学派概观》中,严厉批评杨朱学派"损害社会之健康","杨朱一派,盖对于人生无意义之一语,有痛彻之感觉,而此种感觉之结果,则归于断灭自恣。校其实,则与自杀无以异也",属于"极端的现世主义、肉欲主义、断灭主义","其损害社会之健康,自无待言"。[2] 当然,梁启超亦承认杨朱学派对中国文学产生了深刻影响,"超群拔伦之文学家、美术家,常有带此色彩者"。[3] 后来梁启超在《评胡适之〈中国哲学史大纲〉》继续谓《列子·杨朱篇》"完全是晋代清谈家的'颓废思想'",是"没出息的虚无主义"。[4] 但此时已经否认《列子·杨朱篇》属于杨朱学派的思想,完全肯定杨朱学派有"积极精神"。

胡适对杨朱学派的思想评价,前后亦有变化,胡适《中国哲学史大纲》认为杨朱学派有"极端悲观主义""厌世主义"的思想。胡适肯定墨子是"极端

---

[1] 梁启超. 先秦政治思想史[M]. 北京:商务印书馆,2014:137.
[2] 梁启超. 老孔墨以后学派概观[M]//梁启超论诸子百家. 北京:商务印书馆,2012:334.
[3] 梁启超. 老孔墨以后学派概观[M]//梁启超论诸子百家. 北京:商务印书馆,2012:334.
[4] 梁启超. 评胡适之《中国哲学史大纲》[M]//宋洪兵. 国学与近代诸子学的兴起. 桂林:广西师范大学出版社,2010:271.

苦心孤诣的救世家"，而杨朱则被认为是"极端悲观的厌世家"。[①] 胡适探究其根源在于，"凡是极端为我的人，没有一个不抱悲观的"。[②] 后来在《读〈吕氏春秋〉》中，则完全肯定杨朱学派是"纯粹的个人主义"（尊重个人生命）与"爱利主义"（建立一个具有民主精神的选贤任能的虚君政府）。

张默生认为杨朱学派有三大缺陷，那就是"宿命论"（极端的"定命"论）、"纵欲主义"（"享乐主义""颓废"）与"放任主义"。其"宿命论"是，"谓人生在世，不当有所作为，否认人智的阐发，自我的意志"[③]；其"享乐主义"是，"主张感官的享乐，而不加以丝毫节制，难保不使人追逐声色，而趋于颓废"；其"放任主义"是，"纯主放任，然人类是否性善，自就规范，亦是不能不需要考虑的了"[④]。张默生认为，人性未必善良，社会未必能自动规范，"放任主义"可能导致社会秩序的混乱。当然，张默生在批评杨朱学派的缺失的同时，也充分肯定杨朱学派的三大历史功绩，即养成中华民族"独立自尊"的精神、大胆提出"'名实'问题"、彻底探究"人生之真趣"。就养成中华民族"独立自尊"的精神而言，杨朱学派"将'为我'主义，公然提出，使人独立自尊，养成社会的健全分子，不至为野心家所利用"。就大胆提出"'名实'问题"而言，杨朱学派"一反前人之所见，使盗名欺世之人无所依据，殉名殉节之人有所反省"。就彻底探究"人生之真趣"而言，杨朱学派"将'人生'问题彻底探究，知世间是一大苦海，死后同归腐骨，正不必焦苦神形，以失却人生之真趣"。[⑤]

有些学者误解杨朱学派，对其作完全负面的评价，如谢无量认定杨朱学派的"利己主义"必然导致"无政府主义"思想，结果是国家与社会的灭绝，"杨朱所谓利己，限于一己性分以内，以保全真性，不惟于人无与，且无以自充其性情之欲，虽井然有条，而不可以为国家社会之法，其流弊必至举国家社会而悉灭绝之。"[⑥] 杨朱学派虽然说过"以我之治内，可推之于天下，君臣之道息矣"，但这里杨朱学派实际上是在批判过分强调"治外"的主张，要表达的意思是"治内"与"治外"要有个平衡，不能走向极端。过分强调"治外"，未必"合于

---

① 胡适. 中国哲学史大纲（卷上，古代哲学史）[M]. 上海：商务印书馆，1919：182.
② 胡适. 中国哲学史大纲（卷上，古代哲学史）[M]. 上海：商务印书馆，1919：181.
③ 杨朱学派并非"宿命论"者，其主张"天下无对，制命在内，明确反对"宿命论"。参阅杨伯峻《列子集释》. 北京：中华书局，2002：225.
④ 张默生. 先秦道家哲学研究[M]. 济南：山东文化学社，1933：35.
⑤ 张默生. 先秦道家哲学研究[M]. 济南：山东文化学社，1933：34.
⑥ 谢无量. 中国哲学史（第一编 下）[M]. 上海：中华书局，1916：22.

人心"。①杨朱学派并非"无政府主义",而是如《老子》所言"太上,下知有之"。陈安仁谓杨朱学派有"厌世主义"思想,分析杨朱学派属于"非奋斗进取的,而是厌世的,放任的","因为杨子生当周末,见时势之衰乱,人生之险岖,思想受此影响,而带来厌世的倾向"。②陈柱谓杨朱学派有"纵欲主义"思想,"以任情为无为,故专主纵欲,是为无为派中之纵欲派"。③"厌世主义"与"纵欲主义"的说法,均非对杨朱学派思想的准确理解,杨朱学派属于"自然主义"与"个人主义",却非"厌世主义"与"纵欲主义"。

也有学者高度评价杨朱学派的"个人主义"为"千古不灭之真理"。赵兰坪言"杨朱之学为守静之快乐主义,抱朴之利己主义,在自身名分之内,保全一身之真性,不侵他人,以满己身无穷之欲耳","不为世俗之欲之奴隶,如寿命、名誉、利益、富贵等,超脱俗欲,而遂其放任自由之生活,然后得满其利己快乐之心,故其立说,高尚而有条理,为个人立说,可谓千古不灭之真理焉。"④更有学者推许杨朱学派的思想为中国"人强"之道。顾实言:"杨(朱)墨(翟)皆具有立德立言立功三不朽之精神,用能亘战国二百五十年间,大受天下之欢迎,而享一代之大名。则战国一代之天下,衣被杨墨二子之教泽,固岂有量哉?固不百年而秦汉代兴,中国大强,则杨墨何负于国家社会,岂非尝有大造于吾千年前之民族哉?"⑤

结语

新文化运动时期,胡适、梁启超、顾实等一批学者致力于对杨朱学派的价值重估,他们从方法论、人生哲学、养生哲学、政治哲学、学说评价等角度重新思考杨朱学派,新杨朱话语体系得以形成。与传统的杨朱话语体系比较,新杨朱话语体系具有明显的现代性、创新性特点:就其现代性而言,自由主义(放任主义)、个人主义、无政府主义、功利主义(乐利主义)、民主政治等源自西方的现代性理论与哲学方法被用来作为诠释的工具;就其创新性而言,视野、理论、方法、内容、结构、结论都有创新,杨朱学说得到了新的理解与评价。新杨朱话语体系的构建有得有失:就其得而言,找到了个人主义的中国土壤,

---

① 杨伯峻. 列子集释 [M]. 北京:中华书局,2002:216.
② 陈安仁. 中国政治思想史人纲 [M]. 上海:商务印书馆,1930:26-27.
③ 陈柱. 诸子概论 [M]. 桂林:广西师范大学出版社,2010:38.
④ 赵兰坪. 中国哲学史(上卷)[M]. 上海:国立暨南学校出版部,1925:184,185.
⑤ 顾实. 杨朱哲学 [M]. 长沙:岳麓书社,2010:3.

为个人主义的立足与传播提供了基础，昔日被斥为"无君""禽兽"的杨朱学说得以重新受到关注，予以"创造性转化"与"创新性发展"，成为新子学话语体系的重要组成部分；就其失而言，存在方法论方面的问题，如新考据学的"思想线索""名词术语""语言文字"等，西方哲学中的现代性问题；存在不少对杨朱学说的误解，如"无名主义""纵欲主义""厌世主义""无政府主义""虚无主义"等，这些理论、方法论与诠释方面出现的问题表明，新杨朱话语体系，乃至整个新学术话语体系的构建都存在一定的问题，需要我们从中吸取教训。

第五章　何以致富强：新管学话语体系的生成

近代新管学话语体系的生成，固然是子学复兴的产物，也与管子思想的核心非常契合时代所需是分不开的。"管子政术，以法治主义及经济政策为两大纲领"。[①] 而以法治国与经济发展正是近代中国所迫切需要的。

一、新管学话语体系的生成过程

《管子》此书，大部分既非管仲手著，亦非春秋时期的作品，学界一般认为是战国晚期或战国至西汉前期的作品，为吸收诸子思想的集成之作，特别是齐国学者总结齐国治国与称霸经验的作品。康有为认为《管子》乃战国策士所为，与《周礼》比较，"窃其六七"[②]。梁启超在《管子传》中持《管子》非伪托论。认为管子思想的确体现在《管子》一书中，《管子》虽非"尽出管子手撰"，但也并非后人伪托，"度其中十之六七为原文，十之三四为后人增益"。"为后人增益"的"十之三四"当出于"稷下先生所讨论所记载"，属于"衍《管子》绪论已耳"。梁启超实际上是认为"齐国遵其政数百年"已经形成了一个管子学派。[③] 熊梦认同梁启超说法，认为"管学之来有自，而妄人谓为战国末年产物，决非管子时代所能发生，谬误之至"。[④] 胡适持伪托论。认为该书与管仲无关，"乃是后人把战国末年一些法家的议论和一些儒家的议论和一些道家的议论，还有一些夹七夹八的话，并作一书；又伪造了一些桓公与管仲问答诸篇，又杂凑了一些纪管仲功业的儿篇；遂附会为管仲所作"；"管仲在老子孔子之前。他的书大概是前三世纪的人假造的，其后又被人加入许多不相干的材料"。但

---

① 梁启超. 管子传 [M]// 梁启超论诸子百家. 北京：商务印书馆，2012：32.
② 康有为. 万木草堂口说 [M]. 北京：中国人民大学出版社，2010：70-71.
③ 参见梁启超. 管子传 [M]// 梁启超论诸子百家. 北京：商务印书馆，2012：35.
④ 熊梦. 晚周诸子经济思想史 [M]. 北京：知识产权出版社，2013：159.

此书虽为"伪书",却不妨"作前三世纪史料的参考"。①甘乃光基于"事实不符""学说因袭"和"文体悬殊",认同胡适的"伪托"说,但认为其仍然可以代表战国周末一个学派的思想。②蒋伯潜《诸子通考》持战国杂集论。认为《管子》由后人杂集而成,集者非一人,辑录非一时,但成书"远在战国之世"③。罗根泽《管子探源》持战国秦汉学术文集论(主要是先秦诸子学术文集)。认为《管子》保存先秦诸子学说最多,诠发其精,"诚战国秦汉学术宝藏"④。除《权修》《幼官》《幼官图》《八观》《重令》《兵法》《小匡》《参患》《水地》《正世》《治国》《封禅》《度地》《地员》《弟子职》《轻重》可能为秦汉作品外,其他为战国作品。吕思勉《先秦学术概论》持齐学论。《管子》为"齐地学者之言,后人汇辑成书"⑤。郭沫若《管子集校》也认同《管子》为战国、秦、汉文字总汇。傅斯年在《战国子家叙论》中认为《管子》为战国时期政治理论的东派(齐学)代表。但"没有一个字是管子写的,最早不过是战国中年的著作,其中恐怕有好些是汉朝的东西"。⑥马非百把《管子》一书拆开,认为其中的《轻重》篇是西汉时期,主要是王莽时代之作。"《管子·轻重》十九篇,亡失三篇,现存十六篇。它和管子其他各篇不是一个思想体系。它是一部专门讨论财政经济问题的书。其中有许多问题,是西汉一代和王莽时代所特有的";《管子·轻重》"是西汉末年王莽时代的人所作"。⑦除梁启超之外,还有一些学者也认为《管子》可以代表管子思想,或管子学派的思想。罗焌的《诸子学述》持管子学派论。认为《管子》"书多后人增辑,然为称述管氏之学者,盖无疑也"⑧。唐庆增在《中国经济思想史》也认为"《管子》虽系伪书,然书中之经济理论,亦极有研究之价值,以其确能代表其本人之经济思想也。此书虽非管仲手著,但书中主张,多与管仲生平执政之设施相符合"。⑨关锋在《管子遗著考》中论断《管子》中的《经言》各篇、《外言》的《五辅》确为管仲遗著,"《外言》《内言》各篇,

---

① 胡适. 中国哲学史大纲 [M]. 北京:东方出版社,1996:12,321.
② 参见甘乃光. 先秦经济思想史 [M]. 北京:知识产权出版社,2013:61-62.
③ 蒋伯潜. 诸子通考 [M]. 长沙:岳麓书社,2010:329.
④ 罗根泽. 管子探源 [M]. 长沙:岳麓书社,2010:3-4.
⑤ 吕思勉. 先秦学术概论 [M]. 长沙:岳麓书社,2010:258.
⑥ 傅斯年. 战国子家叙论 [M]. 上海:上海古籍出版社,2012:55,56.
⑦ 马非百. 论管子轻重(中)——关于管子轻重之理论的体系[M]//司马琪. 十家论管. 上海:上海人民出版社,2008:232,233.
⑧ 罗焌. 诸子学述 [M]. 上海:华东师范大学出版社,2008:288.
⑨ 唐庆增. 中国经济思想史 [M]. 北京:商务印书馆,2010:241.

第五章 何以致富强：新管学话语体系的生成

大都显然不是管仲的著作，而多是记述管仲的言行和解释发挥管仲思想的"，"可以作为研究管仲思想的参考的"。[①] 巫宝三认为《管子》虽属刘向伪托，"显然不可能是管仲的著作"，但可以视为"在传授和阐发管仲思想并且是在齐国的具体社会背景下产生和发展起来的"，"有些篇有管仲的遗教及政教思想影响"。[②] 王德敏在系统考察了自古及今关于《管子》作者、成书时代、思想体系之后，断定"《管子》是管仲学派代代积累的论文总集，既有管仲思想的记录和发挥，又有它在不同历史时期的发展和运用，是一部经邦治国的百科全书"。[③]

管子思想活化，自清季以降，一直持续不断。清季、民国与20世纪90年代以来的三次国学思潮中，《管子》研究大热。管子思想活化，从洋务派与维新派的"自强求富""振兴商务""以商立国"思潮就开始了，"轻重九府"的重商思想首先得到活化。此后的民权立宪思潮、国粹思潮、新文化思潮、东方文化复兴思潮、本位文化建设思潮、新法家思潮、战国策思潮等都在不同程度活化了管子思想。近代政治家、学术家、经济学家、思想家，如郭嵩焘、郑观应、康有为、孙诒让、何如璋、张佩纶、梁启超、刘师培、章太炎、蔡元培、吕思勉、罗焌、于省吾、蒋伯潜、罗根泽、唐庆增、熊梦、甘乃光、陈柱、郭沫若、马非白等，都对管子思想活化做出了不同程度的贡献。与老子、墨子、杨朱、孟子、庄子、荀子、商鞅、韩非子、许行、邹衍、惠施、公孙龙等先秦诸子一样，管子思想活化也成为近代中国的一种历史现象。

究竟《管子》的哪些思想得到活化，从清季民国学者的诠释实践看，"法为天下至道""经臣""与民一体""民体以为国""啧室之议""乡治""轻重""侈糜""官山海""来天下之财、致天下之民""无籍而国用足""财不盖天下，不能正天下""万民之不治，以贫富之不齐"等思想得到了活化。而可资发酵的西方现代性思想资源则包括社会契约论、现代法治主义、官僚政治、民主政治、地方自治、重商主义、市场经济、殖民主义、垄断资本主义、社会主义、现代财税理论、现代货币理论等思想。清季民国学者以这些现代性思想与《管子》互相印证、互相发明，从而彰显管子思想的现代意义与西方现代性思想的本土意义。

---

① 参见关锋. 管仲遗著考[M]// 司马琪. 十家论管. 上海：上海人民出版社，2008：401.

② 巫宝三.《管子》经济思想总论——《管子》的封建社会国家经济论[M]// 司马琪. 十家论管. 上海：上海人民出版社，2008：416.

③ 参见王德敏. 经略家管仲及管仲学派——管子其人其书及其学术流派[M]// 司马琪. 十家论管. 上海：上海人民出版社，2008：476-479.

1886-1897 年，康有为（1858-1927）编成《孔子改制考》（1897 年刊刻，1898 年问世）从"创教""改制""托古"三个视角开始了管子思想的活化。其中，《周末诸子并起创教考》有《管子创教考》；《诸子创教改制考》有《管子改制考》；《诸子改制托古考》有《管子托古考》。在《管子创教考》中，康有为主要引用了《淮南子·要略》的"存亡继绝"、《新书·俗》的"四维"（礼义廉耻）和《新书·无蓄》的"仓廪实而知礼节，衣食足而知荣辱"来称道管子的创教行为。① 在《管子改制考》中，康有为则着力介绍了管子的政治制度、军事制度、设"轻重九府"以及"严法治""薄刑法""厚甲兵"的思想。② 在《管子托古考》中，康有为认为管子"创轻重，开矿学"，托之于古皇、黄帝、禹、汤、伊尹、周武王等，连"创立议院"也托之于尧、舜、禹、汤、周武王。③ 康有为实际上打着考证的旗帜凸显自己的"托古改制"思想。同时打着"孔子改制"的旗帜，复兴了诸子百家的思想。1897 年，章太炎（1869-1936）在《经世报》上发表《读管子书后》。1894-1900 年写成《訄书》初刻本，1900 年刊行。1902-1904 年修订，1904 年修订本出版。《訄书》初刻本在《儒法》《喻侈靡》篇中涉及管子思想，其中，《喻侈靡》系《读管子书后》修订而成，专门研讨管子思想。1914 年编定《章氏丛书》（1919 年浙江图书馆刊行）载有《管子余义》。

1903 年刘师培与林獬合写《中国民约精义》（1904 年上海镜今书局版），其中专门谈到管子的"民约"思想，认为"重立宪而斥专制，为《管子》书中之精义"；"管子治齐，最得西人法制国之意"。④ 1905 年 2 月 23 日 –6 月 23 日，刘师培在《国粹学报》第 1-5 期发表《周末学术史序》，在《心理学史序》《伦理学史序》《政法学史序》《法律学史序》《计学史序》《教育学史序》部分均谈到管子思想。其中，《伦理学史序》认为管子"以道德为立国之本"。管子伦理理想为"伦理之极则"。⑤《政法学史序》认为管子具有"以法治国""以

---

① 康有为. 孔子改制考 [M]. 北京：中国人民大学出版社，2010：22.
② 康有为. 孔子改制考 [M]. 北京：中国人民大学出版社，2010：39-40.
③ 康有为. 孔子改制考 [M]. 北京：中国人民大学出版社，2010：83-86.
④ 刘师培. 中国民约精义 [M]// 李妙根. 刘师培文选. 上海：上海远东出版社，1996：26-27.
⑤ 刘师培. 周末学术史序 [M]// 李妙根. 刘师培辛亥革命前文选. 上海：中西书局，2012：187.

法律为政治之本""主权不可分""以立宪为政""申民权"的政治思想。①《计学史序》认为,管子具有"国家主义""募国债""税矿山""选举富商""干涉主义""富民与富国并重"的经济思想。②从《新民丛报》《国风报》等开始,梁启超(1873-1929)治先秦政治思想。1909年写成《管子传》,系统地探讨了管子的法治、政治、经济、教育、外交、军政思想。1922年写成《先秦政治思想史》,其中,"法家思想""生计问题""乡治问题"涉及管子思想。1910年,蔡元培(1868-1940)出版《中国伦理学史》,在《先秦创始时代》中有专章叙论管子思想。

1924年开始,甘乃光(1897-1956)据在岭南大学教授"中国经济思想史"的讲稿整理成《先秦经济思想史》,商务印书馆1926年初版。其中第八章为《管子》,谈到《管子》与管仲的关系、国民经济观念、重农主义、分配政策、财政政策、商业政策和消费理论。1927-1929年,罗根泽(1900-1960)写成《管子探源》,1931年4月中华书局印制。《管子探源》对《管子》的每篇"稽之先秦两汉各家之书,参以前人论辩之言",③进行时代与流派的考证,同时在《附录》中阐述了中国古代"本农末商"学说的源流。1930年熊梦(1902-1983)的《晚周诸子经济思想史》出版,系其60余万言的《中国经济思想史》的一部分,1930年初版,商务印书馆1936年版列入"国学小丛书"。其中《法家思想》的第二个专题为《管子》,内容包括管子传略、内政三大纲领、经济政策、国民经济观念、奖励生产政策、均节消费政策、调剂分配政策、理财政策和国际经济政策。1933年,吕思勉(1884-1957)出版《先秦学术概论》(世界书局版)。其中,"道家""法家""农家"及其附录"经子解题"中均涉及管子思想。而道家与农家部分叙述管子思想尤多。1935年,罗焌(1874-1932)的《诸子学述》出版(商务印书馆版)。其中,中编《周秦诸子学史》的《道家》的第六部分专论管子。1936年,唐庆增(1902-1972)的《中国经济思想史》出版(商务印书馆版)。第六编为《法家》,第六编第一章为《管仲之经济思想》。1936年黄汉在商务印书馆出版《管子经济思想》。1944年俞寰澄的《管子之统制经济》出版,温州中华印刷厂印刷。1943年马非百对《管子》中的《轻重》作考证。

---

① 刘师培. 周末学术史序[M]// 李妙根. 刘师培辛亥革命前文选. 上海:中西书局, 2012: 199-200.

② 刘师培. 周末学术史序[M]// 李妙根. 刘师培辛亥革命前文选. 上海:中西书局, 2012: 202-203.

③ 罗根泽. 管子探源[M]. 长沙:岳麓书社, 2010: 4.

1946年，蒋伯潜（1892-1956）写成《诸子通考》（1948年正中书局版）。其中，《诸子著述考》"道家之书"中有《管子考》。

民国以后，《管子》仍属于研究热点，许多学科都介入了《管子》研究，对管子经济思想的研究尤其关注。特别是20世纪90年代国学思潮兴起以来，对管子的探讨进入热潮。集中探讨《管子》的论著有不少，如郭沫若（1892-1978）等《管子集校》（科学出版社1956年版）、马非百（1896-1984）《管子轻重篇新诠》（中华书局1979年版）、关锋（1919-2005）《管仲遗著考》《管仲哲学思想研究》（载《春秋哲学史论集》，上海人民出版社1963年版）、黎翔凤（1901-1979）《管子校注》（中华书局2004年版）、巫宝山（1905-1999）《管子经济思想研究》（中国社会科学出版社1989年版）、王德敏（1937-2000）等《管子十日谈》（安徽文艺出版社1997年版）等，可代表其成绩。

近代管子学说复兴，学者对管子的评价很高，通常称其为伟大的改革家、政治家、经济家。梁启超是近代第一个对管仲予以高度评价的学者，誉之为"为忠于国民之政治家，为负责任之政治家，为能立法之政治家，为善于外交之政治家，为能实行军国主义之政治家"；为"国民经济学"的创始人，为"大理财家"。[1] 俞寰澄视管仲为"统制经济"的创始人。唐庆增对管子在经济思想史和政治经济改革方面的贡献予以无与伦比的评价，誉之为"纯粹之经济家""先秦诸子中之翘楚"，为中国经济思想史之"革命者""增无数光荣"者。"管仲为法家鼻祖，亦为中国经济思想史中之革命者，不特于经济事务上具有卓见，其政治之经纶，功垂史册，为后人所称，与前之周公旦、后之王安石互相辉映，为我国过去之经济思想史中，增无数之光荣。"[2]

近代学者评价《管子》一书，多从国民经济、统制经济、唯物主义予以高度评价。梁启超认为《管子》为国民经济理论著作。国民经济学"于二千年前导其先河者，管子也"[3]。熊梦甚至认为《管子》的国民经济理论中的货币理论，如"金币与财富截然不同"论，欧洲人直到17世纪以后才知道，"货币价格与物价成反比，货币数量与物价成正比"直到亚当·斯密才发现，而《管子》已经成熟地掌握。[4] 俞寰澄认为《管子》为"统制经济"理论（"为吾国独有之

---

[1] 梁启超. 管子传[M]// 梁启超论诸子百家. 北京：商务印书馆，2012：44，89.
[2] 唐庆增. 中国经济思想史[M]. 北京：商务印书馆，2010：239.
[3] 梁启超. 管子传[M]// 梁启超论诸子百家. 北京：商务印书馆，2012：91.
[4] 熊梦. 晚周诸子经济思想史[M]. 北京：知识产权出版社，2013：199.

经济理论")的开创性著作。"《管子》一书,兼涵道法兵农诸家,洪纤毕举。"[1]黄汉认为《管子》为唯物主义经济学著作。"以唯物主义为其经济学说之出发点,举凡政治、法律、教育、军事,均受物质支配。"[2]胡寄窗也认为"先秦诸子中,《管子》作者与战国后期荀子一样都是较彻底的唯物主义者","而《管子》作者却将政治、伦理观点全部建筑在人们的物质生活条件上面"。[3]

二、"法为天下至道":"法治"的现代诠释

管子政治思想的活化在于其与现代法治主义、民主政治、官僚政治精神结缘。其法治主义契合清季民国国家现代化进程中法治建设之需求。

刘师培认为管子早已有了"以法治国"的政治思想,但管子是"法治"与"德治"结合。"管子以法家而兼儒家,以德为本,而不以法为末;以法为重而不以德为轻"。从"管子之意"来看,管子以为"正德利用者,政治之本源也;以法治国者,政治之作用也"。管子所谓"大治"乃是"君臣上下贵贱皆从法",也就是"举君臣上下,同受制于法律之中",因此,虽然主权归君主,但君主并不"偏于专制"。[4]梁启超认为,现代宪政国家都是法治国家。"今世立宪之国家,学者称为法治国。法治国者,谓以法为治之国也。"将来法治也不会过时。"夫世界将来之政治,其有能更美于今日之立宪政治者与否,吾不敢知,藉曰有之,而要不能舍法以为治,则吾所敢断言也。"因此,法治是最好的国家治理方式。"故法治者,治之极轨也"。而管子的法治主义则为最早的法治主义思想。"通五洲万国数千年间,其最初发明此法治主义以成一家言者谁乎,则我国之管子也。"[5]梁启超认为,管子的法治主义迄今仍然具有重要的启发借鉴价值。如管子极言法治的重要性,"法则治"。(《禁藏》)"不能舍法而治国"。(《法法》)"以法治国,则举措而已"。(《明法》)"法者,民之父母也"。(《法法》)"法者,天下之至道也,圣君之宝用也"。(《任法》)"法者,上之所以一民而使下也"。(《任法》)"治法者,天下之仪也,所以决疑而明是非也,百姓之所悬命也"。

---

[1] 俞寰澄. 管子之统制经济 [M]// 司马琪. 十家论管. 上海:上海人民出版社,2008: 106,107.

[2] 黄汉. 管子经济思想 [M]// 司马琪. 十家论管. 上海:上海人民出版社,2008:167.

[3] 胡寄窗. 管子经济学说 [M]// 司马琪. 十家论管. 上海:上海人民出版社,2008:266.

[4] 刘师培. 周末学术史序 [M]// 李妙根. 刘师培辛亥革命前文选. 上海:中西书局2012:199.

[5] 梁启超. 管子传 [M]// 梁启超论诸子百家. 北京:商务印书馆,2012:48.

（《禁藏》）而其"指归"则为"以正定人民之权利义务，使国家之秩序，得以成立而已"。梁启超认为，管子主张必先有法而国家乃得成立。国家成立的目的，在于为民兴利除害，而达到此目的的方法就是法治。因此国家建立以后不可不以法治精神行之。管子的这一思想具有极其重要的现代意义。

蔡元培认为，管子的法制主义属于一种功利主义思想。"管子之说，以生计为先河，以法治为保障，而后有以杜人民不道德之习惯，而不致贻害于国家，纯然功利主义也"。①但江瑔认为《管子》"明道家之用，其书有《内业》，儒家亦有《内业》十五篇"。②罗焌认为管子的法治主义在四个方面有其独特之处，其与"道德礼仪""无为大道"相通，而且人人应该守法，没有例外。第一，管子之法治，"绝非纯然杀戮禁诛者也"。管子以为"法令者乃治之具，而非制治清浊之原也"。第二，管子的法治主义，"已通今义"。而现代意义上的法治是法律面前人人平等，国家领导人、政府官员、有财有势者也不例外。"谓法以治民，为下民所当遵守者，古说也；谓法以治人，为人类所当共守者，今说也。"虽然"法为君主所造以为民法也，然君臣、上下、贵贱皆当从之，则守法者不独臣也"。③第三，法不仅能治国，也能修身。君主不仅以法治国，也以法自治其身心。"君主亦当守法，然不仅守法以治国而已，尤当守法以自治其身心也。"④第四，法治合乎道德，合乎大道，可以达到"无为而治"。"法之大原出于道，其所谓道，仍不外乎道德礼仪，而要归于无为之大道。惟任大道，始能以法治国；惟明法令，始能无为而成"。⑤曹伯韩也认可管子法治主义出于道家。"法治主义起源于春秋时代，如管仲、子产所实行的就是，但形成一个学派却在尹文、申不害、商鞅、韩非的时代。他们所根据的哲学却是道家的自然主义，因为自然界有一定的规律，人类行为也应有一定的规律，这种规律就是依据自然法而创制的人为法。他们以为有了法，便使人们的行动有客观的标准可以遵循，统治者以法驭众，不必多费心思，大可以无为而治。这也符合道家的旨趣。所以《韩非子》有《解老》《喻老》等篇，讲老子哲学。《管子》因有一部分讲道家哲学，《汉志》把它列在道家。"⑥葛兆光指出，"《管子·君

---

① 蔡元培. 中国伦理思想史 [M]. 南京：江苏文艺出版社，2007：46.
② 江瑔. 读子卮言 [M]. 上海：华东师范大学出版社，2012：65.
③ 罗焌. 诸子学述 [M]. 上海：华东师范大学出版社，2008：309.
④ 罗焌. 诸子学述 [M]. 上海：华东师范大学出版社，2008：310.
⑤ 罗焌. 诸子学述 [M]. 上海：华东师范大学出版社，2008：308.
⑥ 曹伯韩. 国学常识 [M]. 北京：中华书局，2010：112.

臣》中就说，'道'是贯穿天地人的一种超越性精神和原则，但它又是'上之所以导（道）民也，是故道德出于君，制令传于相，事业程于官，百姓之力也，胥令而动者也'，当'道''一'与'君'连在一起的时候，这就很接近法制主义和权威主义了。"①

现代化的政治不仅包括民主体制，也包括科层体制，后者就是官僚体制，又称为公务员制度。梁启超认为管子的"经臣"思想与现代国家的官僚政治思想也能够相通。具有官僚政治色彩的国家主义思想首先产生于齐国。"齐，海国也。上古时代，我中华民族之有海思想者阙惟齐。故于其间产出两种观念焉：一曰国家观，二曰世界观。国家观衍为法家，世界观衍为阴阳家。而管子的治理实践最终形成了国家主义思想。"自管仲藉官山府海之利，定霸中原，锐意整顿内治，使成一'法治国'之形。而《管子》一书，实国家思想最深切著明者也。"②

现代官僚体制必须建构在严密的法制体系基础之上，其功能职责完全由法律确定。梁启超认为官僚政治"最易酿腐败之习，然使有严密之法制以维持之，又有贤君相以综核名实于其上，则以整齐一国之政，为效至捷"。因此，在现代宪政民主国家，官僚政治是政治现代化所必要的。"立宪之国家，苟能举完全之官僚政治，犹足以大助国家之进步。"即使在前现代国家，官僚政治也是极其必要的。"在专制国，舍官僚外更无可以共政治者乎？故吾国数千年历史中，其有能整顿官僚者，其政必小康，否则废弛以底灭亡。"所以管子的官僚政治思想极有价值。"改良官僚政治，虽谓为中国政治家之第一义焉可也，洵如是也，请师管子。"③

如果能够做到既有法制明确权力界限，使得权力不缺位、不越位、不错位，又能够高效运作，举国一体，那么这就是一种理想的官僚体制。梁启超认为管子"理想的官僚政治"为："朝有经臣，国有经俗，民有经产。何谓朝之经臣？察身能而受官，不浮于上；谨于法令以治，不阿党；竭能尽力而不尚得，犯难离患而不辞死；受禄不过其功，服位不侔其能，不以毋实虚受者，朝之经臣也。"管子认为"完全之官僚政治"，能够达到举国一体，"庶政乃以毕举"。建设"完全之官僚政治"的途径不外"选贤论材而待之以法"。而且法律应该是平等待

---

① 葛兆光. 中国思想史（第一卷）[M]. 上海：复旦大学出版社，2011：177.
② 梁启超. 论中国学术思想变迁之大势 [M]. 上海：上海古籍出版社，2001：29.
③ 梁启超. 管子传 [M]// 梁启超论诸子百家. 北京：商务印书馆，2012：73.

人而普及。"待之以法"为管子官僚政治的特色，否则将不胜其弊。①

三、"与民一体"："立宪政治"的本土回应

社会契约论是西方民主政治重要的理论基础。梁启超认为管子的"国之所以为国者，民体以为国；君之所以为君，赏罚以为君"论断合乎英国启蒙思想家霍布斯的社会契约论。霍布斯认为，国家未建之前，无所谓是非，无所谓善恶，无权利义务之可言。惟以勇力与诈谋为唯一之道德。人人有鉴于此，于是商量达成契约以建国，国建而法制生，于是人人之权利，各有所限制，不能相侵。梁启超称为"此论国家之所以成立，最为博深切明，人民之所以赖有国家者，全在于此，而管子之言，则正与之吻合者也"。管子认为，国家诞生以前，人人都有"无所限制"的"野蛮自由"，结果是一切人对一切人的战争，人人都以"以争夺相杀为事"，人人都不得安定，实际上人人都丧失自由。智者"为民兴利除害"就不得不建立国家。《管子·君臣》："古者未有君臣上下之别，未有夫妇妃配之合，兽处群居，以力相征。于是智者诈愚，强者凌弱，老幼孤弱不得其所。故智者假众力以禁强虐而暴人止，为民兴利除害，正民之德，而民师之。……上下设，民生体，而国都立矣。是故国之所以为国者，民体以为国；君之所以为君，赏罚以为君。"梁启超的解说是："民之所以乐有国者，以无国则人人各率其野蛮之自由，无所限制，惟以争夺相杀为事，无一日могー能安其居。故国家之建设，实应乎人民最急之要求。而思所以副此要求，使人民永脱于忧患之域者，则国家之职也"。梁启超强调"此其言与泰西硕儒霍布士所说多相暗合"。②

梁启超认为，管子不仅具有类似霍布斯社会契约论的思想，还具有类似西方立宪政治的思想。当然，早在梁启超之前，刘师培就认为《管子》有"立宪"思想，"《管子》所行之政治，以立宪为主。《立政》篇'首宪'节云：正月之朔，百官在朝，君乃出令布宪于国。宪既布，有不行宪者，罪死不赦；考宪而有不合于太府之籍者，侈曰专制，不足曰亏令。则齐国早定宪法明矣。重立宪而斥专制，为《管子》书中之精义"。③梁启超认为，管子对"明君"要求是"以天下之目视""以天下之耳听""以天下之心虑""合而听之则圣""与民一体"。管子论道："以天下之目视，则无不见也。以天下之耳听，则无不闻也。

---

① 梁启超. 管子传 [M]// 梁启超论诸子百家. 北京：商务印书馆，2012：73-74.
② 梁启超. 管子传 [M]// 梁启超论诸子百家. 北京：商务印书馆，2012：50.
③ 刘师培. 中国民约精义 [M]// 李妙根. 刘师培文选. 上海：上海远东出版社，1996：26.

以天下之心虑，则无不知也。"（《九守》篇）其论政："先王善牧之于民者也，夫民别而听之则愚，合而听之则圣。虽有汤武之德，复合于市人之言，是以明君顺人心安情性，而发于众心之所聚。是以令出而不稽，刑设而不用，先王善与民一体。与民为一体，则是以国守国以民守民也。"（《君臣》）梁启超认为，管子虽然没有明确的民主政治思想，但却具备"立宪政治之大义"，即"国家之意志"乃是"人民全体之意志"的体现。"如《君臣》篇所言，则今世立宪政治之大义所从出也。人民个人之意志，必须服从于国家之意志，而国家之意志，则舍人民全体之意志，无由见也，此国会政治所由成立也。"议会政治虽然并不存在于管子时代，但议会政治的精神已经萌发。"国会之为物，虽未能产于管子之时代乎，然其精神则固已具矣"。甚至议会政治的实践萌芽也已经出现。"管子之所设施，尤有与今世之国会极相近者"。《桓公问》中有"黄帝立明台之议者，上观于贤也。尧有衢室之问者，下听于人也。舜有告善之旌，而主不蔽也。禹立谏鼓于朝，而备讯矣。汤有总街之庭，以观人诽也。此古圣帝明王所以有而勿失，得而勿亡者也"。[①]特别是管子建议齐桓公设立"啧室之议"。梁启超认为这是"人民监督政府之一机关""人民监督政府，管子认为神圣不可侵犯"。《小称》："民之观也察也，不可遁逃。我有善则立誉我，我有过则立毁我。当民之毁誉也，则莫归问于家矣，故先王畏民。"因此，梁启超认为"管子尊民权"，其"立法事业，与民共之。行政责任，惟民监之。夫今世所谓立宪政治者，其重要精神，具于是矣"。[②]

曾国藩也表彰管子的重民、畏民、限制君权的思想。《君臣》篇"言为君者专重求人，不侵臣下之职"。《小称》篇"多精深语，大约畏民以自修，反己以自责"。[③]"管子之所谓至治，则曰：'人人相和睦，少相居，长相游，祭祀相福，死哀相恤，居处相乐，入则务本疾作以满仓廪，出则尽节死敌以安社稷，坟然如一父之儿，一家之实。'盖纯然以固其人民使不愧为国家之分子者也。"[④]刘师培认为管子以法律限制君权。"管子治齐，最得西方法制国之精义，以法律为一国所共定，故君臣上下同受治于法律，而君主仅践行立法者所定之

[①] 梁启超. 管子传 [M]// 梁启超论诸子百家. 北京：商务印书馆，2012：63-64.
[②] 梁启超. 管子传 [M]// 梁启超论诸子百家. 北京：商务印书馆，2012：64.
[③] 曾国藩. 管子，求阙斋读书录，卷五（子部）[M]// 曾文正公全集（十二）. 北京：中国书店，2011：294.
[④] 蔡元培. 中国伦理思想史 [M]. 南京：江苏文艺出版社，2007：45.

范围。"①

梁启超认为管子也具有地方自治思想。"管子政略之特色,不在中央政府也,而在地方自治。其所论治国之大道曰'野与市争民,乡与朝争治',又曰'朝不合众,乡分治也',又曰'有乡不治,奚待于国'。(具见《权修》篇)此实政治上甚深微妙之格言,措诸四海而皆准也。"民权更重要的是地方自治权,梁启超认为,管子已经认识到这一点。"今所贵乎民权者厥有二事,一曰参政权,二曰自治权。而自治权之切要,过于参政权,此政治学者所同认也。管子于彼则靳之,而于此则奖之,殆应于当时国民程度,斟酌而尽善者也。"②但管子的"乡治"为"王道"之制,而齐桓公不愿行王道,好行霸道,致使管子的"乡治"理想难以实现。"管子著书之时,已定此制。及对桓公之问,又加变更,则以桓公仅欲称霸,不能勉之至王耳。"③管子的"寓兵于农制"是一种"全国皆兵制"。"考管子创制之意,尚有二端:一为顺应民心,一为养成民德。凡人之情,与乡里之人相友相助者,战时必乐为效死;有乡里之长相纠相宾者,士民必勉为善人。"④

四、"轻重"与"侈靡":现代经济的本土回应

管子思想中最为近代学者所关注的除了民权、法治思想外,就是经济思想了。在西方经济思想流入中国之前,中国学者往往看不懂《管子》一书中的《侈靡》《轻重》等篇,对管子的富国思想很难理解和认同。当西方的资本主义、重商主义、自由经济、市场经济、消费经济、国有经济、统制经济、计划经济、国际经济、殖民主义、帝国主义、社会主义等观念、思想、理论进入中国,《管子》一书就显得豁然开朗,令人耳目一新。

为了回应现代经济思想,管子的经济思想在以下几个方面得到活化。

第一,"府海官山":"重商主义"的本土回响。

重商主义重视国家力量对商务发展的作用,要求以国家力量推进商务发展。经济学家唐庆增认为,"管子之经济思想,实建于国家主义之上,其情形正与十七世纪中英吉利重商主义(mercantilism)之产生,无以异也。"⑤从清季"振

---

① 刘师培. 中国民约精义 [M]// 李妙根. 刘师培文选. 上海:上海远东出版社,1996:26.
② 梁启超. 管子传 [M]// 梁启超论诸子百家. 北京:商务印书馆,2012:80.
③ 罗焌. 诸子学述 [M]. 上海:华东师范大学出版社,2008:293.
④ 罗焌. 诸子学述 [M]. 上海:华东师范大学出版社,2008:295.
⑤ 唐庆增. 中国经济思想史 [M]. 北京:商务印书馆,2010:244.

兴商务"思潮兴起,管子经济思想中的重商思想就首先得到活化。主张"商战""以商立国""以商富国""以商强国"的郑观应在《盛世危言》里指出:"商务者,国家之元气也;通商者,疏通其血脉也。试为援古证今,如:太公之九府圜法,《管子》之府海官山,《周官》设市师以教商贾,龙门传货殖以示后世。当时讲求商法与今西制略同。"① 汤寿潜在《商务议》里也认为:"商,非西制也,亦非新法也。三代以来,与士农工同列于四民,太公之九府圜法,管仲之府海官山,其所以振兴者至矣。"唐庆增也认为:"数千年来国人著论述商业之重要者,几无一不提及管子,其受后人之推重,盖可想见。"② 管子的重商思想在先秦诸子中表现得最多、最明显。"管子之重商,不仅在其政绩中表现甚明,在《管子》一书内,记载详尽,为周秦其他诸子所勿及,《轻重》《小问》等篇,皆系研究商业之文字。"③ 陈柱在《诸子概论》中认为法家有一"尚实派",或"实业派",包括"李悝尽地力之教,而商君重农战之法,管仲兴鱼盐之利"。④

第二,"来天下之财,致天下之民":经济民族主义的本土回响。

自"商战""国家经济""国民经济"思想渐次出现,来自西方的经济民族主义思想已经影响到了清季思想界。经济民族主义思想认为国家与国家之间的较量是经济实力的较量,经济实力是国力的基础与核心,因此国家必须倾其能力发展经济,经济发展要以国家为本位,企业家是国家的经济战士,商场就是战场,国家一定要争取在国际经济实力较量中占据上风、主动与主导,否则就要依附于其他国家的经济力量。梁启超认为"以个人为本位"的古典经济学利弊兼存。"斯密之言经济也,以个人为本位,不以国家为本位,故其学说之益于人国者虽不少,而弊亦随之。"而以国家为经济单位的国民经济学的兴起正是纠偏的需要。"晚近数十年来,始有起而纠其偏、匡其缺者,谓人类之欲望,嬗进无已时,而一人之身,匪克备百工,非群萃州处通功易事,不足以互相给。故言经济者不能举个人而遗群,而群之进化,由家族而宗法而部落以达于今日之国家。国家者,群体之最尊者也,是故善言经济者,必合全国民而盈虚消长之,此国民经济学所为可贵也。此义也,直至最近二三十年间,始大昌于天下。"管子则最早具有国民经济思想的萌芽。"吾国有人焉于二千年前导其先河者,则管子也。"管子曰:"欲为天下者,必重用其国,欲为其国者,必重用其民,

---

① 郑观应. 盛世危言 [M]. 郑州: 中州古籍出版社, 1998: 299.
② 唐庆增. 中国经济思想史 [M]. 北京: 商务印书馆, 2010: 267.
③ 唐庆增. 中国经济思想史 [M]. 北京: 商务印书馆, 2010: 268.
④ 陈柱. 诸子概论 [M]. 桂林: 广西师范大学出版社, 2010: 73.

欲为其民者，必重尽其民力。"（《权修》篇）又曰："财不盖天下，不能正天下。"（《七法》篇）又曰："利然后能通，通然后成国"。（《侈靡》篇）又曰："为国不能来天下之财，致天下之民，则国不可成。"（《轻重》篇）又曰："全书之中，如此之论，不可殚举。"因此，管子的经济思想无疑是一种国民经济思想。"管子之言经济也，以一国为一经济单位，合君民上下皆为此经济单位中之一员，而各应其分、戮其力、以助一国经济之发达，而挟之以与他国竞。管子一切政治之妙用，皆基于是。"①

第三，"仓廪实而知礼节，衣食足则知荣辱"：物质文明、经济发展的本土回响。

唐庆增认为管子思想具有高度重视物质文明、以经济建设为中心的特点。管子是先秦诸子最为重视物质文明的。"周秦诸子中重视物质文明者，颇不少，要皆不及管仲所言之详细透彻。"②"国多财""地辟举""仓廪实""衣食足"无不反映管子的经济优先、经济中心思想。《管子》中的《牧民》篇有"凡有地牧民者，务在四时，守在仓廪，国多财则远者来，地辟举则民留处。仓廪实而知礼节，衣食足则知荣辱"。经济优先、经济中心的国家发展思想是管子治国思想的核心。"此唯物观念，实为管子经济思想之基础，其意盖谓仓廪求其充实，衣食求其富足，此二事达到后，方能谈得上道德问题。经济问题一日不解决，则礼节与荣辱无从讲起，为人君者，若不讲求富国富民，则社会间之奸妄淫恶必将发生，故牧民以经济建设为首要。"③孔子"富民"论与管子之"唯物"论都属于国民经济思想。"持孔子之富民论，与管子之唯物论比较，吾人当发现二家经济思想之立足点，完全一致，盖皆以国民经济为归也。"孟子的经济思想与管子的经济思想非常接近。"若以孟子之言论，与管仲之立论相较，则二者似出诸一人之口。"④孔子、孟子与管子都认识到经济建设的重要性，但管子的经济思想更系统、更突出、更深刻。"经济建设之重要，儒（孔孟）法（管子）二家，皆承认之；人民财产之有无多少，与国家强弱贫富有密切之关系，二家亦俱承认之。但法家（管子）所言，较为显著，更为详细。"⑤

第四，"侈靡"：消费经济思想的本土回响。

---

① 梁启超. 管子传[M]// 梁启超论诸子百家. 北京：商务印书馆，2012：90-91.
② 唐庆增. 中国经济思想史[M]. 北京：商务印书馆，2010：244.
③ 唐庆增. 中国经济思想史[M]. 北京：商务印书馆，2010：244-245.
④ 唐庆增. 中国经济思想史[M]. 北京：商务印书馆，2010：247.
⑤ 唐庆增. 中国经济思想史[M]. 北京：商务印书馆，2010：248.

第五章　何以致富强：新管学话语体系的生成

古代学者对《管子》的《侈靡》篇难以理解，延至近代，不接触西方经济思想的学者仍然难以理解。曾国藩就认为《侈靡》篇"多不可晓"[1]。吕思勉也承认《侈靡》篇"极其难解。且与侈靡有关之语少，而篇幅极长。盖亦杂凑而成也"[2]。这是因为"《管子》的经济思想中的一些观点有些出人意表。例如《侈靡》这篇文献，居然说，鸡蛋雕一雕花再煮，木柴刻一刻纹再卖，这样可以增加就业。直到很晚近的时候，学者才发现，原来这是在表达一种消费可以刺激就业的经济论！多少年人们读不懂它，是因为它与古代大流的节俭的经济观念差异太大"[3]。清季著名学者章太炎对《侈靡》篇却非常有兴趣，对其进行了专门研究。章太炎高度评价《侈靡》篇："管子之言，兴时化者，莫善于《侈靡》，斯可谓知天地之际会，而为《轻重》诸篇之本，亦泰西商务所自出矣。"《侈靡》篇中反映的思想被认为是"泰西商务所自出"，也就是西方现代经济增长的理论依据。西方的工业化与市场化无不源于这种经济思想。"侈靡者，工艺之所自出也"，"侈靡者，轻重之本，而泰西商务之所自出也"。章太炎根据埋论与历史推断，"侈靡"为生产力进步、知识发展、文明发展的必然产物。"以验其刀，而知其愈久愈文明，亦愈久愈侈靡也"；"智慧愈开，侈靡愈甚"；"惟夫天地之运，愈久而愈文明，则亦不得不愈久而愈侈靡"[4]。

第五，"轻重"：价值规律与市场竞争思想的本土回响。

《管子》的《轻重》篇与《侈靡》篇一样，古人很难理解，在缺乏浓厚的商业环境或激烈经济竞争环境的人也很难理解。刘恕《通鉴外纪》引傅玄语："《管子》半为后之好事者所加，《轻重篇》尤鄙俗。"孔颖达语："《轻重篇》或是后人所加。"叶适语："《管子》之尤谬妄者，无甚于《轻重》诸篇。"[5]近代不少学者仍然觉得难以理解，"《轻重》诸篇论生计学理，大率重农抑商"[6]。"我人研究管仲之经济思想，于轻重二字甚觉费解。"唐庆增认为，"轻重"的最佳解析是："万物通则万物运，万物运则万物贱，万物贱则万物可因矣。知万

---

[1] 曾国藩. 管子，求阙斋读书录，卷五（子部）[M]// 曾文正公全集（十二）. 北京：中国书店，2011.

[2] 吕思勉. 先秦学术概论 [M]. 长沙：岳麓书社，2010：261.

[3] 李山译注. 管子 [M]. 北京：中华书局，2009：5.

[4] 章太炎. 读管子书后 [M]// 诸子学略说. 桂林：广西师范大学出版社，2010：152-155.

[5] 蒋伯潜. 诸子通考 [M]. 长沙：岳麓书社，2010：329.

[6] 吕思勉. 先秦学术概论 [M]. 长沙：岳麓书社，2010：257.

物可因而不因者夺于天下。"① 管子承认商业有一妙用，就是"通货"二字。"我人可赖商人使货物之流通，小之藉是得以接济民生，大之可赖此以控御他国，制服敌人。"在《管子》诸多思想中，最具有特色的是"轻重"理论，"就是利用市场物价波动的规则，达到富国强兵的目标。"②

清季章太炎对管子的"轻重"思想做了初步的解读，认为"轻重"是经济发展的普遍规律。"物无不以缓急为轻重，而其道亦与侈靡等。"在商品经济中，"轻重"是一种市场经济规律之"势"，而且是一种"无可遁"之"势"。"夫既有工艺矣，则一方或有余，而一方或不足，而求之者则固相等，于是商贾操之以征贵贱，则其势不得不生轻重。轻重者，亦势之无可遁者也。"因此，利用市场法则，操纵国际市场，则可以战胜敌人，其效果比军事力量更好。"管子尝言合小以攻大者，敌国之形；以负海攻负海者，中国之形。呜呼！至于重势既成，则以贸易攻人而有余，亦无待于兵刃矣。"③

唐庆增认为，管子的"轻重之术"内可以富民，外可以制敌。"以轻重之术驭天下，发山海之利，而外因于天下。"④ 管子的"轻重"思想只有在剧烈的经济竞争环境中才能产生。"为君臣者，欲求本国之能霸强，不能不谋所以富饶之道，况国际间既不能无商业上之往来，则不能不讲求所以控制他国之方法"；"列国之经济竞争极其剧烈，因而能够产生'健全之经济思想'"。⑤ 因此，也只有处于剧烈的经济竞争环境才能真正理解、运用。近代中国恰好面临这样一种国际经济环境。而国内经济环境也在向此道路转变，这就为管子"轻重"思想的活化提供了适宜的土壤。

第六，"无籍而国用足"：无税主义的本土回响。

曾国藩指出，管子的财税政策是"徒负勿入"，意味着"不收其税入"。⑥ 梁启超高度评价这种财税政策，认为合乎今日之世界潮流。管子重国有产业的收入，即"官业收入"，如盐铁、森林矿产等。"管子之财政策，以盐铁为主，而以矿产森林辅之，即财政学所谓官业收入者是也。"过去的财政重"直接税"

---

① 唐庆增.中国经济思想史[M].北京：商务印书馆，2010：269.
② 李山译注.管子[M].北京：中华书局，2009：4：
③ 太炎.读管子书后[M]//诸子学略说.桂林：广西师范大学出版社，2010：154.
④ 唐庆增.中国经济思想史[M].北京：商务印书馆，2010：240.
⑤ 唐庆增.中国经济思想史[M].北京：商务印书馆，2010：243.
⑥ 曾国藩.管子，求阙斋读书录，卷五（子部）[M]//曾文正公全集（十二）.北京：中国书店，2011：294.

或"租税收入",而近代以来的财政则越来越重"间接税"或"官业收入"。"前此东西各国财政,大率以租税收入为中坚,其租税又以直接税为中坚,近今则非徒租税中之间接税代直接税而兴也,而官业收入,且骎骎乎夺租税收入之席。"国有产业越来越多是大势所趋,结果是"官业收入"不断增加,"租税收入"不断减少。"若国有铁路、国有森林、盐专卖、烟专卖、酒专卖等,其条目也,此类之收入日增,则各种租税可以渐减。"德国、澳洲、俄罗斯、日本先后都是如此。"德国财政家华克拿(Wagner)论财政,'极赞叹官业收入之善,谓胜于以租税为财源。'"这种以"官业收入"为主的财税政策早在管子时代就已经具备。"我国之管子,则于两千年前,已实行此政策,使华克拿见之,其感叹又当如何。"[1]

第七,"币重则万物轻,币轻则万物重":通货膨胀理论的本土回响。

唐庆增认为管子早就有了货币理论。西洋"研究货币数量理论者,多推巴氏(Jean Bodin)为鼻祖,然巴丹之书,出版于1573年,在氏之前千余年,我国管子固早已倡有此项学说矣"[2]。管子的货币理论已经认识到货币数量、价值与物价的关系。"货币价值之大小,全赖乎市面流通货币之多寡而定,货币多则其价值跌落,少则价值增高;而货币价值之大小,又与物价之高下成反比例,假定他物不变,若货币之价落,即物价涨,反则是物价高。"[3]《山权数》谓:"币重则万物轻,币轻则万物重。"《立政》谓:"辨于黄金之理,则知侈俭,知侈俭则百用足矣。故俭则伤事,侈则伤货。俭则金俭,金俭则事不成,故伤事;侈则金贵,金贵则货俭,故伤货。"《国蓄》谓:"凡五谷者,万物主也。谷贵,万物必贱。谷贱,则万物必贵。"管子的货币理论不仅适宜于春秋战国的争霸时代,对今天也还有重要意义,但管子的货币理论历来不受重视,没有被发扬广大,也没有得到更多实践的机会。"吾人研究管子之货币学说,乃叹我国先哲未尝无精密之经济思想,且立说多在西洋经济思想家之前。独惜数千年来,后起者太偏重于人生观念,于前人之经济学说,不能发挥以光大之,故进步特缓,与西洋各国相较,遂致反主为宾,我国经济思想竟蒙落伍之诮,固为本国学界之奇耻,亦令一部世界经济思想史,减色不少焉。"[4]

第八:"财不盖天下,不能正天下":托拉斯思想的本土回响。

---

[1] 梁启超. 管子传 [M]// 梁启超论诸子百家. 北京:商务印书馆, 2012:117.
[2] 唐庆增. 中国经济思想史 [M]. 北京:商务印书馆, 2010:266.
[3] 唐庆增. 中国经济思想史 [M]. 北京:商务印书馆, 2010:266.
[4] 唐庆增. 中国经济思想史 [M]. 北京:商务印书馆, 2010:266.

梁启超认为管子的对外经济政策具有"出口导向"与"国际垄断"取向。"管子对外经济政策之第一着也，其要点在奖励本国特长之产物，以人力造成独占价格，而吸其赢于外国。""国际垄断"使得本国国家与人民能够获得最大程度的利润。"欲造独占价格，必先杜绝竞争、限制生产，及夫独占之势既成，则全世界之欲得此物者，不得不俯伏以丐诸我，我虽十倍其值，而人莫能靳矣。"梁启超认为，他所在的时代最典型的国际垄断组织就是美国的托拉斯组织。"此术也，泰西诸国近十余年来大行之，现在遍美国之托辣斯，其代表也。"托拉斯垄断全球物价，从而获利最大。"其法先兼并同业者，使之就我范围，次乃察全国或全世界消费此物之总额约共几何，如其数以制造之，使求常过于供，而价自不得不腾，而利遂常归于己。"美国因为有了大量的托拉斯组织，所以能够执国际经济之牛耳，连欧洲也匍匐其下。"美国产业，所以以雷霆万钧之力，震压欧洲，使欧洲诸先进国，恐慑而困于防御者，皆以此也。"国际垄断虽然不合乎道德，但在列国竞争之世能最大程度地损人利己，从而立于不败之地。"夫此等手段，以道德之原则律之，其为不正，固无待言。然在列国并立之世，'国际无道德'一语，已深中于人心，弱肉强食，何国蔑然？苟有可以利吾国者，惶恤其病及人国。此实现今列国商战之惨状，我国人所蘧然未尝觉者也。"管子早已有了国际垄断思想，而国人却恍若梦寐。"岂知发明此术，实行之而灼著成效者，乃在管子。"管子的国际垄断早已付诸实践。"管子之治盐也，知其物为齐所独有，又知其为梁、赵、宋、卫、濮阳所必需，乃限制其生产额而昂其价，坐十倍之利，此即使今世托辣斯所用之手段，所至辟易而莫能御者也。"管子的国际垄断不是由私人实施，而是由国家控制。"托辣斯之利，私人占之，管子则由国家行之耳。"管子的国际垄断使得齐国能够在争霸中脱颖而出。"夫以现今欧洲各国之产业家，而不能敌美国一私人之托辣斯，况当管子之时，各国之政府人民无一解经济上之原理者哉。以之与管子遇，有如卵之见压于泰山而已，此管子之所以奏全胜也。"[1]

五、"万民之不治，以贫富之不齐"：社会主义的本土回响

梁启超认为社会主义是一种国家干涉主义，"彼今日盛行之社会主义，又干涉论之最极端者也。"管子早已实施了这种主义，"管子所谓治莫贵于得齐，非有以牧之，则民不一而不可使。齐也，一也，国家所以维持发达之最要条件也。"管子的国家干涉主义是目前救治中国的良药。"管子之言，实治国之不二法门，

---

[1] 梁启超. 管子传 [M]// 梁启超论诸子百家. 北京：商务印书馆，2012：124.

而施之中国，尤药之瞑眩而可以瘳疾者也。"①西方因为自由竞争，结果形成了国际经济垄断组织，从而左右了全世界和本国的经济命脉。"夫商业之自由放任过甚，则少数之豪强，常能用不正之手段，以左右物价，苦人民而独占其利。此征诸今世之产业组织而可知也，近世有所谓卡特尔者（Kartell），有所谓托辣斯者，皆 Trust 起于最近以二十年间，而其力足以左右全国之物价，甚者乃足以左右全世界之物价。识者谓其专制之淫威，视野蛮时代之君主殆有甚焉。"为了有效对付国际经济垄断组织，社会主义应时而生。"各国大政治家，方相率宵旰焦虑，谋所以对待之，而未得其道也，于是乎有所谓社会主义一派之学说，欲尽禁商业之自由，而举社会之交易机关，悉由国家掌之。此其说虽非可行于今日，然欲为根本救治，舍此盖无术也。"社会主义的最早实施者乃是管子。"此主义当二千年前有实行之者焉，吾中国之管子是也。"②

既然国有化与国家干涉就是一种社会主义，因此，吕思勉也认为"轻重一派近于今之国家社会主义"。③因为管子指出国家完全控制盐铁、借贷与物价。"言社会生计者，欲将盐铁等业，收归官营；人民之借贷，由官主之；物价之轻重，亦由官制之也。"④《管子》的《轻重》诸篇"所言皆生计学理。大致可分为三端：（一）畜藏敛散，（二）盐铁山泽，（三）制民之产。盖法者正也；正之义必有取于平；而致民之不平，莫大贫富之悬隔。故法家欲夺贫富之权，操之于上。其言最与近世之所谓国家社会主义者近"。⑤刘白华也认为"《轻重》诸篇，仿佛近世国家社会主义等思想"⑥。管子的"国有化"政策包括工业国有、资本国有、商业国有等。唐庆增认为，"管子之工业国有政策，为中国先秦时代所罕睹，不能不认为我国经济思想史上之一重大变迁也。"⑦罗焌认为，管子"特设盐官、铁管，经营山海之工业，即加重其价格，以为国家收入之财源，且使私人不能求垄断而罔市利。近世所谓'国家营业之政策''租税普遍之原则'，亦与管子之制大旨相类也"。⑧管子还有商业与资本国有的思想，"以

---

① 梁启超. 管子传[M]//梁启超论诸子百家. 北京：商务印书馆，2012：54.
② 梁启超. 管子传[M]//梁启超论诸子百家. 北京：商务印书馆，2012：110.
③ 吕思勉. 先秦学术概论[M]. 长沙：岳麓书社，2010：125.
④ 吕思勉. 先秦学术概论[M]. 长沙：岳麓书社，2010：124.
⑤ 吕思勉. 先秦学术概论[M]. 长沙：岳麓书社，2010：263.
⑥ 刘白华. 周群玉《先秦诸子述略》刘白华序[M]//宋洪兵. 国学与近代诸子学的兴起. 桂林：广西师范大学出版社，2010：364.
⑦ 唐庆增. 中国经济思想史[M]. 北京：商务印书馆，2010：285.
⑧ 罗焌. 诸子学述[M]. 上海：华东师范大学出版社，2008：299.

钱谷轻重之权收归政府,利益均为公有,蓄家大贾不能豪夺平民。其道则在于'视国之羡不足而御其财务''视物之轻重而御之以准',近世所谓'资本国有''商业官营'者,殆同管子之意与"。①

管子的社会主义不仅主张"国有",还主张"均富"。"均富之旨,儒法二家俱主之,儒家重井田,其理甚是,管子之盐铁政策,实亦合均富之主旨者也。管子曰:'贫富无度则失'(《五辅》),又曰:'甚富不可使,甚贫不可耻'(《侈靡》),又曰:'今君铸钱立币,民通移,人有百十之数,而民有卖子者何也?财有所并也。'(《轻重》)其注重均富,与儒家如出一辙。"②

六、新管学话语体系的生成原因

"前清中叶迄于近世,诸子之学,佛然朋兴。"③《管子》在清季民国受到学术界的高度关注。管子思想的活化,有其内在的必然所趋与外在的形势所需。

第一,清学界的诸子学考据从文献上推动了管子之学的复苏。清季诸子学的兴起,"有乾嘉以来知识兴趣的扩张和思想立场的挪移"等历史原因。乾嘉学者对经学的考据"已经使有限的资源遭到无限的开掘",于是诸子学也成为"考据的试验场"。乾嘉学者"虽然还多是用治经之法治诸子,把诸子书当做演练文献技术的文本,或者用诸子书来映证他们解读经典文献的通例,或者用诸子书作为同时代的资料来解释古代经典,但是,毕竟他们给先秦诸子将来由边缘转入中心提供了契机"。不过,"整个嘉、道之间也就是19世纪中叶以前,诸子学毕竟仍然在历史文献学与历史语言学的范围中,它的出现,只是给后世提供了一种可以利用的知识和思想资源。当然,当时也有试图以诸子之说去理解新知的尝试。"④清代学者对《管子》的考据名著有不少,如王念孙《读书杂志》(1744–1832)、俞樾(1821–1907)《诸子评议》、洪颐煊(1765–1833)《管子义证》、戴望(1837–1873)《管子校正》(《管子正误》)等。清初诸子学只是一种映证经学之学,"不过是经学的一种附属品,一种参考书",⑤但随着时间的推移与时代的需求,诸子学作为一种经世之学、义理之学与富强之学越来越受到重视,

---

① 罗炽. 诸子学述[M]. 上海:华东师范大学出版社,2008:301.
② 唐庆增. 中国经济思想史[M]. 北京:商务印书馆,2010:290.
③ 罗炽. 诸子学述[M]. 上海:华东师范大学出版社,2008:85.
④ 葛兆光. 中国思想史(第二卷)[M]. 上海:复旦大学出版社,2011:501,504.
⑤ 宋洪兵. 民国"诸子学"的价值[M]// 宋洪兵. 国学与近代诸子学的兴起. 桂林:广西师范大学出版社,2010:6.

管子之学就主要是作为"法学"与"计学"（经济学）而兴起的。

第二，西学流入则为管子思想活化提供了参照资源，同时西学本土化亦需管子思想的接应。《国粹学报》的主编邓实认为，"西学"与"诸子学"可以互相发明，"西学入华"推动了"诸子学"复兴。"西学入华，宿儒瞠目，而考其实际，多与诸子相符。于是而周秦学派遂兴，吹秦灰之一死，扬祖国之耿光。""诸子学"包罗广泛、内容丰富、义理精深，可与西学现代学科媲美。"考吾国当周秦之际，实为学术极盛之时代，百家诸子，争以其术自鸣。如墨荀之名学、管商之法学、老庄之神学、计然白圭之计学、扁鹊之医学、孙吴之兵学，皆卓然自成一家言，可与西土哲儒并驾齐驱者也。"①张默生也认为是"西学"活化了"诸子学"，"近世纪海陆交通，欧西各种学术，随帝国主义之商品以俱至，同时政体变革，亦不复前此之专制，学者始以治欧西学术之方，移治诸子：以名学眼光而为之研究者，有惠施、公孙龙之学；以伦理政治眼光而为之研究者，有孔孟申韩之学。先秦诸子，至是始可称为复活期。"②宋洪兵指出，"在哲学史或思想史的叙事框架内，诸子学兴盛起来。可以毫不夸张地说，如果没有西方学术范畴及叙事框架，就不会呈现民国时期'诸子学'的辉煌成就。"因此，"民国'诸子学'从学术概念到研究理路，都深深地烙上了西学的印记。"③学术界运用哲学、政治学、法学、经济学、教育学、心理学、社会学等现代学科的多种理论与方法去观察和解读管子思想。

第三，《管子》包容诸子思想精华，总结国家富强经验，具有现代意义。诸子学皆为应世而兴，管子之学也不例外。"自周之季，学失其官，诸子蜂起，各本其术以自鸣。老子之道术，庄子之齐物，墨子之兼爱，申韩之法制，孙吴之兵谋，荀子之名学，管子之经济，用其一皆可以有裨于当世。"④管子之学包罗宏富，但又并非杂糅，而是以富强为宗旨，融道家、法家、儒家、兵家、理财等为一体，"其内容，亦极为庞杂。如《心术》《白心》诸篇，道家之言也；《七法》《法法》《明法》《任法》诸篇，法家之言也；《兵法》，兵家之言也；《轻重》，理财之言也；'仓廪实，知礼节；衣食足，知荣辱'。'礼义廉耻，国之四维，

---

① 邓实. 古学复兴论[N]. 国粹学报，1905-10月.

② 张默生.《先秦道家哲学研究》自序一[M]//宋洪兵. 国学与近代诸子学的兴起. 桂林：广西师范大学出版社，2010：12.

③ 宋洪兵. 民国"诸子学"的价值[M]//宋洪兵. 国学与近代诸子学的兴起. 桂林：广西师范大学出版社，2010：6，7.

④ 邓实. 国学无用辨[N]. 国粹学报，1907-06.

四维不张，国乃灭亡'，儒家之言也；《戒》《问》之类，奏对之言也。"①《管子》之书融合百家，保存了各家精华，实乃"先秦诸子之瑰宝"。"《管子》《汉志》隶之道家，《隋志》隶之于法家，然实成于无意中之杂家也。书中道法家言诚精绝，然关涉他家处尤多。如《幼官》《幼官图》《四时》《五行》《轻重》已为阴阳家言；《七法》《兵法》《地图》《参患》《制分》《九变》为兵家言；《霸言》为纵横家言；《地员》为农家言是也。诸家之书，所传皆少，存于此书中者，或转较其当家之书为精；即以道法家言论，亦理精文古，与《老》《庄》《商》《韩》，各不相掩；真先秦诸子之瑰宝也。"②唐庆增从经济学角度高度评价管子为"纯粹之经济家"。"管仲为法家鼻祖，亦为中国经济思想史中之革命者，不特于经济事务上具有卓见，其政治之经伦，功垂史册，为后人所称，与前之周公旦、后之王安石互相辉映，为我国过去之经济思想，觉比较的以管子理论较纯粹及较详尽，实为纯粹之经济家，而为周秦诸子中之翘楚，其思想殊有详细研究之必要也。"③梁启超更是推许管子为"中国之最大政治家，而亦学术界一巨子"。认为被称为"今天下治术"之"最要"的"国家思想""法治精神""地方制度""经济竞争""帝国主义"均可以在《管子》一书中找到其萌芽。④

第四，清季民国处于"列国相竞"的"新战国"时代，急需一种富国强兵的思想，《管子》恰好具备这种思想。第二次鸦片战争以来，富国强兵就成为先进中国人的不懈追求。但促使更多的中国人痛定思痛却是甲午战争，日本明治维新的成功给了中国异常深刻的经验教训，于是，富国强兵成为朝廷上下的共识。西学的大受欢迎与富国强兵的强烈渴望，推动了诸子学的复兴。所以，"中国知识、思想和信仰世界的真正大变化，与那场甲午战争的震撼分不开的。"⑤此后的维新派与革命派均对管子的富国强兵思想极有兴趣，致力于挖掘管子的法治、立宪、经济发展、社会主义等方面的思想。章太炎称道管子是天才的预言家，"中西之事，管子见之矣"。英国的称霸世界与工业革命都在管子预料之中，"维多利亚之霸欧洲，而权力及于中国，与一切械器轨道之必藉于炼钢精铁者，管子见之矣。"⑥梁启超甚至认为最有助于富国强兵、雄霸天下的几

---

① 蒋伯潜. 诸子通考 [M]. 长沙：岳麓书社，2010：329.
② 吕思勉. 先秦学术概论 [M]. 长沙：岳麓书社，2010：44.
③ 唐庆增. 中国经济思想史 [M]. 北京：商务印书馆，2010：239.
④ 梁启超. 管子传 [M]// 梁启超论诸子百家. 北京：商务印书馆，2012：33.
⑤ 葛兆光. 中国思想史（第二卷）[M]. 上海：复旦大学出版社，2011：510.
⑥ 章太炎. 读管子书后 [M]// 诸子学略说. 桂林：广西师范大学出版社，2010：155.

个现代性核心观念早在管子时代就已经产生萌芽了，"今天下言治术者，有最要之名词数四焉，曰国家思想也，曰法治精神也，曰地方制度也，曰经济竞争也，曰帝国主义也，此数者皆近二三百年来之产物，新萌芽而新发达者。欧美人所以雄于天下者，曰惟有此之故，中国人所以弱于天下者，曰惟无此之故。中国人果无此乎？曰恶，是何言？吾见吾中国人之发达是，而萌芽是，有更先于欧美者。谓余不信，请语管子。"① 罗根泽认为"以工商富国强兵"并非源于西方的思想，管子早已有之。"直至清末睹欧西之以工商富国强兵，而思所以变法兴实业之前，士夫学子，贱弃商贾，卑夷不一道；偶或道之，必被恶名于天下后世。而本农本商之词，遂至于今用之，其影响于国民经济，国民思想，讵可称量？固不颉颉焉有关于古代之经济史也。"② 倡导"新法家"以复兴中华民族的常燕生认为，管子"是中华民族最伟大的恩人"，其最大的功劳是"创立霸主的制度，才把四分五裂的中华民族勉强结成了一团"。③ 当代学者同样认为"寻求富国强兵之道"是管子学说活化的直接原因。"迄至晚清，国家处于'内忧外患'之际，始有学者认真从管子和《管子》书中寻求富国强兵之道。张履、薛福成并认为'泰西各邦治国之法，或暗合《管子》之旨'。"④

结语

清季民国时期管子思想受到学界的热切关注。管子思想的活化，有其内在的必然所趋与外在的形势所需。清学界的子学考据从文献上推动了管子学的复苏，西学流入则为管子思想活化提供了资鉴资源，同时西学本土化亦需管子思想的接应，而清季富强思潮的兴起则直接推动了管子思想的活化。《管子》包容儒、道、法等诸子百家的思想，又主要总结国家富强经验，在清季民国这样一个"列国相竞"、富强至上的"新战国"时代易为活化。

---

① 梁启超. 管子传 [M]// 梁启超论诸子百家. 北京：商务印书馆，2012：33.
② 罗根泽. 管子探源 [M]. 长沙：岳麓书社，2010：159.
③ 常燕生. 法家思想的复兴与中国的起死回生之道 [M]//[M]// 宋洪兵. 国学与近代诸子学的兴起. 桂林：广西师范大学出版社，2010：61.
④ 司马琪. 十家论管 [M]. 上海：上海人民出版社，2008："《十家论管》编撰说明"：1.

第六章　"自国自心"：章太炎与新老学话语体系的生成

晚清民国时期，随着西学的传播与刺激，诸子学持续复兴，老子研究极为盛行。此时的老子研究看似学术研究，其实并非纯然的学术研究，而是深深地卷入了东方与西方、西学与中学、西化与本土、维新与革命、专制与民主、侵略与反侵略的博弈之中。章太炎的老子研究就是其中的一个显著案例。章太炎少时学习老子，参加维新变法以来一直到老，均致力于老学的探索。但其老子研究并非一成不变，前后反差较大。从维新时期的批判老子，到革命以后的表彰老子。而且在不同的时期，应对不同的形势，其所阐发的义理也并不一样。从借老子批判清政府的专制统治，到借老子批判袁世凯的专制与尊孔。从借老子批判本国文化，到借老子反思西方文化。从革命时期注重老子的治国方略，到治学时期注重老子的道德理想。从以西学与佛学解老子，到以儒学与本土文化解老子。

一、从批判到表彰

《訄书·儒道》无论是初刻本，还是修订本，对老子都是持严厉的批判态度。《訄书》初刻本成书的时代，正是中国立宪维新的时代。章太炎这时写了《儒道》。据朱维铮考证，《儒道》作于1899年7月前。[①] 该文对老子学说中的"阴鸷""阴谋"

---

① 《儒道》先后收入《訄书》初刻本、重订本。结合朱维铮、姜义华的考证，初刻本于1899年夏秋间编定，50篇，梁启超题名，初版于1900年2月至4月间，1900年夏秋间有补佚本，增加2篇。重订本于1902年始删革，1903年春完稿，65篇，邹容题名，1904年4月、10月、1905年有东京翔鸾社本。1910年对《訄书》再次修订，《儒道》全删，为《原道》（上、中、下）取代，原件藏北京图书馆。1914年秋冬间再次修订，《訄书》易名为《检论》，《儒道》全删，《原道》已收入《国故论衡》，以《道本》《道微》代之。1915年5月《检论》定稿，9卷67篇。7月《检论》由上海右文社出版，收入《章氏丛书》。1919年《章氏丛书》由浙江图书馆增订再版。

第六章 "自国自心": 章太炎与新老学话语体系的生成

展开了激烈批判。认为儒家与道家的根本区别在于道家(老子)有阴谋,而儒家(孔子)有仁义。"老氏之清静,效用于汉。然其言曰:'将欲取之,必先与之。'其所以制人者,虽范蠡、文种,不阴鸷于此矣。故吾谓儒与道辨,当先其阴鸷,而后其清净。韩婴有言:'行一不义,杀一不辜,虽得国可耻。'儒道之辨,其扬榷在此耳。"章太炎指出,老子精通历史,因此极为熟悉各种阴谋诡计,虽然治理天下的目标与儒家相同,但其方法与儒家大异。"老聃为柱下史,多识故事,约《金版》《六弢》之旨,著五千言,以为后世阴谋者法。其治天下同,其术甚异于儒者矣。故周公诋齐国之政,而仲尼不称伊、吕,抑有由也。"章太炎还特别强调,即使儒家有阴谋,其阴谋的厉害之处也远不及道家,不仅开国治国如此,就是做强盗也是如此。"且夫儒家之术,盗之不过为新莽,而盗道家之术者,则不失为田常、汉高祖。得木不求赢,财帛妇女不私取,其始与之,而终以取之,比于诱人以《诗》《礼》者,其庙筹已多。夫不幸污下以至于盗,而道犹胜于儒。然则愤鸣之大,有讼言伪儒,无讼言伪盗,固其所也。虽然,是亦可谓防窃钩而逸大盗者也。"①

1906年章太炎在国学讲习会讲《论诸子学》。② 不仅继续批判老子的"阴谋"学说,而且深入揭批其流毒于孔子与儒家的后果。认为老子胆怯,不敢争先,缺乏进取精神。"以怵于利害,胆为之怯,故事事以卑弱自持。所云'无为权首,将受其咎','人皆取先,己独取后'者,实以表其胆怯之征。"老子的这种心态传承到孔子与儒家身上,所以儒家不敢革命,不敢为帝王。"孔子受学老聃,故儒家所希,只在王佐,可谓不背其师说矣。"老子不仅软弱教人不敢为帝王,也教人不敢为教主。"老子非特不敢为帝王,亦不敢为教主,故云'强梁者不得其死,吾将以为教父'。"因此,老子在教育的内容方面不敢有所创新。"老子胆怯,自知不堪此(教主)任,故云'人之所教,我亦教之',如是而已。"胆怯者为了战胜别人往往使用阴谋诡计。"然天下惟胆怯者权术亦多,盖力不能取,而以智取,此事势之必然也。"老子是胆怯者,主张自然进化,在社会上必然是弱肉强食,因此不得不使用阴谋。"由其博览史事,而知生存竞争,自然进化,故一切以放任为主。虽然,亦知放任之不可久也。群龙无首,必有以提倡之,又不敢以权首自居。是故去力任智,以诈取人,使彼乐于从我。

---

① 章太炎. 訄书初刻本·儒道[M]//章太炎全集(《訄书》初刻本、《訄书》重订本、《检论》). 朱维铮点校,上海:上海人民出版社,2014:8-9.
② 载《国学讲习会略说》,有1906年9月日本秀光社本,又载《国粹学报》1906年9月8日与10月7日。

故曰'善为道者,非以明民,将以愚之';'弱之胜强,柔之胜刚,天下莫不知。'老氏学术,尽于此矣。"在这里,阴谋被视为老子学说的根本。孔子得老子阴谋之术,并发扬光大,反过来对付老子并流毒于后世,使得专制制度与阴谋权术融为一体。"虽然,老子以其权术授之孔子,而征藏故书,亦悉为孔子诈取。孔子之权术,乃有过于老子者。"① 既然阴谋论是老学根本,《儒道》与《论诸子学》批判老子的阴谋论其实就是根本否定老子学说。

1907 年至 1910 年讲于日本的《中国文化的根源和近代学问的发达》,② 开始检讨此前的错误论点,认为老子不仅不是阴谋论者,而恰恰相反,是尖锐地揭破阴谋论之第一人。"有人说老子好讲权术,也是错了。以前伊尹、太公、管仲,都有权术,老子看破他们的权术,所以把那些用权术的道理,一概揭穿,使后人不受他的欺罔。老子明明说的:'正言若反',后来人却不懂老子用意,若人人都解得老子的意,又把现在的人情参看参看,凭你盖世的英雄,都不能牢笼得人。"③

1910 年 6 月发表的《原道》④ 进一步为老子洗雪阴谋论的嫌疑,认为老庄之学是一脉相传的,既然庄子"深黜圣知",可见老子也不会有阴谋论。"谈者多以老聃为任权数,其流为范蠡、张良。今以庄周《胠箧》《马蹄》相角,深黜圣知,为其助大盗,岂遽与老聃异哉?"老子戳穿阴谋,正是为了使阴谋之术无处可施。"老聃所以言术,将以撢前王之隐匿,取之玉版,布之短书,使人人户知其术则术败。会前世简毕重滞,力不行远,故二三奸人得因自利,及今世有赫蹄雕镂之技,其书遍行,虽权数亦几无可施矣。"只有"使民户知诈",才能"去民之诈",老子是真正能够"得盗之情以网捕者"。"老聃称:'古之善为道者,非以明民,将以愚之。民之难治,以其智多。'愚之何道哉? 以其明智,所以愚之。今是驵侩则欺罔人,然不敢欺罔其类,交知其术也,故耿介甚。以是知去民之诈,在使民户知诈。故曰:'以智治国国之贼,不以智治国国之富,知此两者亦稽式。'何谓稽式? 谓人有发奸摘伏之具矣。粤无鏄,

---

① 章太炎. 论诸子学 [M]// 章念驰. 章太炎演讲集. 上海: 上海人民出版社, 2011: 40.
② 载《教育今语杂志》第一册, 1910 年 3 月 10 日刊行。后又刊于《章太炎的白话文》。
③ 章太炎. 中国文化的根源和近代学问的发达 [M]// 章念驰. 章太炎演讲集. 上海: 上海人民出版社, 2011: 58.
④ 《原道》三篇作于旅日时, 刊于《国粹学报》庚戌年第五号, 1910 年 6 月 26 日出版。原计划收入《訄书》删订本, 同年收入《国故论衡》, 日本秀光社铅印本, 3 卷 26 篇, 1915 年 5 月增订。

第六章 "自国自心"：章太炎与新老学话语体系的生成

燕无函，秦无卢，胡无弓车，夫人而能之，则工巧废矣。常知稽式，是谓玄德。玄德深远，而与物反。伊尹、大公、管仲虽知道，其道，盗也。得盗之情以网捕者，莫若老聃。"①

1913年的讲学中也否认老子之学有"专制"与"愚民"的成分，而是"洞见专制之真相"，使"愚民之术不得施"。《国学会听讲日记》②12月27日记载："老聃之言曰'古之善为道者，非以明民，将以愚之。'斯言乃可谓洞见专制之真相矣。何以知之？老聃尝言'知此两者亦稽式'。稽者，稽察也，式者，试验也，稽察两方面之情形，而灼知其故，则专制之威不得逞，愚民之术不得施。老氏之言，所以揭示专制之真相，其所稽者至精，而所试者亦至巧矣。后儒谓老聃以愚民政策导人君，非真知老子者矣。"③

1935年《诸子学略说》也说所谓老子权谋语乃是老子"书之以为戒"。"《老子》书中有权谋语，'将欲歙之，必故张之；将欲弱之，必固强之；将欲废之，必固兴之；将欲夺之，必故与之'是也。凡用权谋，必不明白告人。而老子笔之于书者，以此种权谋，人所易知故尔。亦有中人权谋而不悟者，故书之以为戒也。"④

为什么约在1907-1910年，章太炎对老子的态度发生了重大变化。此前只是一味的批评，此后对老学的表彰与深度解读却成为主流？

批判老学是维新变法时期的一种思潮。当时批判古文经学、荀学、老学、韩学与秦政、推崇并重新解释公羊学，是为宣传维新变法服务的。批判古文经学是批判当时的意识形态，消除君主专制制度的观念根基，为推行新的君主立宪制度作舆论宣传。批判荀学、老学、韩学与秦政的用意，是批判当时的君主专制制度与官僚体制。推崇并重新解释公羊学是推出新的意识形态，用西方的进化论与自由民主理论对儒家今文经典进行微言大义的阐发。章太炎对老学的批判当归属此思潮。康有为对老学"阴谋"的批判，对章太炎可能有所影响。康有为1896年在万木草堂讲学时，批判老子的"权术"与"愚民"遗祸两千年："卜

---

① 章太炎. 国故论衡·原道上[M]. 长沙：岳麓书社，2013：163.

② 1913年12月18日至27日有金毓黻记录的《国学会听讲日记　余杭章太炎先生主讲》，载《东北丛刊》第七期，1930年7月出版。后以《在被袁世凯幽禁期间的国学演说》为题，收入《章太炎讲演集》。

③ 章太炎. 在被袁世凯幽禁期间的国学演说[M]// 章念驰. 章太炎演讲集. 上海：上海人民出版社，2011：144.

④ 章太炎. 国学概论外一种：国学讲演录[M]. 长沙：岳麓书社，2009：207.

经（德经）则专权术，开飞钳、捭阖二派，可恶极矣"；"《老子》'天地不仁'，开申、韩一派"；"老子言夫治'非以明民，将以愚之'，开秦始皇焚书之祸害"；"数千年治天下，皆老学"；①"老子之学，遗祸最酷"；"学术与心术相关者，老子之学最坏"。②康有为的批老对当时维新派的批老思潮产生了影响。章太炎的批老，可能也受到韩非子的误导，维新时期章太炎对荀、韩之学极为推崇，《訄书》初刻本首《尊荀》，与梁启超、谭嗣同等排荀大为不同。《菿汉微言》自述："遭世衰微，不忘经国，寻求政术，历览前史，独于荀卿、韩非所说，谓不可易。"③但韩非之学对老学有很大扭曲。"韩非假借老子所引申出来的几种法术，都是讲求驾驭阴谋的诈术，完全曲解老子的原意。"④

从维新走向革命之际，主张推翻清政府的革命派不再仅仅如维新派改造儒家意识形态，而是开始放弃并激烈批判儒家意识形态、儒家信仰与儒家道德，而对西学、佛学、老庄之学、墨学开始予以表彰认同，并作为构建革命及其革命后之新社会的信仰与道德的材料。章太炎是为代表。革命时期，章太炎对作为主流意识形态的儒学是批判的，孔子已不再是圣人，而只是一个历史学家。"若夫孔氏旧章，其当考者，惟在历史。"⑤而老子之学不仅是极高尚的道德之学，更是极高明的政治之学。"政治社会，此则惟待老庄也。"⑥同时章太炎也在反思韩非子法家学说的合理性，不再像以前那样极端崇拜韩非子，而是对韩非学说的不合情理之处予以犀利批判，认为韩非子学说所养成的国民将只是一群没有人性、人格、道德与情感的"虎狼之民、牛马之士"。1910年6月发表的《原道》指出："韩非虽《解老》，然佗篇娓娓以临政为齐，反于政必黜，故有《六反》之训、《五蠹》之诟。夫曰：'斩敌者受赏，而高慈惠之行。拔城者受爵禄，而信廉（兼）爱之说。坚甲厉兵以备难，而美荐绅之饰。富国以农，距敌恃卒，而贵文学之士。废敬上畏法之民，而养游侠私剑之属。举行如此，治强不可得也。'

---

① 康有为.万木草堂口说(外三种)[M].姜义华、张荣华编校.北京：中国人民大学出版社，2010：70.

② 康有为.万木草堂口说(外三种)[M].姜义华、张荣华编校.北京：中国人民大学出版社，2010：222.

③ 章太炎.菿汉微言，菿汉三言[M].虞云国点校，上海：上海书店出版社，2011：71.

④ 陈鼓应.老子注译及评价（修订增补本）[M].北京：中华书局，2009年：354.

⑤ 章太炎，答铁铮[M]// 姜义华.中国近代思想家文库·章太炎卷.北京：中国人民大学出版社，2015：181.

⑥ 章太炎.自述学术次第，菿汉三言[M].虞云国点校.上海：上海书店出版社，2011：192.

第六章 "自国自心"：章太炎与新老学话语体系的生成

(《五蠹》）然不悟政之所行，与俗之所贵，道固相乏。所赏者当在彼，所贵者当在此。今无慈惠廉爱，则民为虎狼也。无文学，则士为牛马也。有虎狼之民、牛马之士，国虽治、政虽理，其民不人。世之有人也，固先于国。且建国以为人乎？将人者为国之虚名役也？韩非有见于国，无见于人；有见于群，无见于孑。政之弊以众暴寡，诛岩穴之士。法之弊以愚割智；'无书简之文，以法为教；无先王之语，以吏为师'。"① 既然"韩非有见于国，无见于人；有见于群，无见于孑"，章太炎对韩非子所解说的老子阴谋论当然也就不再相信了。

当中华民国诞生却由于师西不化（章太炎对民国立国究竟应该采取何国政治制度与法律时，反对事事更张，主张因地制宜，不尚虚美，但革命派多主张照抄美国与法国。②）未能真正立国，第一次世界大战又突然爆发，章太炎师西失望，又遭袁世凯囚禁，转而对中国的文化进行深入的研究，对儒家道德也日益有好感，此后对老学的研究不再以批判为主，而是走向深入探讨，主体取向是同情理解与文化表彰。章太炎以老子为孔子之师深信不疑，随着他在信仰与道德方面向儒学的逐渐复归，对老学的推崇也不遗余力。1935年6月6日的《答张季鸾问政书》明确宣示"中国文化本无宜舍弃者""今日格外阐扬者，曰以儒兼侠"。③ 对于老子之学，更是认为可作为救急之学。"今国家之乱，甚于春秋七国之间，（孙）思昉（著《老子政治思想概论》）诚有意为国，于此得无深思之乎？"④

二、从西方到本土

1914年第一次世界大战爆发以前，章太炎对老学的态度主要是从学习西方与西学视角出发。维新时期的章太炎，主张以西学进行维新变法以挽救中国。"甲午战争以后，他开始用心吸收西学，尤其受到进化论与社会学的影响"，⑤ "认

---

① 章太炎. 国故论衡·原道下[M]. 长沙：岳麓书社，2013：173.

② 章太炎. 《大共和日报》发刊辞[M]//姜义华. 中国近代思想家文库·章太炎卷. 北京：中国人民大学出版社，2015：92.

③ 章太炎. 答张季鸾问政书[M]//姜义华. 中国近代思想家文库·章太炎卷. 北京：中国人民大学出版社，2015：114.

④ 章太炎. 《老子政治思想概论》序[M]//文明国. 章太炎自述（1869-1936）. 北京：人民日报出版社，2012：116.

⑤ 王汎森. 章太炎的思想——兼论其对儒学传统的冲击[M]. 上海：上海人民出版社，2012：20.

为近代西方文明是'天地间的公共之理',并不专属西方。也就是说,在文明或文化问题上,没有中外之分,只是传统与现代之别"。①梁启超在《清代学术概论》中指出:此时的章太炎"既亡命日本,涉猎西籍,以新知附益旧学,日益闳肆"。②《訄书》时代是章太炎从激进维新走向激进革命的时代,也是其激进西化的时代,虽然其西化采取的是国粹主义(古学复兴)的形式,但国粹主义运动只是中国的文艺复兴运动。古学,国学,即诸子学与其他边缘之学,"一个'下'的、'平民'的、'个体'的、'自性'的、'在野'的文化传统",是中国的类似西学的东西,也是增进国人爱国热肠的手段。"他提倡的'国粹'或'国学',是指在君权时代中不得志的经师之学、是与'湛心利禄'的官僚士大夫相敌对的抱残守缺之学、是与历史上的当权派不合作之学、是反君权之学、是批评历史上的专制政治及它的思想文化基础的学说"。③其政治目标,甚至道德理想,仍然是学习西方与西化。章太炎极为向往的无政府主义、社会主义(1906年7月15日章太炎在东京留学生欢迎会上的演讲中指出:"我们今日崇拜中国的典章制度,只是崇拜我的社会主义")就是当时西化主张的各种形式之一。1910年3月发表《中国文化的根源和近代学问的发达》一文,对老子的解读就主要是基于西方的哲学、科学的角度,对老子发明哲学、不信鬼神、讲究质验大加表彰。"中国头一个发明哲理的,算是老子";"老子出来,就大翻了。并不相信天帝鬼神和占验的话。孔子也受了老子的学说,所以不相信鬼神,只不敢打扫干净。老子以后,有二百年,庄子出来,就越发骏逸不群了。以前论理论事,都不大质验,老子是史官出身,所以专讲质验。以前看古来的帝王都是圣人,老子看得穿他有私心。以前看万物都有个统系,老子看得万物没有统系。及庄子《齐物论》出来,真是件件看成平等,照这个法子做去,就世界万物各得自在。不晓怎么昏愚的道士,反用老子做把柄,老子的书现在再也不能附会上去。"④但此时的章太炎并不主张完全学习西方,"当太炎的思想转向革命后,他发现文明,特别是文化,并不是'普及'的,文化有其特殊性,不必也毋须

---

① 汪荣祖. 章太炎与严几道 [M]// 章太炎散论. 北京:中华书局,2008:36.
② 梁启超. 清代学术概论 [M]. 朱维铮校订. 北京:中华书局,2011:141.
③ 王汎森. 传统的非传统性——章太炎思想中的几个面向 [M]// 章太炎的思想——兼论其对儒学传统的冲击上海:上海人民出版社,2012:4.
④ 章太炎. 中国文化的根源和近代学问的发达 [M]// 章念驰. 章太炎演讲集. 上海:上海人民出版社,2011:58.

同化为一。"[①] 他在 1912 年中华民国联合会第一次大会演说辞中指出："中国本因旧之国，非新辟之国，其良法美俗，应保存者，则存留之，不能事事更张也"；"如悉与习惯相反，必不能行"。[②]

虽然章太炎在革命时期对西学的态度已经开始发生变化，但还没有对西学予以严厉的批判性反思，而是有所推崇寄托。1914年第一次世界大战爆发以后，章太炎对西学的态度发生重大变化，不再一味推崇西学以及被称为中国式西学的墨学，反对"菲薄旧日文明，皮傅欧风"[③]，而重新认同儒学，但继续反对把儒学宗教化，亦侧重从本土环境和中国文化内在演化视角解读老学。1914 至 1916 年间的国学演讲《菿汉微言》很强调儒学、老庄之学与佛学的贯通理解。譬如对道德高于仁义的认识，就被视为老学、孔学与佛法的内在共识："老子以道德高于仁义，仲尼亦云：'志于道，据于德，依于仁。'何平叔说：'道不可体，故志之而已。德有成形，故可据。仁者，功施于人，故可倚之，是道德果在仁义上矣。'仁义唯有施、戒、忍、进四度，而定智皆劣，通在人乘；道德则六度赅之，惟菩萨乘，是故其言有别。仲尼言仁复有兼赅万善者，此则菩萨行中，一切波罗蜜具一切波罗蜜，其别言者，但据本行耳。以是为说，通别无碍。"[④] 1917年3月4日，章太炎在上海主办亚洲古学会，其在第一次大会的演讲中，强调了第一次世界大战对中国人改变对西方文化印象的影响："近者欧战发生，自相荼毒，残酷无伦，益证泰西道德问题扫地以尽，而东方高尚之风化，优美之学识，固自有不可灭者。"[⑤] 1922年章太炎在上海的国学演讲，就特别强调中国文化、西方文化与印度文化的不同，是基于地理环境的不同。他指出西方文化、印度文化为宗教型文化，而中国文化属政治型文化。"中国自古即薄于宗教思想，此因中国人都重视政治；周时诸学者已好谈政治，差不多在任何书上都见他们政治的主张。这也是环境的关系：中国土地辽广，统治的方法，急待研究，比不得欧西地小国多，没感着困难。印度土地也大，但内部实分着许多小邦，所以他们的宗教易于发达。中国人多以全力着眼政治，所

---

① 汪荣祖. 章太炎与严几道 [M]// 章太炎散论. 北京：中华书局，2008：37.

② 章太炎. 中华民国联合会第一次大会演说辞 [M]// 义明国. 章太炎自述（1869-1936）. 北京：人民日报出版社，2012：399.

③ 汤志钧. 章太炎年谱长编（增订本）[M]. 北京：中华书局，2013：320.

④ 章太炎. 菿汉微言 [M]// 菿汉三言. 虞云国点校. 上海：上海书店出版社，2011：12-13.

⑤ 汤志钧. 章太炎年谱长编（增订本）[M]. 北京：中华书局，2013：320.

以对宗教很冷淡。"因此,"老子很反对宗教""孔子对于宗教也反对"。[①]1924年《救学弊论》反对学者"歆慕远西,堕其国性",认为除物质之学、国际法之外,"若夫政治经济,则无以是为也"。[②]

1931年日本发动侵华战争以来,章太炎的文化民族主义思想受到进一步的刺激,极其强调学习儒学与中国历史,对老学的研究更强调其积极用世、戡乱、文化认同的一面。章太炎"晚年目击全盘西化的潮流,更加强调文化特性的保存,认为要保存一国文化的特性,历史、语言、风俗的延续,尤关重要"。[③]1935年8月27日,章太炎在江苏吴县纪念孔子诞生大会上的演说中指出:"从孔子以来,二千余年,中国人之受外国欺负,不知凡几。自汉以来,迭受外人欺负,无有不能恢复者。晋受五胡逼至江南,而尚不与之通款,南宋则甚至称臣称侄,元则不必论矣。然韩林儿辈,并不读书,尚能恢复一部分故业。无他,孔子学说深中于人心耳。明末满人攘我神州,近三百年,我人今日独能恢复我固有之国土。盖亦以儒者提倡民族主义,已深入人心,故满夷一推到,即能还我中原耳。今日国难当前,尊重孔子,犹为当务之急。纪念孔子,必须以自己身体当孔子看,又须将中华民族当孔子看。"[④]在这里,章太炎强调要每个人把自己当孔子看,把中华民族当孔子看,强调孔子的民族主义象征意味,强调孔子学说的民族主义认同价值。同样,作为孔子之师的老子,其象征意味与文化认同价值不言而喻。老子及其学说不仅有文化民族主义的认同价值,章太炎还指出老子学说在遇到大事,在戡乱方面,甚至在承平之世,也有重要价值。晚年的讲学稿《诸子略说》指出:"老子之术,平时和易,遇大事则一发不可当。"戡乱时期,特别是抗日时期,尤其需要老子学说:"历来承平之世,儒家之术,足以守成;戡乱之时,即须道家,以儒家权谋不足也。凡戡乱之傅佐,如越之范蠡,汉初之陈平,唐肃宗时之李泌,皆有得于老子之道。盖拨乱反正非用权谋不可,老子之真实本领在此。然即'无为而无不为'一语观之,恐老子于承平政事亦优为之,不至如陈平之但说大话。承平而用老子之术者,文帝之前曹参曾用盖公,日夜饮酒而不治事,以为法令既明,君上垂拱而臣下守职,此所谓'无为而无不为'也。

---

① 章太炎. 国学概论外一种:国学讲演录[M]. 长沙:岳麓书社,2009:4.
② 章太炎. 救学弊论[M]//文明国. 章太炎自述(1869-1936)北京:人民日报出版社,2012:278.
③ 汪荣祖. 章太炎的文化观[M]//章太炎散论. 北京:中华书局,2008:116.
④ 章太炎. 在吴县纪念孔子诞生大会上之演说[M]//章念驰. 章太炎演讲集. 上海:上海人民出版社,2011:444.

第六章 "自国自心"：章太炎与新老学话语体系的生成

至于晋人清谈，不切实用，盖但知无为，而不知无不为矣。"在《诸子略说》中，章太炎还从地理与社会环境的视角，回答了为何中国的儒家与道家均能够积极用世，不务清谈玄理，而印度佛教却走向清谈玄理一路。"盖儒以修己治人为本；道家君人南面之术，亦有用世之心。如专讲此等玄谈，则超出范围，有决江救涸之嫌。政略示其微而不肯详说，否则，其流弊即是清谈。非惟祸及国家，抑且有伤风俗，故孔老不为也。印度地处热带，衣食之忧，非其所急；不重财产，故室庐亦多无用处；自非男女之欲，社会无甚争端。政治一事可有可无，故得走入清谈一路而无害。中土不然，衣食居处，必赖勤力以得之，于是又生存竞争之事。团体不得不结，社会不得不立，政治不得不讲。目前之急，不在乎有我无我，乃在衣食之足不足耳。故儒家、道家，但无目前之急；超出世间之理，不欲过于讲论，非智识已到修养已足者，不轻为之语。此儒、道与释家根本虽同，而方法各异之故也。"[①] 根据此观点，章太炎在20世纪30年代提倡儒学与老学的复兴，特别是儒学复兴。刊于1935年5月的《章氏星期讲演会记录》第二期的演讲《论读经有利而无弊》，系统批驳了社会上对读儒家经典的指责，论证了读经之利、读经不会导致顽固、顽固之弊反赖读经拯救。"读经之利有二：一、修己；二、治人。治人之道，虽有取舍，而保持国性实为最要。"[②] 同样，对于老子之学，《诸子略说》也是极为推崇："余谓老子譬之大医，医方众品并列，指事施用，都可疗病。五千言所包亦广矣，得其一术，即可以君人南面矣。"[③]

三、从重政治走向重道德

章太炎在积极从事维新、革命、倒袁等政治活动时，其老学研究并非纯粹的学术研究，而是与政治研究融为一体，服务于其政治活动的需要。从维新变法到辛亥革命，一直到反对北洋军阀的革命斗争，章太炎不仅参与各种革命活动与政治活动，而且以学术为理论武器进行革命宣传与社会批判活动，即使其道德主张亦与革命相关，如拟以法相唯识学为主体融合老庄之学与墨学构建单

---

① 章太炎. 国学概论外一种：国学讲演录[M]. 长沙：岳麓书社，2009：207-208，210.
② 章太炎. 论读经有利而无弊[M]// 章念驰. 章太炎演讲集. 上海：上海人民出版社，2011：408.
③ 章太炎. 国学概论外一种：国学讲演录[M]. 长沙：岳麓书社，2009：206.

命之道德，没有革命道德，革命就不会成功。"道德堕废者，革命不成之原。"①从《儒道》《论诸子学》《原道》《道本》到《菿汉微言》都是如此。《儒道》与《论诸子学》批判老子的阴谋，意在批判清政府的专制与阴谋；《原道》赞赏老子揭发阴谋，《道本》赞赏老子托寄天下之论，意在欣赏老子的政治道德与治国之术；《菿汉微言》等幽囚时期的讲学则赞赏老子揭发专制、不信宗教，又宽容大度，意在批判袁世凯的专制、尊孔与心肠狭小。

载于1906年9月日本秀光社出版的《国学讲习会略说》之《论诸子学》完全是从政治角度去解读老子与孔子的师生关系，此文所描述的老子既胆怯又有阴谋，孔子在阴谋方面则青出于蓝而胜于蓝，不仅完全继承了老子的阴谋术，而且还反过来迫害老子，诈取了老子的藏书与学术，导致老子不得不流亡到秦地写《道德经》以发起覆。"老子以其权术授之孔子，而征藏故书，亦悉为孔子所诈取。孔子之权术，乃有过于老子者。孔学本出于老，以儒道之形式有异，不欲崇奉以为本师，而惧老子发其覆也，于是说老子曰'乌鹊孺，鱼傅沫，细要者化，有弟而兄啼。'老子胆怯，不得不曲从其请。逢蒙杀羿之事，又其素所怵惕也。胸有不平，欲一举发，而孔氏之徒，遍布东夏，吾言朝出，首领可以夕断。于是西出函谷，知秦地之无儒，而孔氏之无如我何，则始著《道德经》以发起覆。藉令其书早出，则老子必不免于杀身。如少正卯在鲁，与孔子并，孔子之门'三盈三虚'，犹以争名致戮，而况老子之陵驾其上者乎？呜呼！观其师徒之际，忌刻如此，则其心术可知，其流毒之中人，亦可知已。"②这种观点虽然荒诞不经，但却可从中窥视此时章太炎的政治心态。

1912年中华民国成立之际，许多政治家要求在中国复制美国、或法国、或日本的政治与法律时，章太炎运用老子之学对此进行了尖锐的批驳："政治法律，皆依习惯而成，是以圣人辅万物之自然而不敢为，其要在去甚、去奢、去泰。若横取他国已行之法，强施此土，斯非大愚不灵者弗为。"③

而当他逐渐淡出政治活动潜心于学术时，开始强调为学与为人（个人道德

---

① 章太炎. 革命之道德[M]// 姜义华. 中国近代思想家文库·章太炎卷. 北京：中国人民大学出版社，2015：28.

② 章太炎. 论诸子学[M]// 章念驰. 章太炎演讲集. 上海：上海人民出版社，2011：41.

③ 章太炎.《大共和日报》发刊辞[M]// 姜义华. 中国近代思想家文库·章太炎卷. 北京：中国人民大学出版社，2015：92.

修养）的融合，对老子的道德思想予以特别的关注。《国学概论》①《诸子略说》②都是从道德角度对老子思想进行的学术研究。1922年在《国学概论》中认为老子道德的根本主张是"上德不德"，也就是说，只有不标榜、不显露、不自以为道德，才是具有真正的道德。"老子道德底根本主张，是'上德不德'，就是无道德可见，才可谓真道德。"1935年在《诸子略说》中则对老子学说的"道德极则"大加赞赏。特别阐发了老子的"有生于无""建之以常无有""无我""上德不德"的道德理想。"老子之道最高之处，第一看出常字，第二看出无字，第三发明无我之义，第四倡立无所得三字，为道德之极则。"③"无我"与"上德不德"，被视为老子道德的最高境界。

虞云国据高景成《章太炎年谱》引《民国名人图鉴》指出："1925年，章太炎杜门却客。有与论学，则怃然曰：'论学不在多言，要在为人。昔吾好为《菿汉微言》，阐于微而未显诸用，核于学而未敦乎仁。博溺心，文灭质，虽多，亦奚以为？'"④"论学不在多言，要在为人"是章太炎治学多年的心态总结，也是章太炎对学者的金玉良言。"核于学而未敦乎仁"，则难以"知人论世"，人文学术尤其如此。这也是章太炎晚年学术能够大放光彩的根本原因。

四、从佛老会通走向儒老会通

章太炎早年学习与信奉儒学，对诸子学与史学也有所涉猎，但他不喜宋学、公羊学与佛学。"少年本治朴学，亦唯专信古文经典。"⑤《口述少年事迹》云："余十一、二岁，外祖朱左卿授予读经。"⑥《自述学术次第》谈及少时学习经学、史学与政事："余少年独治经史、《通典》诸书，旁及当代政事而已，不好宋

---

① 《国学概论》系1922年4月1日至6月7日在上海江苏教育会的十次国学演讲，由曹聚仁记录，上海泰东图书局1923年版。另有张冥飞记录的《章太炎先生国学讲演集》。

② 《诸子略说》系章太炎1935年在苏州讲学稿。其中《诸子略说上》，载《章氏国学讲习会讲演记录》第七期；《诸子略说下》载《章氏国学讲习会讲演记录》第八期，均于1935年12月印行。《道家略说》刊载于《诸子略说下》。

③ 章太炎. 国学概论外一种：国学讲演录[M]. 长沙：岳麓书社，2009：28，208.

④ 章太炎. 菿汉三言[M]. 虞云国点校. 上海：上海书店出版社，2011：2.

⑤ 章太炎. 与柳翼谋[M]// 马勇. 章太炎书信集. 石家庄：河北人民出版社，2003：741.

⑥ 章太炎. 口述少年事迹[M]// 文明国. 章太炎自述（1869-1936）. 北京：人民日报出版社，2012：70.

学，尤无意于释氏。"①《菿汉微言》自陈少时学习经学与子学："少时治经，谨守朴学，所疏通证明者，在文字器数之间。虽尝博观诸子，略识微言，以随顺旧义"。②《太炎先生自定年谱》自述其十六岁（1883）时就开始"浏览老庄"。③光绪十二年（1886）始，花费两年时间通读《学海堂经解》188种1408卷。光绪十四年（1888），"通读《南菁书院经解》209种1430卷，兼治老、庄、荀、韩诸子著作及史传。"④《自述治学之功夫及志向》自述其少时学习经学之经历："读《十三经注疏》，暗记尚不觉苦。毕，读《经义述闻》，始知运用侪辈，忖路径近曲园先生，乃入诂经精舍。"⑤诂经精舍时期，是其深入研究儒家，同时进一步学习子学的时期。子学虽然有所涉猎，但还没有深入研究。

维新时期，章太炎推崇于治国大有裨益的西学、荀学、韩非之学，对佛学亦有所涉猎。章太炎的老师俞樾于1897年写的《诂经精舍课艺》八集《序》言："此三年（1895-1897）中，时局一变，风会大开，人人争言西学矣。"其弟子章太炎也不例外。⑥汪荣祖指出："章太炎在主张变法时期，思想趋向上与康（有为）、谭（嗣同）大同小异。他也惊羡近代自然科学，相信天地间公共之理"，"且以达尔文的演化论为公理"。⑦《自述学术次第》谈到学习佛学的缘起："三十岁顷，与宋平子交，平子劝读佛书，始观《涅槃》《维摩诘》《起信论》《华严》《法华》诸书，渐近玄门，而未有所专精也。"⑧《菿汉微言》亦自述学习佛学的艰难："继阅佛藏，涉猎《华严》《法华》《涅槃》诸经，义解渐深，卒未窥其究竟。"⑨此时对杨朱与墨子亦有好感。1898年5月16日《忘山庐日记》载章太炎言："杨

---

① 章太炎. 自述学术次第 [M]// 菿汉三言. 虞云国点校. 上海：上海书店出版社，2011：191.

② 章太炎. 菿汉微言 [M]// 菿汉三言. 虞云国点校. 上海：上海书店出版社，2011：71.

③ 章太炎. 太炎先生自定年谱 [M]// 文明国. 章太炎自述（1869-1936）北京：人民日报出版社，2012：5.

④ 姜义华. 章太炎年谱简编 [M]// 中国近代思想家文库·章太炎卷. 北京：中国人民大学出版社，2015：442.

⑤ 章太炎. 自述治学之功夫及志向 [M]// 章念驰. 章太炎演讲集. 上海：上海人民出版社，2011：360.

⑥ 汤志钧. 章太炎年谱长编（增订本）[M]. 北京：中华书局，2013：572.

⑦ 汪荣祖. 章太炎的文化观 [M]// 章太炎散论. 北京：中华书局，2008：117.

⑧ 章太炎. 自述学术次第 [M]// 菿汉三言. 虞云国点校. 上海：上海书店出版社，2011：191.

⑨ 章太炎. 菿汉微言 [M]// 菿汉三言. 虞云国点校. 上海：上海书店出版社，2011：71.

第六章 "自国自心"：章太炎与新老学话语体系的生成

子志在励己，损己之节以救人，不为也。墨子志在救世，故虽污己之名，亦为之。"①

与清政府决裂，参加革命以后，章太炎转而深入了解并有意信奉西学、佛学与墨学，特别是佛学，想通过佛学与墨学构建革命之道德。章太炎在苏报案入狱后，"潜心大乘佛学的法相宗"，"大约从光绪卅二年（1906）起，章氏的思想完全以唯识学为基础，并折入'五无'（无政府、无聚落、无人类、无众生、无世界）的境界，认为人类应抹煞现有的一切制度或组织，行个体独立式的生活，这一段思想历程，即所谓'转俗成真'。"②《菿汉微言》自述苏报案后因禁上海监狱之中学习佛学的心得："及囚系上海，三岁不觌，专修慈氏世亲之书。此一术也，以分析名相始，以排遣名相终，从入之涂，与平生朴学相似，易于契机，解此以还，乃达大乘深趣。私谓释迦玄言，出过晚周诸子不可计数；程、朱以下，尤不足论。"③《自述学术次第》亦谈及在狱中的学习佛学的内容："遭祸系狱，始专读《瑜伽师地论》及《因明论》《唯识论》，乃知《瑜伽》为不可加。"④此时章太炎把佛学看得高于诸子学与宋学，进入"倾倒佛法，鄙薄孔子、老、庄"⑤的时期。

出狱之后，前往日本东京参加革命，出任《民报》主编。对西方哲学、印度哲学、佛学、墨学、老庄之学、荀学无不加以深入研究。希望既能找到立国治国之道，也能找到培育革命道德与适应新形势的国家人民道德信仰。《菿汉微言》自述学习希腊哲学、德国哲学与印度哲学的经历："既出狱，东走日本，尽瘁光复之业。鞍掌余闲，旁览彼土所译希腊、德意志哲人之书，时有概述邬波尼沙陀及吠檀多哲学者，言不能详，因从印度学士咨问。梵土大乘已忘，胜论、数论传习亦少；唯吠檀多哲学今所盛行，其所称述，多在常闻之外，以是数者，格以大乘，霍然察其利病，识其流变。"⑥章太炎通过西方哲学与大乘佛学的比较研究，加深了对佛学的认识。比较西方哲学与佛学之后，对佛学更加推崇。《自述学术次第》言："既东游日本，提倡改革，人事繁多，而暇辄读《藏经》。

---

① 汤志钧. 章太炎年谱长编（增订本）[M]. 北京：中华书局，2013：581.
② 王汎森. 章太炎的思想——兼论其对儒学传统的冲击[M]. 上海：上海人民出版社，2012：20，21.
③ 章太炎. 菿汉微言[M]// 菿汉三言. 虞云国点校. 上海：上海书店出版社，2011：71.
④ 章太炎. 自述学术次第[M]// 菿汉三言. 虞云国点校. 上海：上海书店出版社，2011：191.
⑤ 汤志钧. 章太炎年谱长编（增订本）[M]. 北京：中华书局，2013：357.
⑥ 章太炎. 菿汉微言[M]// 菿汉三言. 虞云国点校. 上海：上海书店出版社，2011：71.

又取魏译《楞伽》及《密严》诵之,参与近代康德、萧宾诃尔之书,亦信玄理无过《楞伽》《瑜伽》者。"① 章太炎特别期许以佛学构建革命之道德。

老庄之学因与佛学相近而受到章太炎高度重视,章太炎认为庄子之学与佛学最近。《菿汉微言》的老子研究,就是用佛理与老学贯通比较。《菿汉微言》自述其在日本东京讲学时豁然贯通佛学与庄子之学:"为诸生说《庄子》,间以郭义敷释,多不惬心,旦夕比度,遂有所得。端居深观,而释齐物,乃与《瑜伽》《华严》相会,所谓摩尼见光,随见异色,因陀帝纲,摄入无碍,独有庄生明之,而今始探其妙,千载之秘,睹于一曙。"认为儒学的哲理远不如老庄之学:"以为仲尼之功,贤于尧舜,其玄远终不敢望老、庄矣。"② 章太炎对自己通过法相之学而领悟庄子之学极为得意,《自述学术次第》言:"少虽好周秦诸子,于老庄未得统要,最后终日读《齐物论》,知多与法相相涉。而郭象、成玄英诸家悉含胡虚冗之言也。既为《齐物论释》,使庄生五千言,字字可解,日本诸沙门亦多慕之。"虽然佛法对于国民信仰与道德建设大有裨益,但治理国家社会,章太炎看好老庄之学,特别是老子之学:"余既解《齐物》,于老氏亦能推明。佛法虽高,不应用于政治社会,此则惟待老庄也;儒家比焉,邈焉不相逮矣。"③ 只有把佛学与老庄之学结合起来,才能救国。1911年10月章太炎在日本讲演佛学时认为:"若专用佛法去应世务,规划总有不周";"唯有把佛法与老庄和合,这才是'善权大士',救时应务的第一良法。"④

晚清民国时期墨学一直被认为与西学关系最近,西方的基督教、科学、平等、民主、革命、社会主义、马克思主义、乃至列宁主义均被认为与墨学相关。章太炎一度致力于墨学研究,《菿汉微言》自述其对墨学、荀学的深入探究:"次及荀卿、墨翟,莫不抽其微言。"⑤ 章太炎亦认为墨子之道德比孔子与老子要高明。1906年9月刊行的《论诸子学》指出:"虽然,墨子之学,诚有不逮孔、老者,其道德则非孔、老所敢窥视也。"⑥ 刊于1906年10月《民报》上的《革命之道

---

① 章太炎. 自述学术次第 [M]// 菿汉三言. 虞云国点校. 上海:上海书店出版社,2011:191-192.

② 章太炎. 菿汉微言 [M]// 菿汉三言. 虞云国点校. 上海:上海书店出版社,2011:71.

③ 章太炎. 自述学术次第 [M]// 菿汉三言. 虞云国点校. 上海:上海书店出版社,2011:192.

④ 章太炎. 佛学讲演 [M]// 章念驰. 章太炎演讲集. 上海:上海人民出版社,2011:111.

⑤ 章太炎. 菿汉微言 [M]// 菿汉三言. 虞云国点校. 上海:上海书店出版社,2011:71.

⑥ 章太炎. 论诸子学 [M]// 章念驰. 章太炎演讲集. 上海:上海人民出版社,2011:42.

德》亦推墨子、禽滑厘道德为最高。"天步艰难,如阪九折,墨翟、禽滑厘之侪,犹不能期其必效,由乃况于柔脆怯弱如吾属者。"①

"章太炎早年受康有为的影响,竭力尊孔。"②革命时期章太炎基本上放弃了对儒家的信仰,转而批判儒家不适合做中国人的信仰与道德规范,重建中国人的信仰与道德规范应当是西学、佛学(大乘佛学)、老庄之学与墨学的融合。1906年7月15日在东京留学生欢迎会上的演说中指出:"我们今日想要实行革命,提倡民权,若要夹杂一点富贵利禄的心,就像微虫霉菌,可以残害全身,所以孔教(章太炎指出:孔教最大的污点,是使人不脱富贵利禄的思想)是断不可用的。"③1906年9月章太炎在国学讲习会讲诸子学时指出:"用儒家之道德,故艰苦卓励者绝无,而冒莫奔竞者皆是。"④1922年6月15日在致柳诒徵的一封信中曾经谈道:"深恶长素孔教之说,遂至激而诋孔。"⑤批判儒家作为宗教、意识形态和道德的主体性,是章太炎作为革命家的主要贡献之一。

中华民国建立之初,政治制度师西的失败与第一次世界大战西方世界的惨烈内斗,使得章太炎对西学深感失望,而佛学又"不切人事",于是重新致力于对本土之学的研究,在信仰、道德与人事方面又复归于儒学,对儒学源头老学也大加赞赏。"中年以后,古义经典笃信如故,至诋孔则绝口不谈。"⑥《菿汉微言》重新肯定孔子的仁义道德,并认为与老子相通。1917年10月至1918年10月章太炎在四川的演讲中重新肯定孔子的"为道为学",也就是"忠恕之道"。⑦在演讲中还表示反省:"我从前倾倒佛法,鄙薄孔子、老、庄,后来觉得这个见解错误,佛、孔、老、庄所讲的,虽都是心,但是孔子、老、庄所讲的,究竟不如佛的不切人事。孔子、老、庄自己比较,也有这样情形,老、

---

① 章太炎. 革命之道德 [M]// 姜义华. 中国近代思想家文库·章太炎卷. 北京:中国人民大学出版社,2015:22.
② 王汎森. 章太炎的思想——兼论其对儒学传统的冲击 [M]. 上海:上海人民出版社,2012:170.
③ 章太炎. 在东京留学生欢迎会上之演讲 [M]// 章念驰. 章太炎演讲集. 上海:上海人民出版社,2011:3.
④ 章太炎. 论诸子学 [M]// 章念驰. 章太炎演讲集. 上海:上海人民出版社,2011:40.
⑤ 章太炎. 与柳翼谋 [M]// 马勇. 章太炎书信集. 石家庄:河北人民出版社,2003:741.
⑥ 章太炎. 与柳翼谋 [M]// 马勇. 章太炎书信集. 石家庄:河北人民出版社,2003:741.
⑦ 章太炎. 在四川演说之五:说忠恕之道 [M]// 章念驰. 章太炎演讲集. 上海:上海人民出版社,2011:183.

庄虽高妙，究竟不如孔子的有法度可寻，有一定的做法。"①1922年《国学概论》认为孔子与孟子的道德主张与老子的"上德不德"的"真道德"是一样的。"孔子的道德底主张，也和这种差不多。就是孟子所谓'由仁义行，非行仁义也'，也和老子主张一样的。"由于老子完全没有名利观念，其道德更加纯洁，敢于放胆说出。"老子为久远计，并且他没有一些名利观念，所以敢放胆说出；孔子急急要想做官，竟是'三月无君，则皇皇如也'，如何敢放胆说话呢！"②

日本发动侵略中国战争以来，章太炎更是主张大力复兴儒学与学习中国历史，以儒学与史学构建中华民族的文化认同与抗日救国精神。会通儒学与老学也是其应有之义。1935年《诸子略说》认为"无我"是老子、孔子、颜回共同的道德理想境界。老子的"毋以有己"是孔子"毋意、毋必、毋固、毋我"观念的来源，而孔子的"四毋"又是颜回"克己"观念的来源。孔子的"无知"、颜回的"坐忘"正是老子的无所得之"上德"。"无我之言，《老子》书中所无，而《庄子》详言之。太史公《孔子世家》：'老子送孔子曰：'为人臣者毋以有己，为人子者毋以有己'。'二语看似浅露，实则含义宏深。盖空谈无我，不如指切事状以为言，其意若曰一切无我，固不仅言为人臣、为人子而已。所以举臣与子者，就事说理，《华严》所谓事理无碍矣。于是孔子退而有犹龙之叹。夫唯圣人为能知圣，孔子耳顺心通，故闻一能知十，其后发为'毋意、毋必、毋固、毋我'之论，颜回得之而克己。此如禅宗之传授心法，不待繁词，但用片言只语，而明者自喻。然非孔子之聪明睿智，老子亦何从语之哉！"③"无我"精神，与当时社会所急需的忘我牺牲精神正相契合。章太炎还认为儒家与道家均不务"清谈"，而务"目前之急"。儒家以"修己治人"为本，道家则为"君人南面之术"，二者均为积极用世之学说。当然，章太炎的儒学思想，不管是批判儒学，还是重新认同儒学，"不仅与今文经学相对立，而且也与古文经学相对立；他对传统经学的研究与批评，完全不是株守古文经学的陈说，构成其主要特色的，其实是近代的历史与逻辑的批判精神。"④

章太炎老学话语体系之变，无疑反映了章太炎以老学经世济国的思想。时局变化，其老学话语体系也往往跟着变化。甲午中日战争、八国联军侵华战争、第一次世界大战和"九·一八事变"，这四次重大事变触动了章太炎学术话语

---

① 汤志钧. 章太炎年谱长编（增订本）[M]. 北京：中华书局，2013：357-358.
② 章太炎. 国学概论外一种：国学讲演录 [M]. 长沙：岳麓书社，2009：28.
③ 章太炎. 国学概论外一种：国学讲演录 [M]. 长沙：岳麓书社，2009：209.
④ 姜义华. 章太炎思想研究 [M]. 北京：中国人民大学出版社，2009：315.

第六章 "自国自心"：章太炎与新老学话语体系的生成

体系的重要变化。在八国联军侵华战争与第一次世界大战之间，章太炎形成了他的齐物论哲学，这是其学术话语体系发生根本变化的一个极为重要的标志。[①] 章太炎的齐物论哲学是"直接针对帝国主义借文明之名进行殖民化吞并而发的抗议之言"，"要给世界上存在的所有事物各自独一无二的价值都予以承认"，[②] 针对西方文明、文化、学术话语体系的一元化、独尊化、霸权化取向，章太炎以齐物论哲学来论证中国文明、文化、学术话语体系的合理性、正当性、适宜性，"如果不尊重一国文化的特性，要以一种文化来同化另一种文化，从太炎的齐物观点来看，乃是一种'文化帝国主义'"。[③] 此后，章太炎对老学的评价愈来愈高，不仅与他对老子的持续深入研究有关，而且与中华民族面临的愈来愈严重的民族危机相关。他要在老学之中寻找民族文化认同与救国方略。其老学义理从法家化，向西学化、佛学化，进而向儒学化的演化，既反映了章太炎在孜孜不倦寻找理解老子高深学理的理论武器，也反映了他从学习西方向立足本土的回归，这并非保守的表现，而是深入认识西学与中国社会的结果。其老学研究从政治化逐渐向学术化的转化，是章太炎放弃政治回归学术的反映，也是章太炎学术日益成熟的表现。

结语

章太炎的老学话语体系，随着时代、时局、社会活动、信仰、学问的变化，经历了一个变动过程，大体趋向是：从批判老学到表彰老学；从以学习西方和西学视觉解读老学走向以本土文化内在演化与文化民族主义视角解读老学；从老学与政治融合走向老学与道德融合；从老学与佛学会通走向老学与儒学会通。章太炎的老学话语体系之变不只是个人学术的内在变化，更反映了近代中国学术话语体系与社会应对的敏感互动。

---

① 王仲荦在《齐物论释、定本校点后记》中认为，章太炎写定《齐物论释》初定本的时间大概在1910年之前，而重定本的改写，大概又在1911年之后。参阅《章太炎全集》（齐物论释、齐物论释定本、庄子解故、管子余义、广论语骈枝、体撰录、春秋左氏疑义答问），上海：上海人民出版社，2014；144–145.

② （日）石井刚. 齐物的哲学——章太炎与中国现代思想的东亚经验[M]. 上海：华东师范大学出版社，2016；19.

③ 汪荣祖. 章太炎的文化观[M]// 章太炎散论. 北京：中华书局，2008；116.

第七章 "九流并美"：新文化运动与陈独秀新子学话语体系的生成

论者谓陈独秀在新文化运动时期对待传统文化有一种"整体性或全盘式的反传统"、①"全面反传统"②的思想，甚至认为这一思想"简单而确定"，是"众所周知"的。③笔者在梳理陈独秀的先秦诸子观时，发现这个问题虽然"众所周知"，却并非"简单而确定"，还需要进一步深思。陈独秀确实"激烈反传统"，但并非一个对传统文化不了解的人，恰恰相反，他的"旧学根柢深厚"，④"对诸子百家的研究""造诣之深，可以与同时代一流学者相比"。⑤陈独秀在其自传中也强调："我从六岁到八九岁，都是这位祖父（陈章旭）教我读书。我从小有点小聪明，可以这点小聪明却害苦了我。我大哥的读书，他从来不大注意，独独看中了我，恨不得我一年之内把《四书》《五经》都读完，他才称意"，"自从祖父死后，请了好几个塾师。我都大不满意，到了十二三岁时，由大哥（陈庆元）教我读书，大哥知道我不喜欢八股文章，除温习经书外，新教我读《昭明文选》"。⑥后来陈独秀也考中了秀才，还参加过举人考试。这说明，陈独秀对中国传统文化经典是很熟悉的。我们不能根据陈独秀一时兴起的说法来判断

---

① 林毓生. 中国传统的创造性转化（增订本）[M]. 北京：生活·读书·新知三联书店，2011：173.
② 罗志田. 道出于二：过渡时代的新旧之争[M]. 北京：北京师范大学出版社，2014：117.
③ 林毓生. 中国传统的创造性转化（增订本）[M]. 北京：生活·读书·新知三联书店，2011：212.
④ 任建树. 陈独秀大传[M]. 上海：上海人民出版社，2011：5.
⑤ 唐宝林. 陈独秀全传[M]. 北京：社会科学文献出版社，2013：13.
⑥ 陈独秀. 实庵自传[M]// 陈独秀文集（第四卷）. 北京：人民出版社，2013：534, 538.

第七章　"九流并美"：新文化运动与陈独秀新子学话语体系的生成

其"全面反传统"，而要仔细分梳陈独秀在 1915-1925 年之间的各种说法和他的新子学研究，以此来判断陈独秀对传统文化的真实态度，方为客观。限于篇幅，本文主要从他对待先秦诸子思想的态度，来管窥其对待传统文化的态度。

一、树立"价值重估"的新标准

"重新估定一切价值"，是新文化运动一个极为关键的理念，可以说是新文化运动的理论旗帜。整个中国文化都在重新估价之列，先秦诸子亦在其中。"新文化运动的总司令"陈独秀，可以说是当时对中国传统文化进行重新估价的最有影响的代表性人物。陈独秀虽然对孔子与儒家的评价"最犯武断的毛病"，[①]但总体上看，其对先秦诸子思想的评价并不低，一方面是能够一分为二，另一方面是对墨子、庄子、许行的思想特别推许。陈独秀对先秦诸子的重新估价，一方面传承晚清以来康有为、章太炎、梁启超等人为代表的新子学思潮，另一方面源于他自己树立的新的价值标准。1915 年陈独秀在《青年杂志》创刊号上发表《敬告青年》一文，提出了他的新核心价值体系："自主的而非奴隶的""进步的而非保守的""进取的而非退隐的""世界的而非锁国的""实利的而非虚文的""科学的而非想象的"。[②]在《法兰西人与近世文明》中揭出了近世文明"最足以变古之道，而使人心社会划然一新"的三大新学说："人权说""进化论""社会主义"。[③]在《今日之教育方针》中提出了近世文明的四大新理念："现实主义""惟民主义""职业主义""兽性主义"。[④]在《东西民族根本思想之差异》中，陈独秀认同西洋民族"以战争为本位""以个人为本位""以法治为本位，以实利为本位"，反对东洋民族"以安息为本位""以家族为本位""以感情为本位，以虚文为本位"。[⑤]这一系列新的价值体系，这成为陈独秀重新估价中国传统文化的价值优劣，包括估价先秦诸子思想得失的标准。

陈独秀主张中国现代学术应该是独立化、平等化、科学化、进化和创新化的。其估价先秦诸子的历史地位与现代意义，也遵循这一原则。其一，学术独立。陈独秀指出，"中国学术不发达之最大原因，莫如学者自身不知学术独立之神

---

① 常乃惪. 中国思想小史 [M]// 中国的文化与思想. 北京：中华书局，2012：315.
② 陈独秀. 敬告青年 [N]. 青年杂志，1915-09-15.
③ 记者. 法兰西人与近世文明 [N]. 青年杂志，1915-09-15.
④ 陈独秀. 今日之教育方针 [N]. 青年杂志，1915-10-15.
⑤ 陈独秀. 东西民族根本思想之差异 [N]. 青年杂志，1915-12-15.

圣。"① 陈独秀自谓其创刊《新青年》的旨趣就是"求真理之发见,学术之扩张"②。其二,学术平等。陈独秀激烈反对学术"定于一尊",强调"无论何种学派,均不能定于一尊,以阻碍思想文化之自由发展"。③《新青年》主张"诸子平等",当时的读者李亨嘉来信指出,"贵志持诸子平等,不尚一尊及文学改良,务求显易二义,竭精殚虑,不厌求详,可谓能见其大当务之急,持论亦复平允。"④陈独秀明确提倡"不尚一尊""九流并美""以国粹论,旧说九流并美,倘尚一尊,不独神州学术,不放光辉,即孔子亦以独尊之故,而日形衰落也。"⑤其三,学术科学化。陈独秀严厉批评中国人长期以来缺乏科学的头脑和兴趣,"我们中国人底脑子被几千年底文学、哲学闹得发昏,此时简直可以说没有科学的头脑和兴趣了",认定现代化是一个科学化的时代,"不但中国,合全世界说,现在只应该专门研究科学,已经不是空谈哲学的时代了"。⑥科学化与民主化为现代化的两大潮流,"国人而欲脱蒙昧时代,羞为浅化之民,则急起直追,当以科学与人权并立",我们的信仰与学术也必须科学化,"宗教美文,皆想象时代之产物"。⑦其四,学术进化论。诚如王中江所言,"陈独秀把一切都纳入到'进化'的轨道之中,即使是无生命的自然物质现象。"⑧学术当然更应该是进化的,学术要满足现实需求,陈独秀自陈其"非孔"的动机,"非因孔子之道之不适于今世,乃以今之妄人强欲以不适今世之孔道,支配今世之社会国家,将为文明进化之大阻力也,故不能已于一言。"⑨在近代中国处于"新战国"时代,只有能致"富强"("退虏送穷")的学术才是中国需要的学术,"吾宁忍过去国粹之消亡也,而不忍现在及将来之民族,不适世界之生存而归削灭也"。⑩其五,学术创新要先破后立。陈独秀明确主张学术要有传承与创新,但认为要从破坏开始,不破坏无以建设,"建设之必先以破坏也",只有等到"破

---

① 陈独秀. 随感录 [N]. 新青年,1918-07-15.
② 独秀. 答佩剑青年 [N]. 新青年,1917-03-01.
③ 独秀. 答吴又陵 [N]. 新青年,1917-01-01.
④ 李亨嘉. 通信 [N]. 新青年,1917-05-01.
⑤ 独秀. 再答常乃惪 [N]. 新青年,1917-02-01.
⑥ 独秀. 答皆平 [N]. 新青年,1921 年 6 月 1.
⑦ 陈独秀. 敬告青年 [N]. 青年杂志,1915-09-15.
⑧ 王中江. 进化主义在中国的兴起:一个新的全能式世界观(增补本)[M]. 北京:中国人民大学出版社,2010:207.
⑨ 陈独秀. 复辟与尊孔 [N]. 新青年,1917-08-01.
⑩ 陈独秀. 敬告青年 [N]. 青年杂志,1915-09-15.

第七章 "九流并美"：新文化运动与陈独秀新子学话语体系的生成

坏略见成效时,则不可不急急从事建设,为之模范,以安社会心理之恐怖作用"。①

二、老庄：赞其"薄礼""非教""民权"，批其"雌退""虚无"

陈独秀特别痛恨儒家礼教，因此对老庄"薄礼"大为欣赏，"儒家重礼，见薄于老庄"。②陈独秀也反对宗教，主张以科学取代宗教，因此对老子"绝无宗教家言"极为称赞，"道家之老子""非教主""其立说之实质，绝无宗教家言也"。③陈独秀排除了老庄道家与道教的关系，认为"道教出于方士，方士出于阴阳家""与九流之道家无关"。④《新青年》有位读者与陈独秀讨论了庄子学说中的"民权"意识，对庄子"摧毁君权，扶植民权"大为推崇，"庄子学说，纯系摧毁君权，扶植民权。如谓'圣人不死，大盗不止'。所谓大盗者，即窃国者侯之窃国贼也，亦即帝王之代名辞也。又曰'殚残天下之圣法，而民始可与论议'，盖君权之下，人民无议论之余地，而君主假圣法为护符也。"⑤陈独秀予以高度肯定，推崇"庄子在宥""诚人类最高之理想"。⑥陈独秀由于信仰个人本位主义，反对家族本位主义，因此对道家的杨朱主张"尊重自己的意志"也颇为欣赏，但对杨朱"不必对他人讲甚么道德"，批评其"虽然说破了人生的真相，但照此极端做去，这组织复杂的文明社会，又如何行得过去呢？"⑦陈独秀认同老子"天道恶"，⑧但反对老子"道法自然"，主张社会进化，"人力胜天""以技术征服自然"。"老聃曰：'天法道，道法自然'。自然之天道，其事虽迩，其意则远。循乎自然，万物并处而日相毁：雨水就下而蚀地，风日剥木而变衰，雷雹为殃，众生相杀，孰主张是？此老氏所谓'天

---

① 独秀. 三答常乃悳 [N]. 新青年，1917-03-01.
② 独秀. 答《新青年》爱读者 [N]. 新青年，1917-07-01.
③ 陈独秀. 再论孔教问题 [N]. 新青年，1917-01-01.
④ 陈独秀. 克林德碑 [N]. 新青年，1918-11-15.
⑤ 李杰. 通信 [N]. 新青年，1917-05-01.
⑥ 独秀. 答李杰 [N]. 新青年，1917-05-01.
⑦ 陈独秀. 人生真义 [N]. 新青年，1918-02-15.
⑧ 陈独秀对老子天道观有误解，老子并不主张"天道恶"，反而主张"天道善"，《老子》第七十七章言"天之道，损有余而补不足"；第七十九章言"天道无亲，常与善人"；第八十一章言"天之道，利而不害"。

127

地不仁，以万物为刍狗'①也。故曰，天道恶。众星各葆有其离力而不相并，万物各驱除其灾害而图生存，人类以技术征服自然，利用以为进化之助，人力胜天，事例最显。其间意志之运用，虽为自然进动之所苞，然以人证物，各从其意，志之欲求，以与自然相抗，而成败别焉。故曰：人道善。"②

陈独秀对老子、庄子、杨朱的"薄礼""非宗教""民权""个人主义"等虽然颇为欣赏，但他"深恶痛绝老庄底虚无思想放任主义，以为是虚无大毒"③。

陈独秀主张社会进化，反对社会退化，因此对老庄的"顺应自然""安命知足""知足常乐"大张挞伐，"老庄的意见，以为万事万物都应当顺应自然；人生知足，便可常乐，万万不可强求"，虽然"人生一世，安命知足，事事听其自然，不去强求，自然快活的很。但是这种快活的幸福，高等动物反不如下等动物，文明社会反不如野蛮社会"，"我们中国受了老庄的教训，所以退化到这等地步"。④

陈独秀虽然高度认同"个人本位主义"，但对老子"虚无的个人主义及任自然主义"并不认同，反而认为是"中国学术文化不发达"的根源，会让中国倒退回"原人时代"，中国人需要的是"最适于救济现社会弊病的主义"，"虚无主义及任自然主义，都是叫我们空想、颓唐、紊乱、堕落、反古"。⑤陈独秀还认为中国由于有老子的"无为思想"，⑥因此得以"集世界虚无主义之大成"，"因为印度只有佛教的空观，没有中国老子的无为思想和俄国的虚无主义；欧洲虽有俄国的虚无主义和德国的形而上的哲学，佛教的空观和老子学说却不发达；在中国这四种都完全了，而且在青年思想界，有日渐发达的趋势"。⑦

陈独秀主张"强梁进取""冒险敢为""勇于竞争""敢于抵抗""敢为天下先"，因此对老子主张"雌退柔弱""不敢为天下先"激烈批评，"退隐

---

① "天地不仁"，不能作"天道恶"解，陈鼓应谓"'天地不仁'是说明天地顺任自然，不偏所爱"。见老子注译及评价[M].北京：中华书局，2015：75.

② 陈独秀. 抵抗力[N]. 青年杂志，1915-11-15.

③ 独秀. 随感录[N]. 新青年，1921-05-01.

④ 陈独秀. 人生真义[N]. 新青年，1918-02-15.

⑤ 独秀. 随感录[N]. 新青年，1920-12-01.

⑥ 陈独秀对老子的"无为"有误解，"无为"并非"无所作为"，而是反对统治者为了一己之私任性作为，《老子》第十章言"爱民治国，能无为乎"；第二十七章言"圣人常善救人，故无弃人；常善救物，故无弃物"；第四十九章言"圣人常无心，以百姓心为心"。

⑦ 独秀. 随感录[N]. 新青年，1920-09-01.

为弱者不适竞争之现象"，①老子"以雌退柔弱为教，不为天下先"，"吾民冒险敢为之风，于焉以斩"。②老子"尚雌退"，"义侠伟人，称以大盗"，"充塞吾民精神者，无一强梁进取之思。惟抵抗之力，从根断矣"。③

新文化运动时期，陈独秀既反对西方传入的"无政府主义"，也反对"中国式的无政府主义"——"老、庄主义"，认为"老、庄主义"导致了"我们国民性中所含懒惰放纵不法的自由思想"，因此主张"非从政治上教育上实行严格的干涉主义，我中华民族底腐败堕落将永无救治之一日"。④

在"千年未有之大变局"的"新战国"时代，陈独秀欣赏西洋民族"以战争为本位""好战健斗"，因此对"老氏之教，不尚贤，使民不争，以佳兵为不祥之器"，"以安息为本位"，认为是"堕健斗之风"，乃"卑劣无耻之根性"，而"西洋诸民族，好战健斗，根诸天性，成为风俗"。⑤

三、孔子：赞其"进取""不言神怪""均无贫""实践道德"，批其"礼教""作伪干禄"

在新文化运动时期，陈独秀反复强调需要"对孔子进行重新评定价值"⑥，这对当时笼罩在一片尊孔复辟气氛下的中国而言，确实有其必要性，而且新文化学人也是这样做的，后世论者谓陈氏"对儒家思想做全面性的攻击"⑦，也有一定的道理。陈独秀攻击儒家确实犀利激烈，但锋芒对准的是礼教与现实，而非"全面否定儒家"。陈独秀反复声明他对儒学的优点是有认识的，"在现代知识的评定之下，孔子有没有价值？我敢肯定的说有"，⑧"孔学优点，仆未尝

---

① 陈独秀. 敬告青年[N]. 青年杂志，1915-09-15.
② 记者. 答李大魁[N]. 青年杂志，1915-11-15.
③ 陈独秀. 抵抗力[N]. 青年杂志，1915-11-15.
④ 独秀. 随感录[N]. 新青年，1921-05-01.
⑤ 陈独秀. 东西民族根本思想之差异[N]. 青年杂志，1915-12-15.
⑥ 陈独秀. 孔子与中国[N]. 东方杂志，1937-10-01.
⑦ 林毓生. 中国传统的创造性转化（增订本）[M]. 北京：生活·读书·新知三联书店，2011：212.
⑧ 陈独秀. 孔子与中国[N]. 东方杂志，1937-10-01.

不服膺",①"孔教亦非绝无可取之点",②"记者非谓孔教一无可取",③这样做,为的是避免时人与后人误会,但其实时人与后人还是对陈独秀产生了不少误会。

在新文化运动期间,陈独秀其实表彰了孔子的"进取"精神、"非宗教迷信"的态度、除去三纲伦理之外的"积极教义"、具有普世价值的"世界普通实践道德""均无贫"的高远理想、"平实"的道理和"有力之学说"的重要历史地位等等。

在列国互竞的时代,"生存竞争,势所不免,一息尚存,即无守退安隐之余力。排万难而前行,乃人生之天职"。陈独秀主张新青年要有一种"进取的而非退隐的"人生态度,希望新青年为孔子与墨子,有一股活泼的进取精神,"吾愿青年之为孔墨,而不愿其为巢由"。④

陈独秀主科学,反宗教,对于孔子"不语怪力乱神""敬鬼神而远之"的态度极为欣赏。他认为孔子的第一价值是"非宗教迷信的态度","孔子不言神怪,是近于科学的",⑤一再表彰"孔子不语神怪,不知生死",⑥"孔子不事鬼,不知死,文行忠信,皆入世之教,所谓性与天道,乃哲学,非宗教",⑦"孔子言天言鬼,不过假借古说,以隆人治。此正孔子之变古,亦正孔子之特识",⑧孔子"非教主","其立说之实质,绝无宗教家言也"。⑨

陈独秀尽管激烈批判儒家之三纲伦理,即所谓的礼教,但其实并不否认孔子道德伦理的高尚之处,而是把它"升格"为一种普世伦理,即所谓的"世界普通实践道德","非谓其温、良、恭、俭、让、信、义、廉、耻诸德及忠、恕之道不足取。不过谓此等道德名词,乃世界普通实践道德,不认为孔教自矜独有耳",⑩"温、良、恭、俭、让、信、义、廉、耻诸德,乃为世界实践道德家所同遵,未可自矜特异,独标一宗者也"。⑪陈独秀甚至认为,"在孔子

---

① 独秀. 再答常乃悳 [N]. 新青年,1917-02-01.
② 独秀. 答俞颂华 [N]. 新青年,1917-03-01.
③ 独秀. 答佩剑青年 [N]. 新青年,1917-03-01.
④ 陈独秀. 敬告青年 [N]. 青年杂志,1915-09-15.
⑤ 陈独秀. 孔子与中国 [N]. 东方杂志,1937-10-01.
⑥ 独秀. 答俞颂华 [N]. 新青年,1917-03-01.
⑦ 陈独秀. 驳康有为致总统总理书 [N]. 新青年,1916-10-01.
⑧ 独秀. 再答俞颂华 [N]. 新青年,1917-05-01.
⑨ 陈独秀. 再论孔教问题 [N]. 新青年,1917-01-01.
⑩ 独秀. 答《新青年》爱读者 [N]. 新青年,1917-07-01.
⑪ 陈独秀. 宪法与孔教 [N]. 新青年,1916-11-01.

第七章 "九流并美":新文化运动与陈独秀新子学话语体系的生成

的积极教义中,若除去'三纲'的礼教,剩下来的只是些仁、恕、忠、信等美德"。①即孔子教义中的"美德"并不少。陈独秀进而高度评价"勤、俭、廉、洁、诚、信"为"持续的治本的"道德,为"我之爱国主义"。②由此可知,所谓"荆轲刺孔子",③其实还是"荆轲刺秦王"。陈独秀还极为推崇孔子的"均无贫"为一种"高远理想"。④对整个儒家学说,陈独秀也并非全面否定,甚至没有全面攻击,而是客观立论,指出其"尚平实,近乎情理。其教忠,教孝,教从,倘系施者自动的行为,在今世虽非善制,亦非恶行"⑤。就儒家历史地位与影响而言,陈独秀高度评价"孔教为吾国历史上有力之学说,为吾人精神上无形统一人心之具,鄙人绝对承认之,而不怀丝毫疑义"⑥。甚至对于"建立君、父、夫三权一体的礼教",也认为其虽然是"反民主"的,但有历史价值。⑦

陈独秀批判孔子、批判儒家,实际上一直批判的重点是礼教,"孔教之精华曰礼教,为吾国伦理政治之根本。"⑧而礼教是一种"宗法社会之道德",并"不适于现代生活","未尝过此立论也"。⑨陈独秀严格限制了批判孔子与儒家的边界,并没有全盘否定孔子与儒家,只是批评礼教"分别男女尊卑过甚,不合于现代社会之生活也"⑩,礼教"适与欧化背道而驰,势难并行不悖"⑪。而孔子的过错主要是"祖述儒说阶级纲常之伦理"⑫,"崇封建之礼教,尚谦让以弱民性"⑬,孔子之道"大本"在于"忠孝","故国必尊君,如家之有父","纯以君主贤否卜政治之隆污","视上下尊卑贵贱之义,不独民生之彝伦,政治

---

① 陈独秀. 孔子与中国[N]. 东方杂志,1937-10-01.
② 陈独秀. 我之爱国主义[N]. 新青年,1916-10-01.
③ 白彤东. "山寨"的荆轲去刺孔子——新文化运动百周年祭[M]//知识分子论丛. 14. 上海:上海人民出版社,2016:112.
④ 陈独秀. 实行民治的基础[N]. 新青年,1919-12-01.
⑤ 陈独秀. 随感录[N]. 新青年,1918-7-15.
⑥ 独秀. 答俞颂华[N]. 新青年,1917-03-01.
⑦ 陈独秀. 孔子与中国[N]. 东方杂志,1937-10-01.
⑧ 陈独秀. 宪法与孔教[N]. 新青年,1916-11-01.
⑨ 独秀. 答佩剑青年[N]. 新青年,1917-03-01.
⑩ 陈独秀. 随感录[N]. 新青年,1918-7-15.
⑪ 独秀. 答佩剑青年[N]. 新青年,1917-03-01.
⑫ 独秀. 再答常乃惪[N]. 新青年,1917-02-01.
⑬ 者. 答李大魁[N]. 青年杂志,1915-11-15.

之原则，且推本于天地，盖以为宇宙之大法也矣"。① 陈独秀谓儒家"重阶级尊卑三纲主义"，源于孔子，而孟荀承袭，"孟子道：'孔子成春秋，而乱臣贼子惧。'荀子道：'礼有三本：天地者，生之本也；先祖者，类之本也；君师者，治之本也。'"② 孔子之道"于近世自由平等之新思潮，显相背驰"③。陈独秀还批评孔子的礼教之中没有民权意识，"孔子生长封建时代，所提倡之道德，封建时代之道德也；所垂示之礼教，即生活状态，封建时代之礼教，封建时代之生活状态也；所主张之政治，封建时代之政治也。封建时代之道德，礼教，政治，所心营目注，其范围不越少数君主贵族之权利与名誉，于多数国民之幸福无与焉。"④ 陈独秀批评孔子与儒家的礼教"不适于现代社会之伦理学说"，不能再用于"支配今日之人心"，成为"文明改进之大阻力"，⑤ 反对"欧化"与"礼教"的调和，"吾人倘以新输入之欧化为是，则不得不以旧有之孔教为非，倘以旧有之孔教为是，则不得不以新输入之欧化为非。新旧之间，绝无调和两存之余地，吾人只得任取其一。"⑥ 陈独秀为何如此不遗余力地反对礼教，他自己的回答是，"三年以来（1912-1915），吾人于共和国体之下，备受专制政治之痛苦。"⑦ 而礼教正是"专制政治"的"护身符"。现实的"专制政治"也的确是不遗余力地推崇礼教。

陈独秀也承袭了康有为、章太炎等人对孔子与儒家的"作伪干禄"⑧ 之批评，严厉指责"儒家作伪干禄，实为吾国道德堕落之源泉"⑨。陈独秀并不反对孔子与儒家的学术争鸣，但反对学术独尊，指出"惟自汉武以来，学尚一尊，百家废黜，吾族聪明，因之痼蔽，流毒至今，未之能解"⑩，陈独秀反对孔子与儒家思想的意识形态化，"未可以其伦理学说统一中国人心耳"。⑪

---

① 陈独秀. 复辟与尊孔 [N]. 新青年，1917-08-01.
② 陈独秀. 旧思想与国体问题 [N]. 新青年，1917-05-01.
③ 独秀. 再答常乃惪 [N]. 新青年，1917-02-01.
④ 陈独秀. 孔子之道与现代社会 [N]. 新青年，1916-12-01.
⑤ 独秀. 再答俞颂华 [N]. 新青年，1917-05-01.
⑥ 独秀. 答佩剑青年 [N]. 新青年，1917-03-01.
⑦ 陈独秀. 吾人最后之觉悟 [N]. 青年杂志，1916-02-15.
⑧ 陈独秀. 驳康有为致总统总理书 [N]. 新青年，1916-10-01.
⑨ 独秀. 答傅桂馨 [N]. 新青年，1917-03-01.
⑩ 独秀. 再答常乃惪 [N]. 新青年，1917-02-01.
⑪ 独秀. 答俞颂华 [N]. 新青年，1917-03-01.

第七章 "九流并美"：新文化运动与陈独秀新子学话语体系的生成

陈独秀对孔学"明目张胆"地"彻底加以攻击"，"却是二千年来所仅见"。[①] 陈独秀貌似"对儒家思想做全面性的攻击"[②]，但实际上剥离了孔子思想与儒家伦理的优点，对孔子的"进取""不语神怪""均无贫"以及儒家的"实践道德"等均进行表彰。陈独秀"彻底加以攻击"的仅仅是礼教、儒学独尊与"作伪干禄"等等，作为"九流并美"的孔子与儒学，陈独秀并不反对。据此可知，陈独秀并没有全盘反儒学、全盘反孔子，更没有全盘反传统。

四、墨子：赞其"兼爱非命节葬""制器敢战"，批其"尊天明鬼"

在先秦诸子中，陈独秀对墨子的评价最高，这与晚清以来墨学复兴的潮流是有重大关联的，墨学自晚清以来一直被视为最能与西学（基督教、科学、民主、社会主义）对话会通之学。在新文化运动时期，呼唤墨学复兴、墨学救国也是极为强劲的，"非举国之人，尽读墨经，家有禽子之巧，人习高何之力，不足以言救国"。[③] 新文化运动不仅主张"先以破坏"，也主张"急急建设"，先以破坏的是儒家礼教，"急急建设"的是新子学，特别是新墨学，因为其与儒学"相反"，"与孔子相反者，作为破坏后之建设，使国人有所遵循，视尤为当务之急。"[④] 在新文化运动的这种风潮里，陈独秀也对墨子思想进行了一定的研究，称赞了墨子的"进取""兼爱""节葬""非命""制器""敢战""牺牲"等，推许墨子思想为"人类最高之理想"，[⑤] 当然，陈独秀主张科学，反对宗教，因此也批评了墨家的"尊天明鬼"[⑥]，认为"墨家明鬼，（与阴阳家）亦尚近之（宗教）"[⑦]。

与表彰孔子"不可为而为之"的精神一样，陈独秀也大力表彰墨家"赴火蹈刃、死不旋踵"的"大无畏"的"进取"精神，主张"人之生也，应战胜恶社会，而不可为恶社会所征服"。希望青年人向墨子学习，"吾愿青年之为孔墨，

---

① 常乃惪. 中国思想小史[M]. 北京：中华书局 2012：313.

② 林毓生. 中国传统的创造性转化（增订本）[M]. 北京：生活·读书·新知三联书店，2011：212, 213.

③ 易白沙. 述墨[N]. 新青年，1915-10-15.

④ 李杰. 通信[N]. 新青年，1917-05-01.

⑤ 独秀. 答李杰[N]. 新青年，1917-05-01.

⑥ 独秀. 再答俞颂华[N]. 新青年，1917-05-01.

⑦ 陈独秀. 再论孔教问题[N]. 新青年，1917-01-01.

而不愿其为巢由"。①

陈独秀极力推崇墨子的"兼爱"理想，认同兼爱"适合于近世所谓社会主义，而为大同之基础"，②为"人类最高之理想"，为"吾国之国粹"。③与儒家等级制的孝道"有亲疏等差之不同，此儒墨之鸿沟，孟氏所以斥墨为无父也"。④陈独秀批评"孟子'无父无君，是禽兽也'"，为"谬见"。⑤

陈独秀对墨子的"节葬"理念也极为认同，认为其符合"西洋丧葬之仪"，反对儒家的"厚葬"，指责其"尤害时废业，不可为训"。⑥

陈独秀赞赏墨子的"牺牲"精神，"墨翟主张牺牲自己，利益他人为人生义务"。但也恰当指出，这种"牺牲"精神不可推向极端，否则"未免太偏"，"吾人若是专门牺牲自己，利益他人，乃是为他人而生，不是为自己而生，决非个人生存的根本理由"。⑦

陈独秀主张学术自由、百家争鸣、"九流并美"，对"孟轲辟杨墨"这样的学术独尊行为非常反感。新文化运动期间，一些守旧学者站在儒学立场对陈独秀的反孔行为加以否定，陈独秀批评"林琴南（林纾）排斥新思想，乃是想学孟轲辟杨墨，韩愈辟佛老。林老先生要晓得如今虽有一部分人说孟轲、韩愈是圣贤，而杨、墨、佛、老却仍然有许多人尊重，孟轲韩愈的价值，正因为辟杨墨佛老减色不少"。⑧

通过与孔子、儒家的比较，陈独秀对墨子与墨家的整体评价是，"墨家有兼爱节葬非命诸说，制器敢战之风"，此"国粹之优于儒家孔子者也"。⑨陈独秀预言，中国秦汉以来，如果"墨教不废"或"百家并立而竞进"，"则晚周即当欧洲之希腊，吾国历史必与已成者不同"。⑩

---

① 陈独秀. 敬告青年 [N]. 青年杂志，1915-09-15.
② 李杰. 通信 [N]. 新青年，1917-05-01.
③ 独秀. 答李杰 [N]. 新青年，1917-05-01.
④ 陈独秀. 宪法与孔教 [N]. 新青年，1916-11-01.
⑤ 陈独秀. 驳康有为致总统总理书 [N]. 新青年，1916-10-01.
⑥ 陈独秀. 孔子之道与现代社会 [N]. 新青年，1916-12-01.
⑦ 陈独秀. 人生真义 [N]. 新青年，1918-02-15.
⑧ 只眼. 随感录 [N]. 每周评论，1919-04-06.
⑨ 陈独秀. 孔教与宪法 [N]. 新青年，1916-11-01.
⑩ 独秀. 答俞颂华 [N]. 新青年，1917-03-01.

五、阴阳家：赞其"明历象"，批其"惑世诬民"

先秦诸子思想中，陈独秀最痛恨儒家的"三纲礼教"与阴阳家的"宗教迷信"，认为二者刚好与新文化运动倡导的"民主与科学"相反。其更为痛恨的是阴阳家的"宗教迷信"，认为宗教"根本精神，则属于依他的信仰，以神意为最高命令"，[①]与科学背道而驰。在大兴科学的时代，"属于宗教"[②]的阴阳家应该在彻底摒弃之列。陈独秀认为阴阳家比儒家尤为有害于中国，导致中国缺乏富强之利器，"实学不兴，民智日僿"，"古说最为害于中国者，非儒家乃阴阳家也；儒家公羊一派，亦阴阳家之假托也。一变为海上方士，再变为东汉、北魏之道士，今之风水，算命，卜卦，画符，念咒，扶乩，炼丹，运气，望气，求雨，祈晴，迎神，说鬼，种种邪僻之事，横行国中，实学不兴，民智日僿，皆此一系学说之为害也"。[③]陈独秀承认阴阳家思想是中国人的"原始思想"，也是中国人"自古迄今之普遍国民思想"，经过"历代阴阳家方士道士"的发展，比儒家礼教观念还要深入人心，"较之后起的儒家孔子'忠孝节'之思想入人尤深。一切阴阳、五行、吉凶、灾祥、生克、画符、念咒、奇门、遁甲、吞刀、吐火、飞沙、走石、算命、卜卦、炼丹、出神、采阴、补气、圆光、呼风、唤雨、招魂、捉鬼、拿妖、降神、扶乩、静坐、设坛、授法、风水、谶语，种种迷信邪说，普遍社会，都是历代阴阳家方士道士造成的。"[④]陈独秀把传统的中医也归入阴阳家之列，认为其不合乎科学，"既不解人身之构造，复不事药性之分析，菌毒传染，更无闻焉；惟知附会五行生克寒热阴阳之说，袭古方以投药饵，其术殆与矢人同科；其想象之最神奇者，莫如'气'之一说；其说且通于力士羽流之术；试遍索宇宙间，诚不知此'气'之果为何物也！"[⑤]

陈独秀认为阴阳家思想恰好"和科学相反"，都属于"惑世诬民""乞灵枯骨"的"妖言胡说"，"阴阳家符瑞五行之说，惑世诬民；地气风水之谈，乞灵枯骨"，[⑥]"若相信科学是发明真理的指南针，像那和科学相反的鬼神、灵魂、炼丹、符咒、算命、卜卦、扶乩、风水、阴阳五行，都是一派妖言胡说，万万不足相信的。"[⑦]

---

① 独秀. 答俞颂华[N]. 新青年，1917-03-01.
② 陈独秀. 再论孔教问题[N]. 新青年，1917-01-01.
③ 陈独秀. 随感录[N]. 新青年，1918-7-15.
④ 陈独秀. 克林德碑[N]. 新青年，1918-11-15.
⑤ 陈独秀. 敬告青年[N]. 青年杂志，1915-09-15.
⑥ 陈独秀. 敬告青年[N]. 青年杂志，1915-09-15.
⑦ 陈独秀. 今日中国之政治问题[N]. 新青年，1918-07-15.

陈独秀虔诚地相信科学，反对阴阳家，反对宗教。遗憾的是，他又相信"本能""直觉"与"兽性主义"，反对"独尊人性"，认为"兽性全失，是皆堕落衰弱之民也"，主张"信赖本能"，"人性，兽性，同时发展"。①

当然，陈独秀也没有全盘反对阴阳家，并不否认阴阳家具有一定的科学性，承认其有"明历象"②的一面。

六、反思："百家立说都有积极的独特主张"

新文化运动时期，从陈独秀对先秦诸子的态度来看，他并没有全盘否定先秦诸子，反而对先秦诸子多有表彰。虽然对先秦诸子的确存在误解与"激烈"的一面，但基本上能够一分为二地评价先秦诸子，这也说明，"陈独秀的反传统主义有特定的内涵与指向，不可任意曲解。"③总体上看，他"并没有全盘否定传统，而是与传统，包括近代形成的传统有着千丝万缕的联系"，④"对中国传统价值观既有批判、又有继承"⑤。陈独秀充分肯定"百家立说，于治世之术都有积极的独特主张，小国寡民，无为而治，这是黄老的主张；兼爱、非攻、明鬼、非命，这是墨家的主张；尚法、好作，这是慎到田骈的主张；不法先王，不是礼义，这是惠施、邓析的主张；并耕、尽地力，这是农家的主张"。⑥

陈独秀沿袭康有为、章太炎以来的学术传统，秉持诸子平等的理念，把儒家置于先秦诸子之中，但肯定墨家、农家、法家、名家、阴阳家等都优于儒家，"旧教九流，儒居其一耳。阴阳家明历象，法家非人治，名家辨名实，墨家有兼爱节葬非命诸说，制器敢战之风，农家之并耕食力：此皆国粹之优于儒家孔子者也。"⑦陈独秀反对孔孟思想的独尊地位，推许墨子、庄子、许行的思想，将其并列为"人类最高之理想"，"墨氏兼爱，庄子在宥，许行并耕，三者诚人类最高之理想，而吾国之国粹也，奈均为孔孟所不容何？"⑧

---

① 陈独秀. 今日之教育方针 [N]. 青年杂志，1915-10-15.

② 陈独秀. 孔教与宪法 [N]. 新青年，1916-11-01.

③ 唐宝林. 陈独秀全传 [M]. 北京：社会科学文献出版社，2013：149.

④ 罗检秋. 近代诸子学与文化思潮 [M]. 北京：中国社会科学出版社，1997：229.

⑤ 薛子燕，新文化运动时期（1915-1925）的价值观重建 [M]. 北京：人民出版社，2017：17.

⑥ 陈独秀. 孔子与中国 [N]. 东方杂志，1937-10-01.

⑦ 陈独秀. 孔教与宪法 [N]. 新青年，1916-11-01.

⑧ 陈独秀. 答李杰 [N]. 新青年，1917-05-01.

第七章 "九流并美"：新文化运动与陈独秀新子学话语体系的生成

陈独秀的新子学研究，有其重要的历史价值，进一步推动了晚清以来子学的复兴，推进了新子学话语体系与新学术话语体系的构建。辛亥革命以来，随着经学话语体系的动摇与解体，构建新的道德体系、价值体系、学术体系的呼声越来越强劲，曾经作为经学附庸的子学，"蔚为大观""婢作夫人"，[①]"子学朋兴"[②]成为一股不可遏制的历史潮流，20世纪20年代，在新文化运动的强劲推动下，"儒学独尊即告终结，诸子学更蔚为大观"，[③]"北平、上海各大报章杂志，皆竞谈先秦诸子"。[④]陈独秀"特别擅长把学理的表述改为大众化的口号，充分体现了他对群体心理的敏锐把握和对读者的理解"，[⑤]他的新子学研究，推动了子学的"平民化"，"'解放'诸子学，将它从贵族的殿堂'拉'向民间"[⑥]；陈独秀的新子学研究，推动了学术的科学化与新学术话语体系的构建，"两代人之间话语脐带的正式分解"[⑦]。新子学话语体系与新学术话语体系，均"提倡古人言论之有益于现代"[⑧]，在"破坏略见成效时，则不可不急急从事建设，为之模范，以安社会心理之恐怖作用"。[⑨]陈独秀的新子学研究，推动了中国学术走向自由、独立与平等。陈独秀主张"九流百家，无一非国粹"，坚决主张学术平等，"乌可一笔抹杀而独尊儒家孔子耶？"[⑩]陈独秀的新子学话语，推动了中国人的思想解放。陈独秀"假儒、道、墨之言以为讽为励"[⑪]，对现实政治与社会进行了严厉批判，"实际上借用了古代文化（如先秦诸子）

---

① 胡适. 中国哲学史大纲 [M]. 上海：商务印书馆，1919：9.

② 陈柱. 定本墨子间诂补正自叙 [N]. 学衡，1926-08.

③ 郑师渠. 思潮与学派：中国近代思想文化研究 [M]. 北京：北京师范大学出版社，2005；281.

④ 钱穆. 八十忆双亲·师友杂忆 [M]. 北京：生活·读书·新知三联书店，1998：145.

⑤ 罗志田. 道出于二：过渡时代的新旧之争 [M]. 北京：北京师范大学出版社，2014：117.

⑥ 路新生. "新""老"之争与诸子学研究的现代转型——以章太炎、胡适、梁启超的诸子学研究为例 [M]// 陈勇，谢维扬. 中国传统学术的近代转型，上海：上海人民出版社，2011：12.

⑦ 邓秉元. 新文化运动百年祭 [M]. 上海：上海人民出版社，2019：23.

⑧ 李杰. 通信 [N]. 新青年，1917-05-01.

⑨ 独秀. 三答常乃惪 [N]. 新青年，1917-03-01.

⑩ 独秀. 答佩剑青年 [N]. 新青年，1917-03-01.

⑪ 王蘧常. 子二十六论·王序 [M]// 陈柱 《诸子概论》（外一种），上海：华东师范大学出版社，2015：159.

进行文化革新，传播新的思想观念，改变旧的文化格局。"①陈独秀通过文化的启蒙，让国民觉悟到民族的复兴之路，不是仅仅追求国家的富强，或制度和体制的合理化，最重要的是追求"共和政体的灵魂"——"现代文明的核心价值"。②当然陈独秀的新子学研究也有明显的缺点，那就是"过度依傍西学"③，这是因为他"重新估定一切价值"的标准主要来自输入的西方学理，缺乏对西方学理的必要反思，这也是新文化运动的一个缺憾，是近代中国处于"尊西崇新"④时代不少学人共同的缺点。

结语

有论者谓陈独秀在新文化运动时期有一种"全盘反传统"或"整体反传统"的思想，且谓这一思想"简单而确定"，是"众所周知"的，但通观陈独秀的先秦诸子研究，这一论点并不准确。陈独秀对于老庄，赞其"薄礼""非教""民权"，批其"雌退""虚无"；对于孔子，赞其"进取""不言神怪""均无贫""实践道德"，批其"礼教""作伪""干禄"；对于墨子，赞其"兼爱""非命""节葬""制器""敢战""牺牲"，批其"尊天""明鬼"；对于阴阳家，赞其"明历象"，批其"惑世诬民"，总体上看，陈独秀对先秦诸子的态度是一分为二的，既有批判，又有继承，在继承与批判中进行中西文化的融合创新。当然，陈独秀的新子学研究的确存在"过分依傍西学"，这是因为他"重新估定一切价值"的标准主要来自输入的西方学理，缺乏对西方学理的必要反思，这也是新文化运动的一个缺憾。

---

① 罗检秋. 近代诸子学与文化思潮[M]. 北京：中国社会科学出版社，1997：237.

② 许纪霖. 两种启蒙：文明自觉，还是文化自觉[M]// 知识分子论丛，第14辑. 上海：上海人民出版社，2016：13.

③ 孙德谦. 诸子通考[M]. 长沙：岳麓书社，2013：19.

④ 罗志田. 权势转移：近代中国的思想与社会（修订版）[M]. 北京：北京师范大学出版社，2014：37.

第八章 "再造文明": 新文化运动与胡适新子学话语体系的生成

新文化运动,胡适称为"新思潮运动",期待它成为"中国的文艺复兴"。胡适是新文化运动的核心人物,他想通过"整理国故"来"再造文明",《先秦名学史》《中国哲学史大纲》是他"整理国故、再造文明"的肇端。在"实验主义"的强大影响下,胡适的学术旨趣在于寻求"移植西学"的"合适土壤",用郭沫若的话来说,就是想要在"打倒孔家店"之余,"建立墨家店"。[①] 当然"建立墨家店"只是一个形象的说法,胡适期待的是"伟大的非儒学派"(即"诸子学")的复兴,因为这个"伟大的非儒学派"中,有"现代哲学"("西方哲学")的"遥远而高度发展了的先驱",能够让中国人在这个"千年大变局"("同我们的固有文化大不相同")的"新世界"里感到"泰然自若",能够让中国学者在运用"新方法和新工具"时感到"心安理得",能够让中国文化以"最有效的方式"吸收"现代文化"("西方文化")。[②] "伟大的非儒学派"的复兴,即构建新子学话语体系,就成为胡适在新文化运动时期的中心任务。

一、为何建构

胡适构建新子学话语体系是带有强烈的"功用"目的的,胡适明言,"学问若完全抛弃了功用的标准,便会走上很荒谬的路上去,变成枉费精力的废

---

① 郭沫若. 我怎样写《青铜时代》和《十批判书》[M]// 宋洪兵. 国学与近代诸子学的兴起。桂林:广西师范大学出版社,2000:222.

② 胡适. 先秦名学史 [M]// 欧阳哲生. 胡适文集(6). 北京:北京大学出版社,2013:8,10.

物。"① 胡适构建新子学话语体系,直接而言,是要寻找移植"西方哲学和科学"的"合适土壤",免"国粹"沦亡,"捉妖""打鬼",继承发扬清季以来诸子学的成就;根本而言,胡适则想要以"学术救国""再造文明",造成中国的"文艺复兴",建设一种"中国的新哲学",融合东西两大哲学为"世界哲学"。胡适的雄心壮志不可谓不大。这种宏大的学术旨趣,使得其成为"中国哲学史的开山",其《中国哲学史大纲》成为"一部万人赞的'大著作'","风行全国和影响最大"。②

其一,寻找移植西方哲学和科学的"合适土壤"。

胡适强调构建新子学话语体系的必要性与迫切性,"非儒学派的恢复是绝对需要的",为什么?因为"在这些学派中可望找到移植西方哲学和科学最佳成果的合适土壤"③。为什么"非儒学派"可以提供"移植西方哲学和科学最佳成果的合适土壤"?胡适的判断是,西方现代哲学最重要的贡献有三点:"反对独断主义和唯理主义而强调经验""充分地发展科学的方法""用历史的或者发展的观点看真理和道德",这些"都能在公元前五、四、三世纪中那些伟大的非儒学派中找到遥远而高度发展了的先驱"④。

那为何西方哲学与科学的移植需要"合适土壤"呢?胡适的观点是"新文化"(西方文化)不能"被强加","旧文化"不能被"突然替换",中国人要在"这个骤看起来同我们固有文化大不相同的新世界里感到泰然自若",就必须"以最有效的方式吸收现代文化(西方文化),使它能同我们的固有文化(中国传统文化)相一致、协调和继续发展"。⑤胡适的理据与20世纪80年代以来的"新现代化理论"(传统与现代不是二元对立的)、"多元现代性理论"(与传统性一样,现代性也是多元的)和"发展伦理学"(发展不能以消灭传统文化为代价)是比较契合的。文化的现代化不是消灭自己的固有文化,不是被动地接受所谓的"先进文化",而是一种文化的对话、交流、包容、吸纳、嫁接、混合、消化、融合、互化。

---

① 胡适. 治学的方法与材料 [M]// 欧阳哲生. 胡适文集(4). 北京:北京大学出版社,2013:100.
② 李季. 胡适之《中国哲学史大纲》批判,"序言"[M]. 上海:神州国光社,1931:1.
③ 胡适. 先秦名学史 [M]// 欧阳哲生. 胡适文集(6). 北京:北京大学出版社,2013:9.
④ 胡适. 先秦名学史 [M]// 欧阳哲生. 胡适文集(6). 北京:北京大学出版社,2013:10.
⑤ 胡适. 先秦名学史 [M]// 欧阳哲生. 胡适文集(6). 北京:北京大学出版社,2013:8.

第八章 "再造文明": 新文化运动与胡适新子学话语体系的生成

其二,免"国粹"沦亡。

胡适构建新子学话语体系,有一种强烈的危机感、紧迫感和使命感,那就是中国的固有文化在强势的西方文化面前节节败退,有可能"沦亡","天下兴亡,匹夫有责",作为中国人,必须予以拯救。1924年1月,胡适在东南大学演讲时大声疾呼:"欲免'国粹沦亡'之祸,非整理国故,使一般青年能读不可!"①胡适分国故整理为"读本式整理""索引式整理""结账式整理""专史式整理"。胡适的《先秦名学史》《中国哲学史大纲》《墨学哲学》《墨辨新诂》《中国中古思想史长编》《中国中古思想小史》等,开创了系统整理国故的新典范,特别是《中国哲学史大纲》,成为继章太炎之后系统构建新子学话语体系的典范,对20世纪20年代的中国学术界发生了巨大的影响,"免国粹沦亡"的功效取得明显进展。

其三,"以学术救国":"捉妖""打鬼"、促中国"返老还童"。

胡适构建新子学话语体系有一个重要的假设,那就是中国固有的文化毒素太多,"是懒惰不长进的文明""最大的特色是知足""安于简陋的生活""安于愚昧""安于现成的环境与命运""不想革命,只做顺民",②要先以"破坏",才能更好建设。"破坏"的使命就是"捉妖""打鬼",严厉批判中国文化的劣根性。胡适自命为"捉妖""打鬼"的"钟馗",谓"输入新知识与新思想固是要紧,然而'打鬼'更是紧要","故纸堆"里有无数能"迷人"能"吃人"的"老鬼","我披肝沥胆地奉告人们:只为了我十分相信'烂纸堆'里有无数无数的老鬼,能吃人,能迷人,害人的厉害胜过柏斯德发现的种种病菌。只为了我自己自信,虽然不能杀菌,却颇能'捉妖''打鬼'"。③"捉妖""打鬼"是胡适"学术救国"的直接目的,让中国"返老还童"则是胡适"学术救国"的根本目的。1926年7月,胡适在北京大学演讲,提出"要以人格救国,要以学术救国""研究学术以贡献于国家"。④1935年1月12日,胡适在广西梧州

---

① 胡适. 再谈谈整理国故 [M]// 欧阳哲. 胡适文集(12). 北京:北京大学出版社,2013:78.

② 胡适. 我们对于西洋近代文明的态度 [M]// 欧阳哲生. 胡适文集(4). 北京:北京大学出版社,2013:11.

③ 胡适. 整理国故与"打鬼" [M]// 欧阳哲生. 胡适文集(4). 北京:北京大学出版社,2013:104,105.

④ 胡适. 学术救国 [M]// 欧阳哲生. 胡适文集(12). 北京:北京大学出版社,2013:402,405.

中山纪念堂演讲,希望推动"老大的中国返老还童",改革学术、提倡科学,"是返老还童最强而最有效力的药针,它能加强和充实新生命的血液"。①

其四,继承发扬清以来子学成就,特别是继承章太炎开创的新子学研究方法的合理性。

清初汉学家嫌宋儒解释儒家经书"主观的见解"太强,故不得不借用诸子之书作"参考互证的材料",由此诸子学得以发明。后来的学者(乾嘉考据学者)不断加深对诸子学的研究,对于"经书与子书,检直(简直)没有上下轻重和正道异端的的分别了"。而到了晚清时期,即胡适所谓"最近世","孙诒让、章炳麟诸君,竟都用全副精力发明诸子学。于是从前作经学附属品的诸子学,到此时代,竟成专门学。一般普通学者,崇拜子书,也往往过于儒书。岂但是'附庸蔚为大国',检直(简直)是'婢作夫人'。"②胡适认为章太炎以前的诸子学,不过是"校勘训诂的诸子学",而章太炎别创了一种"有条理有系统的诸子学"。"太炎的《原道》《原名》《明见》《原墨》《订孔》《原法》《齐物论释》,都属于贯通的一类。《原名》《明见》《齐物论释》三篇更为空前的著作。今日细看这三篇,所以能如此精到,正因太炎精于佛学,先有佛家的因明学、心理学、纯粹哲学,作为比较印证的材料,故能融会贯通,于墨翟、庄周、惠施、荀卿的学说里面,寻出一个条理系统。"③胡适认为他的《先秦名学史》《中国哲学史大纲》,则是对章太炎这种"有条理有系统的诸子学"的继承与发展。

其五,重估价值,"再造文明",造成中国"文艺复兴"。

胡适构建新子学话语体系,"带着输入西学思想和'再造文明'的终极关怀",④在胡适生活的时代,"如何在西方文化的冲击下作适当的调整,重建一套信仰、价值和技术系统","业已成为中国学术界面临的最为紧迫的问题"。⑤新文化运动的共同态度和根本意义,是"重新估定一切价值",在此基础上"再造文明"。1919年12月,胡适在《新青年》上发表《新思潮的意义》,明确指出新文化运动("新思潮运动")的"唯一目的",就是"再造文明"。⑥

---

① 胡适. 中国再生时期[M]//欧阳哲生. 胡适文集(12). 北京:北京大学出版社,2013:100,108.
② 胡适. 中国哲学史大纲(卷上,古代哲学史)[M]. 上海:商务印书馆,1919:9.
③ 胡适. 中国哲学史大纲(卷上,古代哲学史)[M]. 上海:商务印书馆,1919:30.
④ 罗检秋. 近代诸子学与文化思潮[M]. 北京:中国社会科学出版社,1998:196.
⑤ 章清. 胡适评传[M]. 南昌:百花洲文艺出版社,2014:94.
⑥ 胡适. 新思潮的意义[N]. 新青年,1919-12-01.

第八章 "再造文明"：新文化运动与胡适新子学话语体系的生成

怀着"再造文明"的使命，胡适相信中华民族作为一个曾经伟大的民族，能够在"新文明、新训练"之下再次证明是自己是一个"够格的学生"。1926年11月11日，胡适在剑桥大学演讲，"一个民族曾证明它自己能够在人生与文明的一切基本方面应付自己的问题，缓慢而稳健地求得自己的解决，也许还可以证明它在一个新文明、新训练之下不是一个不够格的学生。"①1935年1月4日，胡适在香港大学演讲，提出"中国的文艺复兴"有更广阔的涵义，要创造一种"新的人生观"，"一个中心的工夫"就是"检讨中国的文化的遗产"，"对我国的传统的成见给予重新估价，也包含一种能够增进和发展各种科学的研究的学术"。②

其六，建设"中国新哲学"。

胡适受过西方哲学的专门训练，又有中国哲学的根基，他在《中国哲学史大纲》中明确阐述了其论著旨趣是"产生一个中国的新哲学"，他明言："我们中国到了这个古学昌明的时代，不但有古书可读，又恰当西洋学术思想输入的时代，有西洋的新旧学说可供我们的参考研究。我们今日的学术思想，有这两个大源头：一方面是汉学家传给我们的古书；一方面是西洋的新旧学说。这两大潮流汇合以后，中国若不能产生一个中国的新哲学，那就真是孤负（辜负）了这个好机会了。"③

其七，融合东西哲学为"世界哲学"。

创造"中国的新哲学"是胡适写作《先秦名学史》与《中国哲学史大纲》的直接目标，但胡适并不满足于此，他着眼于融合东西两大哲学为"世界哲学"。胡适谓东方古代哲学包括印度系与中国系，西方古代哲学包括犹太系和希腊系，后来印度系加入了中国系，犹太系加入了希腊系，融合为各自的中古哲学与近世哲学。"到了今日，这（东西）两大支的哲学互相接触、互相影响。五十年后，一百年后，或竟能发生一种世界的哲学，也未可知"。④

---

① 胡适. 中国近一千年是停滞不进步吗？[M]// 欧阳哲生. 胡适文集（12）. 北京：北京大学出版社，2013：85.

② 胡适. 中国的文艺复兴[M]// 欧阳哲生. 胡适文集（12）. 北京：北京大学出版社，2013：28.

③ 胡适. 中国哲学史大纲（卷上，古代哲学史）[M]. 上海：商务印书馆，1919：9-10.

④ 胡适. 中国哲学史大纲（卷上，古代哲学史）[M]. 上海：商务印书馆，1919：5.

二、建构方法

胡适建构新子学话语体系，采用了实验主义的根本导向，"以西释中"的根本方法，综合采用哲学的方法、哲学史的方法、逻辑学的方法、新考据学的方法、比较的方法。

其一，范式转换："实验主义"、以西释中。

胡适主张"用科学的方法来做整理的工夫"[①]，这个科学的方法，主要就是实验主义。实验主义的导向，是胡适建构新子学话语体系的根本导向。什么是实验主义？1919年5月2日，胡适在江苏省教育会的演讲中指出，"实验主义"即"实际主义"，"实际主义对于真理的观念，是要养成主动的思想，去批评真理的，不是养成被动的思想，做真理的奴隶"。[②]实验主义立足于以"实际效果""合于实情"来检验真理，反对教条主义与传统主义，"勿可专被书中意思所束缚，却当估量这种意思是否有实际的效果，勿可专信仰前人的说话，却当去推求这些信条是否合于实情。"简要地说，"当从事实上求真确的知识，训练自己去利用环境的事务，养成创造的能力，去做真理的主人"。[③]在《先秦名学史》与《中国哲学史大纲》中，胡适检验先秦诸子立论的是非，根据主要是其对中国历史发展产生的实际效用，特别是对胡适生活的年代产生的得失后果。因此胡适对先秦诸子学说中蕴含的"进化论""科学""民权""革命""自由""法治""无神论""个人主义""勘天主义"等大力进行发掘表彰，特别推崇墨子的"实用主义"与"别墨"的科学态度（"实验主义"）与科学方法（逻辑学），无论是《先秦名学史》，还是《中国哲学史大纲》，对墨学倾注的心血最多，篇幅最多。胡适的《墨家哲学》《墨辨新诂》都是他厚爱墨学、推崇墨学的证明。梁启超在《评胡适之〈中国哲学史大纲〉》一文里明确道出"我和胡先生都是极崇拜墨子的人"[④]。胡适对先秦诸子学说中蕴含的"命定主义""达观主义""极端怀疑主义"（不谴是非）、"迷信"（鬼神信仰）、"专制一尊主义"（意识形态的独尊）等大张挞伐，因为这些因素导致中国人"不求物质享受的提高""不

[①] 胡适. 新思潮的意义[N]. 新青年，1919-12-01.

[②] 胡适. 谈谈实验主义[M]//欧阳哲生. 胡适文集（12）. 北京：北京大学出版社，2013：242.

[③] 胡适. 谈谈实验主义[M]//欧阳哲生. 胡适文集（12）. 北京：北京大学出版社，2013：241.

[④] 梁启超. 评胡适之《中国哲学史大纲》[M]//宋洪兵. 国学与近代诸子学的兴起. 桂林：广西师范大学出版社，2010：276.

第八章 "再造文明"：新文化运动与胡适新子学话语体系的生成

注意真理的发现与技艺器械的发明""不想征服自然，只求乐天安命""不想改革制度，只图安分守己""不想革命，只做顺民"，[①]都是中国文明"不长进"的表现，导致近代中国的落伍。

在实验主义方法论的导向下，胡适主要通过输入西方学理来"再造文明"，新文化运动的手段是"研究问题与输入学理"。为什么"研究问题"与"输入学理"要紧密结合？因为"从研究问题里面输入的学理，最容易消除平常人对于学理的抗拒力，最容易使人于不知不觉之中受学理的影响"[②]。在构建新子学话语体系时，胡适大量运用西方的理论，如生物进化论、社会进化论（历史进化论）、唯物主义、自由主义、互助主义、无政府主义、功利主义、实验主义（功用主义、实际主义）、民权主义、法治主义等。"以西释中"是胡适构建新子学话语体系的主要方法。所谓的"西"，胡适主要指的是"西方现代哲学与科学"，尤其是"西方现代哲学"。"西方哲学"是构建新子学话语体系"借鉴""借助""比较参证"的工具，"借鉴和借助于现代西方哲学去研究这些久已被忽略了的本国的学派"，"用现代哲学（西洋哲学）去重新解释中国古代哲学"[③]。"我所用的比较参证的材料，便是西洋的哲学"[④]。新子学话语体系是"借鉴和借助于现代西方哲学"对传统子学话语体系的"重新解释"。

为什么要"以西释中"？胡适的解释是：一方面，有助于加深对子学的理解，"墨子老子的书，从前有些不能懂，到了嘉庆年间算学的传入，知道里边也有算学，随后光学、力学的传入，再以后逻辑学、经济学的传入，才知道墨子里面也有光学、也有力学，以及逻辑学、经济学"[⑤]。另一方面，为先进的西学传播中国提供"合适的土壤"，有助于西方哲学与科学的本土化。"以西释中"虽然是胡适构建新子学话语体系主要的方法，但胡适并不主张单向的"以西释中"，而是主张双向的"中西互释"，"如果用（西方）现代哲学去重新解释中国古代哲学，又用中国固有的哲学去解释（西方）现代哲学，这样，也只有这样，才能使中

---

① 胡适. 我们对于西洋近代文明的态度 [M]// 欧阳哲生. 胡适文集（4）. 北京：北京大学出版社，2013：11.

② 胡适. 新思潮的意义 [N]. 新青年，1919-12-01.

③ 胡适. 先秦名学史 [M]// 欧阳哲生. 胡适文集（6）. 北京：北京大学出版社，2013：10.

④ 胡适. 中国哲学史大纲（卷上，古代哲学史）[M]. 上海：商务印书馆，1919：31.

⑤ 胡适. 治学方法 [M]// 欧阳哲生. 胡适文集（12）. 北京：北京大学出版社，2013：427.

国的哲学家和哲学研究在运用思考与研究的新方法与工具时感到心安理得"。①当然,"以中释西"方面,胡适实在有所不足。

其二,哲学的方法:寻找意义与方法。

胡适认为哲学史是一种思想史,"思想是有条理,有系统,有方法的",②"找出方法的变迁,则可得思想的线索"。③哲学的方法,是研究哲学史的根本方法,主要是寻找"人生切要的问题"的意义,哲学方法的变迁是哲学史的中心问题,"哲学是研究人生切要的问题,从意义上着想,去找一个比较可普遍适用的意义。"④哲学研究所谓的"人生切要的问题"包括:宇宙论、知识论(名学)、人生哲学(伦理学)、教育哲学、政治哲学、宗教哲学等。"欲得人生的意义,自然要研究哲学史,去参考已往的死的哲理。"⑤胡适的《先秦名学史》与《中国哲学史大纲》都是着眼于逻辑方法(知识论)的变迁研究,梁启超谓胡适《中国哲学史大纲》"全从'知识论'方面下手"⑥,这个说法是准确的,胡适的确是从逻辑方法的角度来阐述诸子的宇宙论、人生哲学、教育哲学、政治哲学、宗教哲学。梁启超高度评价胡适在知识论研究方面是"石破天惊的伟论"⑦。

其三,哲学史的方法:明变、求因、评判。

胡适是中国哲学史的开山,是近代新子学话语体系的主要创始者,首创了研究中国哲学史的一整套方法,也是胡适构建新子学话语体系的主要方法,包括"明变""求因"与"评判"。胡适谓"明变"为"哲学史的第一要务",

---

① 胡适. 先秦名学史[M]// 欧阳哲生. 胡适文集(6). 北京:北京大学出版社,2013:10.

② 胡适. 思想的方法[M]// 欧阳哲生. 胡适文集(12). 北京:北京大学出版社,2013:255.

③ 胡适. 中国哲学的线索[M]// 欧阳哲生. 胡适文集(12). 北京:北京大学出版社,2013:246.

④ 胡适. 哲学与人生[M]// 欧阳哲生. 胡适文集(12). 北京:北京大学出版社,2013:247.

⑤ 胡适. 哲学与人生[M]// 欧阳哲生. 胡适文集(12). 北京:北京大学出版社,2013:249.

⑥ 梁启超. 评胡适之《中国哲学史大纲》[M]// 宋洪兵. 国学与近代诸子学的兴起. 桂林:广西师范大学出版社,2010:267.

⑦ 梁启超. 评胡适之《中国哲学史大纲》[M]// 宋洪兵. 国学与近代诸子学的兴起. 桂林:广西师范大学出版社,2010:271.

第八章 "再造文明"：新文化运动与胡适新子学话语体系的生成

在于"使学者知道古今思想沿革变迁的根本线索"。[①]"明变"是历史研究的根本方法，也是人文社会科学研究的基本方法，"我们无论研究什么东西，就须从历史方面着手。要研究文学和哲学，就得先研究文学史和哲学史。"[②]"求因"是"哲学史的目的"，"不但要指出哲学思想沿革变迁的线索，还须要寻出这些沿革变迁的原因"。[③]"评判"是新文化运动的核心要义，"新思潮（新文化运动）的精神是一种评判的态度。"[④]"评判"即"重新估定一切价值"，"既知思想的变迁和所以变迁的原因了，哲学史的责任还没有完，还须要使学者知道各家学说的价值"。[⑤]胡适建构新子学话语体系，"恰恰在于新的'义理之学'，即把诸子纳入西学框架，以西方思想进行新的评判和阐发"。[⑥]

其四，逻辑学的方法：系统性。

胡适从逻辑方法的高度提出学术研究的系统性问题，批评"古代的学术思想向来没有条理，没有头绪，没有系统"，研究国故的任务就是，"从乱七八糟里面寻出一个条理脉络来；从无头无脑里面寻出一个前因后果来；从胡说谬解里面寻出一个真意义来；从武断迷信里面寻出一个真价值来"。[⑦]1921年7月，胡适在东南大学的演讲中指出系统性方法的重要性，"我们研究无论什么书籍，都宜要寻出它底脉络，研究它的系统"，"要从从前没有系统的文学、哲学、政治里边，以客观的态度，去寻出系统来的"。[⑧]

其五，新考据学的方法：审定史料与整理史料。

胡适构建新子学话语体系特别强调方法的"精密"，"用精密的方法，考出古文化的真相"。[⑨]胡适所谓"精密的方法"，主要是新考据学的方法，"考一物，立一说，究一字，全要有证据，就是考证，也可以说是证据，必须有证据，

---

① 胡适. 中国哲学史大纲（卷上，古代哲学史）[M]. 上海：商务印书馆，1919：3.
② 胡适. 研究国故的方法 [M]// 欧阳哲生. 胡适文集（12）. 北京：北京大学出版社，2013：77.
③ 胡适. 中国哲学史大纲（卷上，古代哲学史）[M]. 上海：商务印书馆，1919：3.
④ 胡适. 新思潮的意义 [N]. 新青年，1919-12-01.
⑤ 胡适. 中国哲学史大纲（卷上，古代哲学史）[M]. 上海：商务印书馆，1919：4.
⑥ 罗检秋. 近代诸子学与文化思潮 [M]. 北京：中国社会科学出版社，1998：193.
⑦ 胡适. 新思潮的意义 [N]. 新青年，1919-12-01.
⑧ 胡适. 研究国故的方法 [M]// 欧阳哲生. 胡适文集（12）. 北京：北京大学出版社，2013：77.
⑨ 胡适. 整理国故与"打鬼" [M]// 欧阳哲生. 胡适文集（4）. 北京：北京大学出版社，2013：105.

然后才可以相信。"① 胡适的新考据学虽然是对传统考据学的继承，如文字学、训诂学、音韵学、校勘学、版本学、目录学、考据学等，但又有所不同，其审定史料的方法更注重"思想线索"，其整理史料的方法更注重"贯通"，"胡适对考据学的重视，以及长期从事一些考据研究，主要不是由于清代汉学的'遗传'，而是提倡、示范一种'科学方法'。"②

胡适审定史料的方法包括：史事、思想、文字、文体、旁证等。胡适认为"审定史料乃是史学家第一步根本功夫"，因为"西洋近百年来史学大进步，大半都由于审定史料的方法更严密了"。③胡适批判当时的学者不该不经审定就把"伪书"作为史料，胡适所谓的"伪书"包括《管子》《列子》《鬻子》《晏子春秋》《鹖冠子》等。胡适特别批评谢无量的《中国哲学史》高谈所谓"邃古哲学"，而且以《列子·天瑞篇》关于"太易""太初""太始"的一段文献和《淮南子》关于"有始者、有未始有有始者"的一段文献，作为"邃古哲学"的史料。

胡适整理史料的方法包括：校勘、训诂、贯通。胡适认为，"校勘是书的本子上的整理，训诂是书的字义上的整理；没有校勘，我们定读误书；没有训诂，我们便不能懂得书的真意义。"④在校勘、训诂的基础上需要追求"贯通"，"贯通便是把每一部书的内容要旨融会贯串，寻出一个脉络条例，演成一家有头绪有条例的学说。"⑤校勘训诂与贯通二者不可偏废。胡适谓汉儒与清儒只讲校勘训诂，流弊在于"支离破碎"；而宋儒只注重贯通，流弊在于"空疏"与"臆说"。相对而言，胡适更注重"贯通"的功夫，这是新考据学不同于传统考据学的显著特点。胡适自谓撰写《中国哲学史大纲》的"最大奢望"，"在于把各家的哲学融会贯通，要使他们各成有头绪条例的学说。"⑥

其六，比较的方法。

比较是胡适构建新子学话语体系的一种极为重要的方法。胡适通过比较的方法以显示诸子哲学方法论及其思想的异同点，既有诸子思想的系统比较，如老子与孔子比较、孔子与孔子后学的比较、杨朱与老子的比较、墨子与孔子比较、

---

① 胡适. 考证学方法之来历[M]// 欧阳哲生. 胡适文集（12）. 北京：北京大学出版社，2013：93.

② 罗检秋. 近代诸子学与文化思潮[M]. 北京：中国社会科学出版社，1998：195.

③ 胡适. 中国哲学史大纲（卷上，古代哲学史）[M]. 上海：商务印书馆，1919：19.

④ 胡适. 中国哲学史大纲（卷上，古代哲学史）[M]. 上海：商务印书馆，1919：29-30.

⑤ 胡适. 中国哲学史大纲（卷上，古代哲学史）[M]. 上海：商务印书馆，1919：30.

⑥ 胡适. 中国哲学史大纲（卷上，古代哲学史）[M]. 上海：商务印书馆，1919：31.

墨子与"别墨"的比较、孟子与荀子比较、庄子与墨子的比较;也有学派比较,如儒家与墨家的比较、儒家与道家比较、墨家与道家比较;也有专题比较,如诸子天道观的比较、"名学"的比较、"进化论"的比较、"法治"意识的比较、政治哲学的比较、人生哲学的教育、教育哲学的比较等。在比较中凸显了老子(哲学之祖)的"极端放任主义"与"极端破坏主义"、孔子(名学之祖)的"变易"哲学与"正名主义"、杨朱的"无名主义""纯粹的个人主义""自然主义""乐利主义"、墨子的"应用主义""功利主义""非攻主义"与"苦行救世""别墨"的"实验主义"与"乐利主义"、孟子的"民权意识"与"乐利主义"、庄子("守旧党的祖师")的"出世主义""安命主义""极端的怀疑主义""极端的守旧主义"、惠施的"极端的兼爱主义"、荀子的"勘天主义""人为主义""极端短见的功用主义"、慎到的"纯粹的法治主义"、许行的"激烈的无政府主义""互助的无政府主义"、陈仲的"极端的个人主义"、韩非子的"极信历史进化""极端的功用主义"。比较的方法能够充分显示诸子学的共性与个性。

三、特点

胡适构建的新子学话语体系,在新文化运动时期基本形成,以后有所修正(对老子、孔子、庄子、荀子的认识有所变化),有所发展(对诸子的认识在不断深化)。大体看来,在方法论上,注重实验主义(应用主义)的方法,注重知识论(逻辑方法论)的分析,注重系统的研究("贯通"的方法),注重扼要的手段("截断众流"),具有辩证的思维;在现代性理念上,注重运用进化论、自由、科学、民主、法治等理念;在学术态度与精神方面,注重评判的态度("重新估定一切价值"),疑古的态度,历史的观念("明变""求因"),平等的眼光(不再推尊经学与儒家);在新子学话语体系的内容结构上,尊老("革命")、非孔(不问"为什么")、杨墨("应用主义")、批庄("极端怀疑主义")。

其一,注重实验主义的方法,注重逻辑方法论的分析。

胡适撰写《中国哲学史大纲》,实验主义("实用主义")方法论一以贯之。实验主义方法论就是注重"寻求各家学说的效果影响,再用这种种影响效果来批评各家学说的价值"[1]。胡适"将实用主义和中国考据学的传统融合起来"[2]。

胡适构建新子学话语体系特别注重逻辑方法论的分析,胡适谓"哲学是受它的方法制约的,也就是说,哲学的发展是决定于逻辑方法的发展的",因此

---

[1] 胡适. 中国哲学史大纲(卷上,古代哲学史)[M]. 上海:商务印书馆,1919:33.
[2] 章清. 胡适评传[M]. 南昌:百花洲文艺出版社,2014:9.

他"很着意于找寻方法论","深感哲学的发展受到逻辑方法的制约影响"。[①] 各家各派的逻辑方法论的分析是重点,胡适自谓"我这本书的特别立场是要抓住每一位哲人或每一个学派的'名学方法'(逻辑方法,即是知识思考的方法),认为这是哲学史的中心问题",[②] 而墨家的逻辑方法论是胡适最为推崇的,因此"无论是《先秦名学史》,还是《中国哲学史大纲》(卷上),墨家逻辑都是其最主要内容,所占篇幅首屈一指"[③]。

其二,具有辩证的思维,注重系统的研究,注重扼要的手段。

胡适构建新子学话语体系具有辩证的思维,既看到老子的"自然主义""极端放任主义"的"革命性"价值,也看到老子的"极端破坏主义"的危害;既看到孔子的"气象阔大"与"变易"思维,也看到孔子的"正名主义"与伦理主义的局限性;既看到墨学"兼爱""平等""科学"的合理性,也看到墨学的宗教性与极端功用性;既看到墨家名学的系统性,也指出了墨学名学缺乏发达的法式;既看到杨朱的"为我主义"与"无名主义"的合理性,也看到了杨朱的悲观主义与厌世主义的局限性;既看到孟子"尊重民权""平等主义""乐利主义"的合理性,也看到孟子攻杨墨的局限性;既看到庄子生物进化论的合理性,也指出庄子"极端怀疑主义"的危害性;既看到荀子"勘天主义""法后王""人为主义"的合理性,也批评其不具有"思物而物之"且反对历史进化论的局限性;既看到韩非"历史进化"与"法治主义"的合理性,也批评韩非"极端功用主义"与"专制的一尊主义"的危害性。

胡适构建新子学话语体系注重系统的研究,《中国哲学史大纲》主要从方法论的角度对先秦诸子的哲学方法、政治哲学、人生哲学、科技哲学、教育哲学等思想做了详尽分析,以知识论一以贯之,各家各派相互比较,非常具有系统性。梁启超从系统性角度称赞《中国哲学史大纲》:"胡先生转从时代的蜕变,理会出学术的系统,这是本书中的一大特色。"[④]

蔡元培在为胡适《中国哲学史大纲》所作的序言中,高度评价其"扼要的手段","中国民族的哲学思想远在老子孔子之前,是无可疑的。但要从此等

---

① 胡适. 先秦名学史 [M]// 欧阳哲生. 胡适文集(6). 北京:北京大学出版社,2013:5.

② 胡适.《中国古代哲学史》台北版自记 [M]// 欧阳哲生. 胡适文集(6). 北京:北京大学出版社,2013:143.

③ 罗检秋. 近代诸子学与文化思潮 [M]. 北京:中国社会科学出版社,1998:183.

④ 梁启超. 评胡适之《中国哲学史大纲》[M]// 宋洪兵. 国学与近代诸子学的兴起. 桂林:广西师范大学出版社,2010:267.

第八章 "再造文明"：新文化运动与胡适新子学话语体系的生成

一半神话、一半政史的记载中，抽出纯粹的哲学思想，编成系统，不是穷年累月，不能成功的。适之先生认定所讲的是中国古代哲学家的思想发达史，不是中国民族的哲学思想发达史，所以截断众流，从老子孔子讲起。这是何等手段！"[①] 其实，胡适"扼要的手段"不仅表现在从哲学之祖老子开端，而且表现在其抓住了逻辑方法（知识论）这个中心，故能够条分缕析，剥茧抽丝。

其三，运用进化论、自由、科学、民主、法治的理念。

胡适在构建新子学话语体系时，极为重视现代性理念的运用。他运用的现代性理念主要包括：进化论、自由、科学、民主、法治的理念。根据"进化论"理念，在诸子百家之中，胡适对庄子（生物进化论）、荀子（征服天行）、韩非子（历史进化论）评价最高，"列子、庄子时代的科学理想比孔子时代更进步了"，"列子、庄子的进化论，较之孔子更近科学的性质"；[②]"荀子的'天论'，不但要人不与天争职，不但要人能与天地参，还要人征服天行以为人用。"[③] 根据"自由"（放任主义）理念，在诸子百家之中，对老子评价最高；根据"科学"（实验主义）理念，在诸子百家之中，对墨家评价最高，"墨子时代的科学家，很晓得形学、力学、光学的道理，并且能用凸面凹面镜子试验。"[④] 根据"民主"理念，在诸子百家之中，对孟子评价最高；根据"法治"理念，在诸子百家之中，对慎到评价最高；根据"革命"（破坏主义）理念，在诸子百家之中，对老子与邓析评价最高。

其四，评判的精神、疑古的态度、历史的观念、平等的眼光。

新文化运动的"根本意义"只是一种"新态度"，即"评判的态度"，"简单地说，只是凡事要重新分别一个好与不好"，"评判的态度是新思潮运动的共同精神"。新文化运动对于旧文化的态度是，"反对盲从，是反对调和"。[⑤] 胡适在构建新子学话语体系时，以实验主义为根本方法，以西方现代性理念为基本学理，以知识论为核心，对诸子学进行了新的估定与解释。

---

① 蔡元培. 中国古代哲学史大纲序[M]// 胡适. 中国哲学史大纲（卷上，古代哲学史）. 上海：商务印书馆，1919：2.

② 胡适. 先秦诸子之进化论（改定稿）[M]// 宋洪兵. 国学与近代诸子学的兴起. 桂林：广西师范大学出版社，2000：89.

③ 胡适. 中国哲学史大纲（卷上，古代哲学史）[M]. 上海：商务印书馆，1919：310.

④ 胡适. 先秦诸子之进化论（改定稿）[M]// 宋洪兵. 国学与近代诸子学的兴起. 桂林：广西师范大学出版社，2000：89.

⑤ 胡适. 新思潮的意义[N]. 新青年，1919-12-01.

胡适对传统文化"反对盲从",故有"疑古的态度",强调"学者读古书,总须存一个怀疑的念头,不要作古人的奴隶"。①胡适判断:"四部书里边的经、史、子三种,大多是不可靠的。我们总要有疑古的态度才好!"②在新文化运动时期,胡适"重在破坏方面提出疑古"③,在《中国哲学史大纲》中,除了《诗经》以外,胡适对东周以前的古书与历史都不相信。先秦诸子之书,胡适判断"差不多没有一部是完全可靠的","大概《老子》里假的最少。《孟子》或是全真、或是全假。依我看来,大约是真的","《墨子》《荀子》两部书里,很多后人杂凑伪造的文字。《庄子》一书大概十分之八九是假造的。《韩非子》也只有十分之一二可靠。此外,如《管子》《列子》《晏子春秋》诸书,是后人杂凑成的。《关尹子》《鹖冠子》《商君书》是后人伪造的。《邓析子》也是假书。《尹文子》似乎是真书,但不无后人加入的材料。《公孙龙子》有真有假,又多错误。"④

胡适研究建构新子学话语体系时,强调要有"历史的观念",他关于"历史的观念"大体上有三个维度:其一,一切古书都是"历史","旧书,可当彼做历史看","一切旧书——古书——都是史也"。⑤胡适所谓"历史"其实指的是"历史书写"或"史料";其二,要有历史进化的观念,探讨历史变迁的脉络(胡适称为"明变"),寻找历史的因果联系(胡适称为"求因"),历史书写才有系统性(胡适称为"贯通");其三,历史书写并不可靠,需要怀疑的眼光与考据的态度(胡适称为"疑古")。

平等的眼光,是章太炎以来构建新子学话语体系的一个重要观念。所谓"平等的眼光",就是把儒家重新归入先秦诸子,不再推崇所谓"经学","对于老子以后的诸子,各有各的长度,各有各的短处,都还他一个本来面目,是很平等的。"⑥用胡适自己的话来说,就是消灭"儒教",消灭"经学",恢复"儒学",儒教"已经死了。它是自杀死的,可不是由于错误的冲动,而是由于一种努力,

---

① 胡适. 中国哲学史大纲(卷上,古代哲学史)[M]. 上海:商务印书馆,1919:306.

② 胡适. 研究国故的方法[M]//欧阳哲生. 胡适文集(12). 北京:北京大学出版社,2013:76.

③ 胡适. 再谈谈整理国故[M]//欧阳哲生. 胡适文集(12). 北京:北京大学出版社,2013:78.

④ 胡适. 中国哲学史大纲(卷上,古代哲学史)[M]. 上海:商务印书馆,1919:12-13.

⑤ 胡适. 研究国故的方法[M]//欧阳哲生. 胡适文集(12). 北京:北京大学出版社,2013:75.

⑥ 蔡元培. 中国古代哲学史大纲序[M]//胡适. 中国哲学史大纲(卷上,古代哲学史). 上海:商务印书馆,1919:3.

第八章 "再造文明"：新文化运动与胡适新子学话语体系的生成

想要抛弃自己一切逾分的特权，想要抛弃后人加到那些开创者们的经典上去的一切伪说和改窜"①。

其五，"非孔"。

新文化运动时期，胡适确实显示出一种强烈的"非孔"意识，②时人看得很清楚。"胡氏之好诋孔子与章（太炎）同"，③"胡氏之书，杨墨而非老孔"，④这在《先秦名学史》与《中国哲学史大纲》中特别明显。在知识论与哲学方法论上，批评孔子只问"是什么"，不问"为什么"。"儒墨两家根本上不同之处，在于两家哲学方法不同，在于两家的'逻辑'不同"；⑤在正名问题上，批评孔子偏重"虚名"；在道德问题上，批评孔子是个动机派；在历史书写上，批评孔子不去追求历史的真相；在法治问题上，批评孔子与儒家缺乏"法治"观念；在平等问题上，批评孔子和儒家"没有'法律之下，人人平等'的观念"⑥；在学习方法上，批评孔子只会教人读书。当然，胡适也不是一味"非孔"，他也承认孔子"真是一个气象阔大的人物"。⑦但是，1934年胡适《说儒》已经高度表彰孔子为"刚毅进取""能负荷全人类担子"的"积极的新儒"。⑧

其六，"杨墨"。

新文化运动时期，胡适信奉"实验主义"，故对具有"应用主义"与"实验主义"色彩的墨家高度推崇，在各方面对墨家进行表彰。在救国救民方面，胡适表彰"墨子是个极热心救世的人"，"是个实行非攻主义的救世家"。⑨在社会理想方面，胡适表彰墨子具有"极端大同主义"的理想，"墨子说的'利'，不是自私自利的'利'，是'最大多数的最大幸福'，这是'兼爱'的真义，

---

① 胡适. 儒教的使命 [M]// 欧阳哲生. 胡适文集（12）. 北京：北京大学出版社，2013：261.

② 章清. 胡适评传 [M]. 南昌：百花洲文艺出版社，2014：121.

③ 柳翼谋. 论近人讲诸子之学者之失 [M]// 宋洪兵. 国学与近代诸子学的兴起. 桂林：广西师范大学出版社，2000：236.

④ 柳诒徵. 评陆懋德《周秦哲学史》[M]// 宋洪兵. 国学与近代诸子学的兴起. 桂林：广西师范大学出版社，2000：293.

⑤ 胡适. 中国哲学史大纲（卷上，古代哲学史）[M]. 上海：商务印书馆，1919：152.

⑥ 胡适. 中国哲学史大纲（卷上，古代哲学史）[M]. 上海：商务印书馆，1919：375.

⑦ 胡适. 中国哲学史大纲（卷上，古代哲学史）[M]. 上海：商务印书馆，1919：143.

⑧ 胡适. 说儒 [M]// 中国思想史. 上海：华东师范大学出版社，2014：54.

⑨ 胡适. 中国哲学史大纲（卷上，古代哲学史）[M]. 上海：商务印书馆，1919：148，149.

也便是'非攻'的本义。"①墨子的"兼爱主义"是一种"平等主义"，是"平等主义的第一步"，"反对种种家族制度和贵族政治"。②在哲学方法论方面，胡适表彰"古代哲学的方法论，莫如墨家的完密"，"无论那一派的哲学，都受到这种方法论的影响"。③墨子哲学的根本方法在于他的"应用主义"，又可以叫做"实利主义"，"墨子在哲学史上的重要，只在于他的应用主义"，④"墨子处处要问一个为什么"，"墨子以为无论何种事物、制度、学说、观念，都有一个'为什么'。换言之，事事物物都有一个用途"。⑤墨子的"三表法"注重"百姓耳目之实"，"这种注重耳目的经验，便是科学的根本"，⑥因为"科学家最重经验"⑦。当然胡适也指出墨家"最大的流弊在于把'用'字解得太狭了。往往有许多事的用处或在几百年后，始可看出；或者虽用在现在，他的真用处不在表面上，却在骨子里"。⑧胡适强烈批评墨子的"非乐"。在"名"与"实"的关系方面，胡适表彰墨家对"名"与"实"的关系解释得最详细最清楚。在"法治"观念方面，胡适表彰墨家"法"的观念发挥得最明白。

四、影响

胡适新子学话语体系的构建，以西方哲学和科学为参照（特别是以"实验主义"为统领），以《中国哲学史大纲》为主要文本，以一系列新子学研究（如《先秦名学史》《先秦诸子进化论》《诸子不出于王官论》《墨家哲学》《读〈吕氏春秋〉》《淮南王书》《〈墨子·小取篇〉新诂》《说儒》《中国中古思想史长编》《中国中古思想小史》等）为基础，影响深远。特别是《中国哲学史大纲》影响极为深远，后来梁启超的《国学小史》《先秦政治思想史》、冯友兰的《中国哲学史》、梁漱溟的《东西文化及其哲学》、李季的《胡适〈中

---

① 胡适. 中国哲学史大纲（卷上，古代哲学史）[M]. 上海：商务印书馆，1919：169.
② 胡适. 中国哲学史大纲（卷上，古代哲学史）[M]. 上海：商务印书馆，1919：172.
③ 胡适. 中国哲学史大纲（卷上，古代哲学史）[M]. 上海：商务印书馆，1919：226.
④ 胡适. 中国哲学史大纲（卷上，古代哲学史）[M]. 上海：商务印书馆，1919：174.
⑤ 胡适. 中国哲学史大纲（卷上，古代哲学史）[M]. 上海：商务印书馆，1919：154，155.
⑥ 胡适. 中国哲学史大纲（卷上，古代哲学史）[M]. 上海：商务印书馆，1919：164.
⑦ 胡适. 中国哲学史大纲（卷上，古代哲学史）[M]. 上海：商务印书馆，1919：196.
⑧ 胡适. 中国哲学史大纲（卷上，古代哲学史）[M]. 上海：商务印书馆，1919：162-163.

第八章 "再造文明":新文化运动与胡适新子学话语体系的生成

国哲学史大纲〉批判》、吕思勉的《先秦学术概论》等,都不同程度地受到胡适的影响。1919年5月3日,胡适在《再版自序》中言:"一部哲学的书,在这个时代,居然能于两个月之内再版,这是我自己不曾梦想到的事"。[①]到1922年已经出到第八版。1935年1月4日,胡适在香港大学演讲,很自豪地回顾:"我年前出版的《中国哲学史大纲》,就是用白话写成的。当时的出版人问我是不是五百本就够了呢。后来费了几许唇舌,他才肯印一千本。谁知第一版在两星期内售清,第二版也在两个月也卖个精光,自此后,几年的销路都不坏。"[②]《中国哲学史大纲》"在当时的学术界乃至整个文化界有很大的影响",[③]此后各种版本的《中国哲学史》《中国思想史》,乃至《中国文化史》,无不受到胡适的影响。

其一,奠定以逻辑方法为中心的哲学研究与书写范式,推动"中国哲学"话语体系形成。

胡适对于自己的《中国哲学史大纲》的开创性影响十分自豪:"我自信,中国治哲学史,我是开山的人","这一部书的功用能使中国哲学史变色。以后无论国内国外研究这一门学问的人都躲不过这一部书的影响。凡不能用这种方法和态度的,我可以断言,休想站得住"。[④]胡适这段话虽然不免有"夸大狂"的嫌疑,但确实道出了他对哲学研究新范式形成的重大影响。他是"第一个受过系统西方哲学熏陶而又能读懂中国古代典籍之人",[⑤]胡适推出中国哲学研究的新范式是高度自觉的,他早在写作博士论文《先秦名学史》时,就已期许该书成为"向西方介绍古代中国各伟大学派的第一本书"。[⑥]他写作《中国哲学史大纲》的时候,同样期许自己成为以西法(逻辑方法)治中国哲学之第一人。

[①] 胡适.《中国古代哲学史》再版自序[M]//欧阳哲生.胡适文集(6).北京:北京大学出版社,2013:141.

[②] 胡适.中国的文艺复兴[M]//欧阳哲生.胡适文集(12).北京:北京大学出版社,2013:30.

[③] 王法周.《中国哲学史大纲》导论[M]//胡适.中国哲学史大纲.北京:商务印书馆,2011:361.

[④] 胡适.整理国故与"打鬼"[M]//欧阳哲生.胡适文集(4).北京:北京大学出版社,2013:105.

[⑤] 罗志田.再造文明之梦:胡适传(修订本)[M].北京:社会科学文献出版社,2015:193.

[⑥] 胡适.先秦名学史[M]//载欧阳哲生.胡适文集(12).北京:北京大学出版社,2013:10.

胡适自谓"我这本哲学史在这个基本立场（知识论）上，在当时颇有开山的作用"①。他自谓的"开山作用"得到当时与后世学者的一致认同。当时蔡元培就指出胡适具有治西洋哲学史的经验，在治中国哲学史时，可以采用新的形式，让中国哲学史具有系统性与扼要性。冯友兰肯定了胡适的哲学研究新范式把我们从"毫无边际的经典注疏的大海之中"拯救出来。②王法周谓《中国哲学史大纲》"是第一本用现代哲学方法系统研究中国哲学的书，是中国哲学史的开山之作"，"标志中国哲学史学科体系的建立"。③罗志田还指出，"胡适的哲学史所起的开风气的作用还不止中国，罗素就认为胡适那本英文的《先秦名学史》对西方汉学界也起着典范转移的作用。"④胡适的新子学话语体系构建，"不仅把诸子学说纳入了西方哲学史框架，而且渗透着丰富的西方哲学思想"。⑤

其二，奠定新的史学研究与书写范式，推动了"科学史学"与"疑古史学"的发展。

胡适期许自己、也希望史学家能够"充分采用科学方法，把那几千年的烂账算清楚了，报告出来"⑥。胡适开创的史学研究新范式，对民国史学的发展也产生了"革命"性影响。周予同在《五十年来中国之新史学》中，高度评价《中国哲学史大纲》对中国现代史学发展的"开山"作用，"使中国史学完全脱离经学的羁绊而独立"，余英时也认为胡适《中国哲学史大纲》树立了一套崭新的"史学典范"⑦。王法周谓《中国哲学史大纲》把现代哲学方法、清代考据学方法与实证史学方法三者结合，"堪称是现代实证史学的奠基之作"⑧。胡适之所以能够建立"史学革命"的"典范"，是因为其"所提供的并不是个

---

① 胡适．《中国古代哲学史》台北版自记[M]//欧阳哲生．胡适文集（6）．北京：北京大学出版社，2013：144.

② 章清．胡适评传[M]．南昌：百花洲文艺出版社，2014：88.

③ 王法周．《中国哲学史大纲》导论[M]//胡适．中国哲学史大纲．北京：商务印书馆，2011：361，367.

④ 罗志田．再造文明之梦：胡适传（修订本）[M]．北京：社会科学文献出版社，2015：193.

⑤ 罗检秋．近代诸子学与文化思潮[M]．北京：中国社会科学出版社，1998：194.

⑥ 胡适．整理国故与"打鬼"[M]//欧阳哲生．胡适文集（4）．北京：北京大学出版社，2013：104.

⑦ 章清．胡适评传[M]．南昌：百花洲文艺出版社，2014：89.

⑧ 王法周．《中国哲学史大纲》导论[M]//胡适．中国哲学史大纲．北京：商务印书馆，2011：368.

第八章 "再造文明"：新文化运动与胡适新子学话语体系的生成

别的观点，而是一整套关于国故整理的信仰、价值和技术系统"。① 胡适开创的"史学典范"对近代"科学史学"，尤其是"疑古史学"的发展有巨大的影响，"无论是文体的考证还是思想的辨析，甚至还包括其他学者讨论《老子》问题采用的方法，事实上都是胡适本人在《中国哲学史大纲》一书中大加渲染的审定史料的方法。"②

其三，开创以"科学"为导向、以西释中、以中释西、中西融合为基本方法的新学术研究范式。

胡适的《中国哲学史大纲》是"以西学系统为框架和西方思想方法为指针，而又贯通的开拓之作"③，"西方近代的多元思想和中国学术传统在胡适身上'里应外合'的双重便利，新典范的建立终于在他的手中得到成功"④。胡适的新研究范式，不仅对哲学界、史学界产生了巨大影响，而且对整个学术界产生了巨大影响，考古学、语言学、文学、社会学、政治学、经济学，甚至自然科学，无不受到胡适以"实验主义"的方法论为核心的新研究范式的影响。"在中国现代学术思想史上具有'开创性、革命性'的意义，是中国传统学术向现代学术转移过程中的'全新的典范'。"⑤《中国哲学史大纲》"一经出版就给当时的学术界以破旧立新的空前冲击，胡适不仅牢牢确立了其在中国学术界的地位，并且他在展开学术事业时的中情怔忡也一扫而空"。⑥

其四，激发新子学研究热，形成新子学话语体系，推动新子学繁荣。

胡适新子学话语体系的构建"提供了一整套关于国故整理的信仰、价值和技术系统"，与当时中国学术界建立"全新典范"的需求相契合。⑦《诸子不出于王官论》《中国哲学史大纲》是胡适对子学的"巨大冲击"，"胡适是近代诸子学承前启后的人物"，"诸子学一直是胡适的学术中心之一"。⑧ 胡适

---

① 罗志田. 再造文明之梦：胡适传（修订本）[M]. 北京：社会科学文献出版社，2015：186.

② 章清. 胡适评传[M]. 南昌：百花洲文艺出版社，2014：172.

③ 罗检秋. 近代诸子学与文化思潮[M]. 北京：中国社会科学出版社，1998：180.

④ 罗志田. 再造文明之梦：胡适传（修订本）[M]. 北京：社会科学文献出版社，2015：187.

⑤ 王法周.《中国哲学史大纲》导论[M]// 胡适. 中国哲学史大纲. 北京：商务印书馆，2011：361.

⑥ 章清. 胡适评传[M]. 南昌：百花洲文艺出版社，2014：90.

⑦ 章清. 胡适评传[M]. 南昌：百花洲文艺出版社，2014：96.

⑧ 罗检秋. 近代诸子学与文化思潮[M]. 北京：中国社会科学出版社，1998：177.

新子学是"近代诸子学发展的里程碑"①,"继承了清学传统,又汲取了西学,更鲜明地体现了中西融合的特征"②。胡适的墨学研究、老学研究、儒学研究、杨朱学研究、淮南学研究在新子学话语体系的建设中都发挥了重要影响,对当时的子学界发挥了重要的影响,其墨学研究的影响尤为深刻。

其五,激发墨学研究热,尤其是《墨辨》研究热。

胡适的墨学研究,对于推进近代墨学发展、推动新墨学话语体系的构建,无疑产生了重大影响,"他的著作发表后,墨学研究成为热点。墨学讨论逐渐深入,墨学著作纷纷出现。即以梁启超而言,就出版了《墨经校释》《墨子学案》等书,明显受到胡适研究的推动。"③

五、合理性

胡适新子学话语体系构建的影响之所以如此巨大,就是因为其对于当时社会而言,具有传承性、批判性与创新性,其传承性继承了清代子学与清季新子学的合理研究成果,其批判性推动了新文化运动的发展,其创造性影响了此后中国学术的发展,这些合理性适合近代社会与学术的发展需求。

就其传承性而言,胡适继承了康有为、章太炎、梁启超的新子学研究成就,从先秦诸子思想之中发掘出当时社会所需要的"进化论""科学""自由""人权""民主""平等""法治""革命"等现代性因素,适合新文化运动的需求,大大推动了新文化运动的进展,对近代中国的思想启蒙发挥了引领作用。

其一,继承了康有为、章太炎、梁启超的新子学研究成就。

胡适对康有为的继承主要表现在:对其诸子"托古改制"、诸子学术"平等"和"以西释中"方法论的继承。但康有为并没有开创有条理的系统的新子学话语体系,胡适对章太炎奠基的新子学话语体系极为认同,认为章太炎在训诂考据的子学之外,别创了一种有条理、有系统、有裁断的新子学话语体系。章太炎的新子学话语体系把西学与佛学结合起来,用于诠释子学,这对胡适的启发很大。胡适《中国哲学史大纲》的许多观点,尤其是关于诸子部分的阐述,"来自章太炎治诸子学的启发,且很大程度是承旧过于创新"。④虽然"诸子不出于王官论"对着章太炎,但胡适新子学话语体系构建中的很多观点无疑受

---

① 罗检秋. 近代诸子学与文化思潮 [M]. 北京:中国社会科学出版社,1998:180.
② 罗检秋. 近代诸子学与文化思潮 [M]. 北京:中国社会科学出版社,1998:192.
③ 罗检秋. 近代诸子学与文化思潮 [M]. 北京:中国社会科学出版社,1998:185.
④ 章清. 胡适评传 [M]. 南昌:百花洲文艺出版社,2014:96.

第八章 "再造文明"：新文化运动与胡适新子学话语体系的生成

到章太炎的深刻影响，特别是关于儒学、墨学与名学的研究。梁启超的新墨学对胡适也发生了重要影响。梁启超在《新民丛报》上发表的《子墨子学说》与《墨子之论理学》，激发了胡适对墨学的浓厚兴趣。胡适的《先秦名学史》《中国哲学史大纲》《墨家哲学》有关墨学的部分，可视为对梁启超墨学研究的一个回应。新文化运动期间，胡适与梁启超在墨学研究方面有不少对话，梁启超的《墨子学案》《墨经校释》，亦可视为对胡适墨学研究的一个回应。胡适新子学话语体系的构建可以说是集康有为、章太炎、梁启超之大成。

其二，发掘诸子"进化论"思想。

西方"进化论"，特别是其社会进化论，存在着消极因素，但其在近代中国传播所产生的影响可谓之大，极大地激发了国人奋起抗争的动力。胡适在新文化运动期间对西方进化论不遗余力地传播，无疑是为了振奋国人的抗争精神，而其致力于研究先秦诸子进化论，则无疑是在寻找西方进化论传播的"合适土壤"。就思想史而言，有其历史的合理性，胡适著有《先秦诸子进化论》，先后有两个版本，一个是1917年1月《科学》第三卷第一期的版本，一个是1917年7月《留美学生季报》秋季第三号的版本。两个版本有一定的差异，特别是关于荀子的部分，后一个版本的改动很大。胡适自谓"全行改作"。他认为老子、孔子、墨子、列子、庄子、惠施、公孙龙、荀子、韩非、李斯等均具有进化论思想。老子是"自然进化论"的创始人，"打破了'天地好生'、上帝'作之君作之师'种种迷信"。[①] 谓"孔子以为万物起于简易而演为天下之至赜，又说刚柔相推而生变化，这便是孔子的进化论"；"到了墨子以后，便有许多人研究'生物进化'的一个问题。《天下篇》所记惠施、公孙龙的哲学里面，有'卵有毛''犬可以为羊''丁子有尾'诸条，都可为证"。关于生物进化的学说，"最详细最重要的却在《列子》《庄子》两部书里面"。[②] 胡适认为《列子》中的"有形者生于无形""自生自化""大小智力而相制"具有明显的生物进化的思想。特别是"大小智力而相制"，"更合近世生物学家所说优胜劣汰、适者生存的话"。[③] 胡适也认为《庄子》书中"万物皆种也，以不同形相禅"更是显著的生物进化思想，"竟是一篇'物种由来'"。[④] 胡适高度评价列子、

---

① 胡适. 先秦诸子之进化论（改定稿）[M]// 宋洪兵. 国学与近代诸子学的兴起. 桂林：广西师范大学出版社，2000：89.

② 胡适. 中国哲学史大纲（卷上，古代哲学史）[M]. 上海：商务印书馆，1919：256.

③ 胡适. 中国哲学史大纲（卷上，古代哲学史）[M]. 上海：商务印书馆，1919：259.

④ 胡适. 中国哲学史大纲（卷上，古代哲学史）[M]. 上海：商务印书馆，1919：260.

庄子的生物进化论，"较之孔子更近科学的性质"。①陈柱则认同道家有"历史进化论"思想。②当然，胡适也指出了先秦诸子进化论的缺陷，那就是陷入"极端宿命论"，"只认得被动的适合，却不去理会那更重要的自动的适合"。③在社会进化论上，陷入"循环论"与"宿命论"。"当我们一想到近代思想家如黑格尔、斯宾塞和柏格森的进化论也是以自然进程的决定论和自动论为基础时，那么对于我国古代这种进化论和极端宿命论的结合、混合便不会觉得惊奇。"④先秦诸子之中的韩非子的确具有历史进化论思想，其他思想家是否具有进化论思想还值得进一步推敲。至于《列子》与《庄子》书中的生物进化论思想，胡适到了晚年已经明确否认了，《列子》被胡适视为"伪书"，认为不足信；《庄子》则被胡适重新认定是循环论，而非进化论。

其三，发掘诸子"科学"性因素。

近代中国，"科学"被认为是西方"富强"的关键性因素之一，让国人树立"科学"理念是近代启蒙运动的梦想。胡适同样痴迷于"科学"，致力于"科学"理念、"科学"态度、"科学"方法的传播，而先秦诸子中移植西方"科学"的"合适土壤"无疑是墨家，尤其是胡适所谓的"别墨"（《墨辨》的作者），即所谓"哲学和科学的墨学"，胡适誉之为具有"真正科学的精神"。胡适在《墨辨》中发掘出名学（逻辑学）、光学、算学、形学（几何学）、力学、心理学、人生哲学、政治学、经济学等"科学"性因素。他高度评价"别墨"的历史地位："中国古代的哲学莫盛于'别墨'时代。看《墨辨》诸篇，所载的界说，可想见当时科学方法和科学问题的范围。无论当时所造诣的深浅如何，只看那些人所用的方法和所研究的范围，便可推想这一支学派，若继续研究下去，有人继长增高，应该可以发生很高深的科学和一种'科学的哲学'。"⑤墨家名学的方法，"不但可为论辩之用，实有科学的精神，可算得'科学的方法'"，"墨家论知识，注重经验，注重推论。看《墨辨》中论光学和力学的诸条，可见墨家学者真能

---

① 胡适. 先秦诸子之进化论（改定稿）[M]// 宋洪兵. 国学与近代诸子学的兴起. 桂林：广西师范大学出版社，2000：89.

② 陈柱. 子二十六论 [M]// 诸子概论（外一种）. 上海：华东师范大学出版社，2015：211.

③ 胡适. 中国哲学史大纲（卷上，古代哲学史）[M]. 上海：商务印书馆，1919：265.

④ 胡适. 先秦名学史 [M]// 欧阳哲生. 胡适文集（6）. 北京：北京大学出版社，2013：103.

⑤ 胡适. 中国哲学史大纲（卷上，古代哲学史）[M]. 上海：商务印书馆，1919：389.

第八章 "再造文明": 新文化运动与胡适新子学话语体系的生成

作许多实地试验。这是真正科学的精神"。① 虽然"墨家的名学前后的历史大概至多不出二百年,二千年来久成绝学",但是"墨家的名学在世界的名学史上,应该占据一个重要的位置"。② 胡适把欧洲的逻辑学、印度的因明学与中国的墨家名学并推为世界三大逻辑学体系,这是对梁启超新墨学话语体系的继承与发展。

其四,发掘诸子"自由""人权""民主""平等""法治"因素。

"自由""人权""民主""平等""法治"是西方启蒙运动的核心价值观,也是近代国人追求的核心价值观。胡适为了让这些核心价值观能够在中国存活,致力于从先秦诸子中发掘这些理念。自由主义思想主要从老子、孔子、孟子等诸子思想中发掘,老子是重点,胡适视老子为世界自由主义的鼻祖,"中国思想的先锋老子与孔子,也可以说是自由主义者",③"老子孔子打开了自由思想的空气",④ 老子的自由主义既是经济自由主义,也是政治自由主义,是一种"极端的放任主义","老子理想中的政治是极端的放任主义,要使功成事遂,百姓还以为全是自然应该如此,不说是君主之功"。⑤ 孟子则具有政治自由主义思想,"孟子的政治思想可以说是全世界自由主义的最早的一个倡导者"。⑥ 胡适认为西方"个人主义"的"合适土壤"是杨朱哲学,认定杨朱具有"纯粹的个人主义(为我主义)"思想,提倡的是一种"很健全的个人主义",⑦"杨朱的为我主义,并不是损人利己。他一面贵'存我',一面又贱'侵物'。一面说'损一毫利天下不与也',一面又说'悉天下奉一身不取也'。他只要'人人不损一毫,人人不利天下'"。⑧ 杨朱的"个人主义",在政治上体现为"爱利主义",

---

① 胡适. 中国哲学史大纲(卷上,古代哲学史)[M]. 上海: 商务印书馆,1919: 226.
② 胡适. 中国哲学史大纲(卷上,古代哲学史)[M]. 上海: 商务印书馆,1919: 224.
③ 胡适. 中国文化里的自由传统[M]//欧阳哲生. 胡适文集(12). 北京: 北京大学出版社,2013: 617.
④ 胡适. 自由主义[M]//欧阳哲生. 胡适文集(12). 北京: 北京大学出版社,2013: 734.
⑤ 胡适. 中国哲学史大纲(卷上,古代哲学史)[M]. 上海: 商务印书馆,1919: 53.
⑥ 胡适. 自由主义[M]//欧阳哲生. 胡适文集(12). 北京: 北京大学出版社,2013: 734-735.
⑦ 胡适. 读《吕氏春秋》[M]//欧阳哲生. 胡适文集(4). 北京: 北京大学出版社,2013: 179.
⑧ 胡适. 中国哲学史大纲(卷上,古代哲学史)[M]. 上海: 商务印书馆,1919: 180.

而非"无政府主义"。① 胡适认为墨子"平等主义"最强,墨子反对等级制度,反对贵族政治,主张平等主义。"墨子的'兼爱'主义直攻儒家的亲亲主义,这是平等观念的第一步"②。胡适认为后来孟子的平等主义,就受到墨子的影响。孟子"尊重个人,尊重百姓过于君主,还要使百姓享受乐利"③,孟子反对的"利"只是自私自利的"利",其主张的"仁义"其实是"最大多数的最大乐利"。④ 孟子主张"民为贵,社稷次之,君为轻""君之视民如土芥,则臣视君如寇仇",胡适认为"孟子的政治哲学很带有民权的意味"⑤。孟子有一种平等主义思想,如"圣人与我同类""尧舜与人同耳""彼丈夫也,我丈夫也,吾何畏彼哉"等,孟子的平等主义主要指的是"人格平等",不是"人的才智德行"的平等。⑥ 胡适分析,孟子的政治哲学与孔子有根本的不同,是"受了杨墨两家的影响"⑦。中国的"法治主义"源于老子的"无为而治"、孔子的"正名主义"、墨子的"平等主义"、慎到的"客观主义"、法家的"责效主义","中国古代的法理学,乃是儒墨道三家哲学的结果",⑧ "法的观念是战国末期方才发生的",⑨ 慎到的"法治主义"是"纯粹的法治主义",胡适认为慎到最明"法治"的精义,确立了法的"客观性"与"标准性",法治要做到"最正确、最公道、最可靠","中国法治主义的第一个目的只要免去专制的人治"。胡适批判"儒家虽也有讲到'法'字的,但总脱不了人治的观念",只有"慎到的法治主义,首先要去掉'建己之患,用知之累',这才是纯粹的法治主义"。⑩

其五,发掘诸子"革命"性因素。

"革命"是近代中国的核心诉求,"革命"观念是西方文化与中国传统文化的混合。狭义的"革命"指的是"社会革命"(社会形态的变化),如"资

---

① 胡适. 读《吕氏春秋》[M]// 欧阳哲生. 胡适文集(4). 北京:北京大学出版社,2013:183.

② 胡适. 中国哲学史大纲(卷上,古代哲学史)[M]. 上海:商务印书馆,1919:375.

③ 胡适. 中国哲学史大纲(卷上,古代哲学史)[M]. 上海:商务印书馆,1919:300.

④ 胡适. 中国哲学史大纲(卷上,古代哲学史)[M]. 上海:商务印书馆,1919:302.

⑤ 胡适. 中国哲学史大纲(卷上,古代哲学史)[M]. 上海:商务印书馆,1919:297.

⑥ 胡适. 中国哲学史大纲(卷上,古代哲学史)[M]. 上海:商务印书馆,1919:297.

⑦ 胡适. 中国哲学史大纲(卷上,古代哲学史)[M]. 上海:商务印书馆,1919:300.

⑧ 胡适. 中国哲学史大纲(卷上,古代哲学史)[M]. 上海:商务印书馆,1919:351.

⑨ 胡适. 中国哲学史大纲(卷上,古代哲学史)[M]. 上海:商务印书馆,1919:370.

⑩ 胡适. 中国哲学史大纲(卷上,古代哲学史)[M]. 上海:商务印书馆,1919:344-345.

第八章 "再造文明"：新文化运动与胡适新子学话语体系的生成

产阶级革命""无产阶级革命"；广义的"革命"则包括"政治革命""工业革命""文化革命""科技革命"等极为宽泛的领域。对于当时的中国，胡适的诉求是"思想革命""道德革命""学术革命""文化革命"等，其着眼于在先秦诸子思想之中寻找"思想革命"的因素，结果发现老子是个"革命家"，《中国哲学史大纲》专辟有"革命家之老子"一节，胡适谓老子是"最激烈的破坏派"，有很"激烈的议论""'大逆不道'的'邪说'"，[1]如"民不畏死""民之轻死""损不足以奉有余"等，是对"那个时代的反动"，提出一种"革命的政治哲学"，有一种"极端的破坏主义"心态，主张"无为主义"，是批评那个时代的政府"不配有为"。[2]胡适在新文化运动时期，视老子的"极端破坏主义"为"革命"，"老子一派对于社会上无论什么政治、法律、宗教、道德，都不要了，都要推翻他，取消他"，"老子根本上不满意当时的社会、政治、伦理、道德"。[3]因为老子"攻击旧文化，攻击当时的政治制度"，胡适的结论是，"老子是旧思想的革命家、过激党"。[4]陈柱亦认同"道家贵革命"[5]。胡适又谓邓析也是一个"革命家"，"除了老子，便该算邓析"，[6]而且邓析是一个比老子更加"激烈"的"革命家"，有"激烈的政治思想"，如"天于人无厚也，君于民无厚也"。[7]因为"邓析比老子更激烈，致招杀身之祸，没有书籍流传后世"。胡适分析孔子也具有一定的"革命"性，孔子"承认自然主义的天道观，他说：'天何言哉，四时行焉，百物生焉，天何言哉'"，结论是"仍然是偏向革命党"。[8]

基于对现实的激烈批判，胡适对先秦诸子思想的研究具有强烈的批判性，主要表现在对"极端的怀疑主义""极端的功用主义""专制的一尊主义""方式派的迷信"的批判，要求"祛"儒家之"魅"，"祛"旧价值观之"魅"，"解

---

[1] 胡适. 中国哲学史大纲（卷上，古代哲学史）[M]. 上海：商务印书馆，1919：72.

[2] 胡适. 中国哲学史大纲（卷上，古代哲学史）[M]. 上海：商务印书馆，1919：50，51.

[3] 胡适. 中国哲学的线索[M]//欧阳哲生. 胡适文集（12）. 北京：北京大学出版社，2013：243.

[4] 胡适. 从历史上看哲学是什么[M]//欧阳哲生. 胡适文集（12），北京：北京大学出版社，2013：252.

[5] 陈柱，子二十八论[M]//诸子概论（外一种）. 上海：华东师范大学出版社，2015：214.

[6] 胡适. 中国哲学史大纲（卷上，古代哲学史）[M]. 上海：商务印书馆，1919：73.

[7] 胡适. 中国哲学史大纲（卷上，古代哲学史）[M]. 上海：商务印书馆，1919：74.

[8] 胡适. 从历史上看哲学是什么[M]//欧阳哲生. 胡适文集（12），北京：北京大学出版社，2013：252.

放人心"。

其一，具有自觉的"启蒙意识"，发挥了"解放人心"的"革命性"作用。

胡适明确表示整理国故的目的和功用是"化黑暗为光明，化神奇为腐臭，化玄妙为平常，化神圣为凡庸"，"可以解放人心，可以保护人们不受鬼怪迷惑"。①胡适特别强调新子学话语体系建设的目的是为了"让儒学回到它本来的地位"，让儒学成为子学的一部分，二者完全平等，让西学与子学融合，从而再造中国文明，"中国哲学的将来，有赖于从儒学的道德伦理和理性的枷锁中得到解放"。儒学"本来的地位"是什么？胡适的回答是，"儒学曾经只是盛行于古代中国的许多敌对的学派中的一派"，因此，"不把它看作精神的、道德的、哲学的权威的唯一源泉，而只是在灿烂的哲学群星中的一颗明星"，"中国哲学的未来，似乎大有赖于那些伟大的哲学学派（"非儒学派"）的恢复"。②

其二，对"极端的怀疑主义"的批判。

所谓"极端的怀疑主义"，学界又称为"反智主义"，即否定知识的作用。胡适以知识进化论、学术进化论、社会进化论为评判武器，认为以庄子的"齐物论"为代表的"极端怀疑主义的名学"，对于以"别墨"为代表的"中性的、科学的名学"是一个"根本打击"。"极端怀疑主义的名学"，"不认真理为可知，不认是非为可辨"，主张"无知无欲""莫之是，莫之非""不遣是非"，使得"认真理为可知，认是非为可辨"的"信仰知识的精神"受到压制。"后人以'不遣是非'为高尚，如何还有研究真理的科学与哲学呢？"③胡适的评判是，庄子的"出世主义""达观主义"与"极端怀疑主义"，最终成为"极端的守旧主义"，"实在是社会进步和学术进步的大阻力"。④

其三，对"狭义的功用主义"（"极端的功用主义"）的批判。

所谓"功用主义"，胡适又称为"实验主义""实际主义"，就是注重功用与成效。"功用主义"是对"怀疑主义"的"反动"，"极端功用主义"则是对"极端怀疑主义"的"反动"。胡适高度评价墨子与"别墨"的"应用主义"与"实验主义"（当然胡适对于墨子的"非乐"，也认为是一种"极端的功用主义"），但对荀子、韩非（比荀子更激烈、更偏狭）一派的"功用主义"严厉抨击，称为"狭

---

① 胡适. 整理国故与"打鬼"[M]// 欧阳哲生. 胡适文集（4）. 北京：北京大学出版社，2013：105.

② 胡适. 先秦名学史[M]// 欧阳哲生. 胡适文集（6）. 北京：北京大学出版社，2013：9.

③ 胡适. 中国哲学史大纲（卷上，古代哲学史）[M]. 上海：商务印书馆，1919：390.

④ 胡适. 中国哲学史大纲（卷上，古代哲学史）[M]. 上海：商务印书馆，1919：279.

第八章 "再造文明"：新文化运动与胡适新子学话语体系的生成

义的功用主义""短见的功用主义"，"乃是科学与哲学思想发达的最大阻力"。①为什么？胡适的分析是，科学家与哲学家"要能够超出眼前的速效小利，方才能够从根本上著力，打下高深学问的基础，预备将来更大更广的应用"②，而荀子、韩非一派的"功用主义"把"功用"两字解作"富国强兵立刻见效的功用"，导致"一切'坚白无厚之辞'同一切'上智之论、微妙之言'都是没有用的，都是应该禁止的"。③最令胡适气愤的是，荀子、韩非一派的"功用主义"，以"有益于理""无益于理"为标准，竟然公开"攻击当时的科学家与哲学家"，对"难知"与"博文"发起了全面攻击。④

其四，对"专制的一尊主义"的批判。

"专制的一尊主义"的核心要义是，思想文化领域的"别黑白而定一尊"。以荀子、韩非、李斯为代表，主张"以圣王之制为法""以圣王为师"，以法令为"最贵者""最适者"，"言行而不轨于法令者必禁"，胡适严厉批判法家在意识形态领域的"专制主义""一尊主义"，胡适抨之为"科学的封门政策"，是"哲学的自杀政策"，认为荀子的"故学也者，固学止之也"，是"古学灭亡的死刑宣言书"。⑤胡适强调，"哲学的发达全靠'异端'群起，百川竞流"。⑥

其五，对"方士派的迷信"的批判。

先秦诸子哲学的一大特色，"就是几乎完全没有神话的迷信"，⑦但因为中国有几千年宗教迷信的根基，因此在民间与国家的层面都不容易根除。而且战国时期产生了一种特殊的新环境，造成了"方士派的迷信"，胡适分析这种新的社会环境是，民族的混合使得新民族的许多"富有理想的神话"输入中国文明，航海事业的发达使得沿海地区关于海外的种种神话得以传入中国，兵连祸结、民不聊生使得"出世主义"与"厌世主义"的观念不断发展。胡适认为，当时墨家的"明鬼尊天主义"、儒家的"丧礼祭礼"、阴阳家的"阴阳五行之说"、民间的"仙人迷信"，"炼仙药求长生之说"这五种迷信混合成为一种"方

---

① 胡适. 中国哲学史大纲（卷上，古代哲学史）[M]. 上海：商务印书馆，1919：392-393.
② 胡适. 中国哲学史大纲（卷上，古代哲学史）[M]. 上海：商务印书馆，1919：393.
③ 胡适. 中国哲学史大纲（卷上，古代哲学史）[M]. 上海：商务印书馆，1919：392.
④ 胡适. 中国哲学史大纲（卷上，古代哲学史）[M]. 上海：商务印书馆，1919：391.
⑤ 胡适. 中国哲学史大纲（卷上，古代哲学史）[M]. 上海：商务印书馆，1919：394.
⑥ 胡适. 中国哲学史大纲（卷上，古代哲学史）[M]. 上海：商务印书馆，1919：395.
⑦ 胡适. 中国哲学史大纲（卷上，古代哲学史）[M]. 上海：商务印书馆，1919：395.

士的宗教"。

胡适新子学话语体系建设的开创性贡献很大,具有显著的创新性。其创新性成果,大体包括"诸子不出于王官"论、老子"哲学始祖"说、"别墨"("科学的墨学")说、先秦法家名家道家"不存在"说、先秦诸子"中绝"说、中国文化"早熟"说等。这些创新性成果在当时很有影响,有的为近代学界主流所认同,如"别墨"("科学的墨学""后期墨家")说;有的为当今学界主流所认同,如老子"哲学始祖"说;有的在当时激起了学界的激烈争论,如"诸子不出于王官"论、先秦诸子"中绝"说;有的至今在学界还有争议,如先秦法家名家道家"不存在"说、中国文化"早熟"说。

其一,"诸子不出于王官"论。

诸子百家的起源究竟是起源于社会巨变,还是学术裂变,这是近代以来争议不休的话题,章太炎接续《七略》《汉书·艺文志》的说法,认同"诸子出于王官"论;胡适则接续《淮南子·要略》的说法,提出"诸子不出于王官"论,批评章太炎的说法,认为"诸子之学皆起于救世之弊,应时而兴"。胡适的主要观点是,"诸子自老聃、孔丘至于韩非,皆忧世之乱而思有以拯济之,故其学者皆应时而生,与王官无涉","诸子之学皆春秋、战国之时势世变所产生。其一家之兴,无非应时而起"。[1]其理论依据是"学术之兴皆本于世变之所急"[2],逻辑依据是"九流无出于王官之理也"[3],历史依据是"刘歆以前之论周末诸子学派者,皆无此说也"[4],实践依据是"《艺文志》所分九流,乃汉儒陋说,未得诸家派别之实也"[5]。

胡适的"诸子不出于王官"论一经提出,在学术界立即掀起了轩然大波,回应的学者很多,一些学者表示赞同,如伍非百谓"九流不尽出于王官,强为此传,

---

[1] 胡适. 诸子不出于王官论[M]// 欧阳哲生. 胡适文集(2). 北京:北京大学出版社,2013:167,170.

[2] 胡适. 诸子不出于王官论[M]// 欧阳哲生. 胡适文集(2). 北京:北京大学出版社,2013:167.

[3] 胡适. 诸子不出于王官论[M]// 欧阳哲生. 胡适文集(2). 北京:北京大学出版社,2013:167.

[4] 胡适. 诸子不出于王官论[M]// 欧阳哲生. 胡适文集(2). 北京:北京大学出版社,2013:166.

[5] 胡适. 诸子不出于王官论[M]// 欧阳哲生. 胡适文集(2). 北京:北京大学出版社,2013:168.

第八章 "再造文明":新文化运动与胡适新子学话语体系的生成

已自迂谬,而墨出清庙,尤为偏颇"①;一些学者有所保留,如梁启超、冯友兰等;一些学者明确表示反对,如吕思勉、柳翼谋等。总结保留与反对的意见,大体包括以下几个方面。

胡适把诸子百家的"把思想来源抹杀得太过了"。"不免觉得老子、孔子是'从天上掉下来'"。②胡适《中国哲学史大纲》有言:"'大凡一种学说,决不是劈空从天上掉下来的。'如王官绝无学术,则诸子之学前无所承,恰是劈空从天上掉下来的"。③

胡适对《汉书·艺文志》的批评有些偏激。胡适撰《诸子不出于王官论》,"极诋《汉志》之诬,未免一偏矣",假如诸子之学,"前无所承,周秦之际,时势虽亟,何能发生如此高深之学术。且何解于诸子之学各明一义,而其根本仍复相同邪"。④刘歆之说"大体是不错的,我们不能整个的承认,也无须如胡适之先生那样的完全否认"。⑤

胡适对"诸子出于王官论"的理解有误。胡适言"'若谓九流皆出于王官,则成周小吏之圣知,定远过于孔丘、墨翟。'这是胡氏误会。我们说诸子之学滥觞于王官,是因王官保存着许多学术底资料,不是说成周王官之小吏个个都是学者,九流底开祖都是王官小吏的徒子徒孙"。⑥

胡适对"王官"本身的理解有误。胡适"论王官,直同欧洲中世纪教会黑暗残酷之状,不知其何所据而云然"。⑦胡适之"病源","实由于不肯归美

---

① 伍非白. 墨子大义述 [M]. 济南:山东文艺出版社,2018:11.
② 梁启超. 评胡适之《中国哲学史大纲》[M]//宋洪兵. 国学与近代诸子学的兴起. 桂林:广西师范大学出版社,2010:267.
③ 蒋伯潜. 诸子学纂要·绪论 [M]//宋洪兵. 国学与近代诸子学的兴起. 桂林:广西师范大学出版社,2000:354.
④ 吕思勉. 论读子之法 [M]//宋洪兵. 国学与近代诸子学的兴起. 桂林:广西师范大学出版社,2000:211.
⑤ 冯友兰. 先秦诸子之起源 [M]//宋洪兵. 国学与近代诸子学的兴起. 桂林:广西师范大学出版社,2000:318.
⑥ 蒋伯潜. 诸子学纂要·绪论 [M]//宋洪兵. 国学与近代诸子学的兴起. 桂林:广西师范大学出版社,2000:354.
⑦ 柳翼谋. 论近人讲诸子之学者之失 [M]//宋洪兵. 国学与近代诸子学的兴起. 桂林:广西师范大学出版社,2000:235.

于古代帝王官吏，一若称述其事，即等于歌功颂德的官书"。①

胡适对史料的搜集不全面。《庄子·天下篇》曰"古之道术有在于是者"，"某某闻其风而说之"，"是诸子之学各有原本，初非仅以忧世之乱应时而生也"。②胡适讲诸子学，"只知春秋时代之时势，为产生诸家学派之原因，不知有其他之原因。若合《庄子·天下篇》《淮南子·要略》、刘歆《七略》观之，则诸子之学出于古代圣哲者为正因，而激发于当日之时势者为副因"。③

从以上种种批评理据来看，胡适的确有些偏激，"社会巨变"固然是重要原因，"学术裂变"亦有内在理路，不能仅仅看到"社会巨变"。但胡适的"诸子不出于王官"论在挑战传统的"诸子出于王官"论方面，亦不失为一种值得重视的说法，二者可以互相补充。因此"诸子不出于王官"论的确是胡适新子学话语体系构建的一大创新。

其二，老子"哲学始祖"说。

胡适在老子问题上有系列创新，其中最重要的创新之处，就是反复论证老子为中国哲学之祖，同时也提出老子为中国思想之祖、中国自由主义之祖、世界自由主义之祖，从而成为民国时期"老子早出"说的著名代表，与主流的"老子晚出"说形成反复的交锋。胡适谓"老子若单有一种革命的政治学说，也还算不得根本上的解决，也还算不得哲学。老子观察政治社会的状态，从根本上著想，要求一个根本的解决，遂为中国哲学的始祖"。④同时，胡适谓老子为"古代思想的第一位大师老子"⑤，"老子孔子打开了自由思想的空气"⑥。胡适作为"勇于疑古的急先锋"，在当时被梁启超批评为"对这位'老太爷'的年代"

---

① 柳翼谋. 论近人讲诸子之学者之失 [M]// 宋洪兵. 国学与近代诸子学的兴起. 桂林：广西师范大学出版社，2000：242.

② 柳翼谋. 论近人讲诸子之学者之失 [M]// 宋洪兵. 国学与近代诸子学的兴起. 桂林：广西师范大学出版社，2000：237.

③ 柳翼谋. 论近人讲诸子之学者之失 [M]// 宋洪兵. 国学与近代诸子学的兴起. 桂林：广西师范大学出版社，2000：242.

④ 胡适. 中国哲学史大纲（卷上，古代哲学史）[M]. 上海：商务印书馆，1919：54.

⑤ 胡适. 自由主义 [M]// 欧阳哲生. 胡适文集（12）. 北京：北京大学出版社，2013：734.

⑥ 胡适. 自由主义 [M]// 欧阳哲生. 胡适文集（12）. 北京：北京大学出版社，2013：734.

第八章 "再造文明"：新文化运动与胡适新子学话语体系的生成

竟然没有怀疑，是严重的疑古不足。①但随着20世纪70年代马王堆汉墓帛书两种《老子》与20世纪90年代郭店楚简三种《老子》的发现，胡适的"老子早出"说又重新成为主流。

胡适根据其"思想线索"法，论证"老子早出"说的根本依据是，"老子是最先发现'道'的人"，"老子的最大功劳，在于超出天地万物之外，别假设一个'道'"。②老子第一个提出"自然""无为"的天道观念，"打破了天帝的迷信，从此以后，这种天道的观念遂成中国'自然哲学'的中心观念"。③胡适还指出，"中国古代哲学的一个重要问题，就是名实之争。老子是最初提出这个问题的人。"④胡适论证"老子早出"说的重要依据还包括，孔学深受老学影响，"孔子大概受了老子的影响，故他说万物变化完全是自然的、唯物的，不是唯神的"；"孔子受老子的影响，最明显的证据，如《论语》极推崇'无为而治'，又如'或曰：以德报怨'，亦是老子的学说"。⑤胡适与梁启超、冯友兰、钱穆、顾颉刚等"老子晚出"论者展开了激战，"我并不否认'《老子》晚出'之论的可能性。但我始终觉得梁任公、冯芝生与（钱穆）先生诸人之论证无一使我心服。若有充分的证据使我心服，我决不坚持《老子》早出之说。"⑥

其三，"别墨"说。

"别墨"说是胡适新墨学话语体系的一个重要观点，胡适把《墨辨》六篇（《经》上下、《经说》上下、《大取》《小取》）的作者归之为"别墨"（"新墨""后期墨家"），认为这六篇与墨子无关，墨子属于"宗教的墨学"，这六篇是"科学的墨学"，所以绝不是墨子所为。胡适判断："若不是惠施、公孙龙作的，一定是他们同时的人作的。"⑦胡适盛赞"别墨"为"科学的墨学"，谓"中国古代的哲学莫盛于'别墨'时代"⑧，《墨辨》六篇为"中国古代名

---

① 梁启超. 评胡适之《中国哲学史大纲》[M]// 宋洪兵. 国学与近代诸子学的兴起. 桂林：广西师范大学出版社，2010：271.

② 胡适. 中国哲学史大纲（卷上，古代哲学史）[M]. 上海：商务印书馆，1919：56，57.

③ 胡适. 中国哲学史大纲（卷上，古代哲学史）[M]. 上海：商务印书馆，1919：395.

④ 胡适. 中国哲学史大纲（卷上，古代哲学史）[M]. 上海：商务印书馆，1919：59.

⑤ 胡适. 中国哲学史大纲（卷上，古代哲学史）[M]. 上海：商务印书馆，1919：79.

⑥ 胡适. 与钱穆先生论《老子》问题书[M]// 宋洪兵. 国学与近代诸子学的兴起. 桂林：广西师范大学出版社，2000：334.

⑦ 胡适. 中国哲学史大纲（卷上，古代哲学史）[M]. 上海：商务印书馆，1919：187.

⑧ 胡适. 中国哲学史大纲（卷上，古代哲学史）[M]. 上海：商务印书馆，1919：389.

学最重要的书"①,是墨家"知识论"的代表,"知识论起于老子孔子,到'别墨'始有精密的知识论",②是"中国古代第一奇书,里面除了论'知'、论'辨'的许多材料之外,还有无数有价值的材料"。③"别墨"有"实验主义"("应用主义")的方法论和"乐利主义"的价值论。"'别墨'的乐利主义,并不是自私自利,乃是一种为天下的乐利主义。"④胡适"别墨"论在民国墨学界影响很大,"世人乃大共尊信之",⑤冯友兰《中国哲学史》论墨学分为前后期,明显受到胡适的影响。

　　胡适的"别墨"论明显是针对梁启超的《墨子之论理学》,因为梁启超一开始把《墨辨》六篇完全视为墨子自著,梁启超的回应是,胡适"把《墨经》从墨子手上剥夺了,全部送给惠施、公孙龙,我有点替墨子抱不平"⑥。梁启超在《墨子学案》中的回应是,"《经上》《经下》,是墨子自作,容有后人增补","《经说》(上下)是《经》的解说,大概有些是墨子亲说,有些是后来的墨家的申说,今不能分别了",《大取》《小取》两篇"像是很晚辈的墨家做的,或者和惠施、公孙龙等有关系,也未可知"。⑦梁启超的回应既修正了自己的一些看法,吸收了胡适的一些说法,又坚持了自己的一些意见,虽然与胡适仍然不一致,不过梁启超还是把昔日的"墨子论理学"修正为"墨家论理学"。民国时期著名的墨学专家方授楚在《墨学源流》中,既不赞成梁启超的说法,也不认同胡适的说法,而是认为"谓墨子自著固非,谓乃(惠)施(公孙)龙一派所分为,则亦失当","此六篇盖均为墨家后学所著"。⑧民国时期另一著名墨学专家陈柱则认为"《经》上下两篇当为墨子所自著。故诸篇不称经,而独此称经",明确表示支持梁启超的说法,谓"梁氏之言,比胡氏为允,明矣"。⑨今日墨学研究的主流并不认同胡适的"别墨"论,反而更加认同梁启超的说法,认为胡适对墨学有误解。审视胡适与梁启超的核心依据《庄子·天下篇》的说法,

---

① 胡适. 中国哲学史大纲(卷上,古代哲学史)[M]. 上海:商务印书馆,1919:187.
② 胡适. 中国哲学史大纲(卷上,古代哲学史)[M]. 上海:商务印书馆,1919:191.
③ 胡适. 中国哲学史大纲(卷上,古代哲学史)[M]. 上海:商务印书馆,1919:223.
④ 胡适. 中国哲学史大纲(卷上,古代哲学史)[M]. 上海:商务印书馆,1919:199.
⑤ 陈柱. 历代墨学述评[M]//墨学十论. 上海:华东师范大学出版社,2015:207.
⑥ 梁启超. 评胡适之《中国哲学史大纲》[M]//宋洪兵. 国学与近代诸子学的兴起. 桂林:广西师范大学出版社,2010:275.
⑦ 梁启超. 墨子学案[M]. 上海:商务印书馆,1921:79.
⑧ 方授楚. 墨学源流[M]. 上海:中华书局,1937:43.
⑨ 陈柱. 墨学十论[M]. 上海:华东师范大学出版社,2015:33.

第八章 "再造文明"：新文化运动与胡适新子学话语体系的生成

胡适的核心依据是"相谓'别墨'"，梁启超的核心依据是"俱颂《墨经》"，我们可以发现，梁启超的立论更有道理：其一，墨学并不能绝然划分出"宗教的墨学"与"科学的墨学"，胡适的划分仅仅属于一种推测；其二，胡适对《庄子·天下篇》"相谓'别墨'"的理解有误，其理解是"他们自己相称为'别墨'"，"犹言'新墨'"，①但这句话真正的涵义是，墨家后学相互指责对方不是墨家的嫡系，而认为只有自己才属于墨家正宗。方授楚认为墨家后学"俱颂《墨经》"，即等于《墨经》为墨学后学所著亦属于推测，"俱颂《墨经》"应该是恰恰表明《墨经》为墨子所自著，不然无以解释纪律严明的墨者团体何以会如此。

其四，先秦法家名家道家"不存在"说。

胡适认为先秦诸子大体可分为儒、墨两大体系（胡适的核心依据是《韩非子·显学篇》），而道家、名家、法家之名是不存在的，其学派也是不存在的。只有"那极端倾向个人主义的杨朱可以算是自成一派"。②其他先秦诸子（老子、庄子、慎到、田骈、邹衍、宋钘、尹文、惠施、公孙龙等）"都应该归在儒、墨两大系之下"。③老子、邹衍、"燕齐方士"都被胡适归入儒家，而宋钘、尹文、惠施、公孙龙等都被胡适归入墨家。

胡适判断道家之名在先秦不存在，"'道家'一个名词不见于先秦古书中"，④"秦以前没有道家之名"，⑤道家之名始于黄老道家，"道家即是战国晚年新起来的黄老之学的别名"，⑥而黄老道家在先秦为杂家。"老子、庄子一班人都是色彩鲜明的思想家，他们何尝有'道家'之名"，"杂家是道家的前身，道家是杂家的新名。汉以前的道家可叫做杂家，秦以后的杂家应叫做道家"。⑦所谓"杂家"，其实就是黄老道家，胡适认为到了黄老道家时代，才有了道家之名。"道家虽然兼收并蓄，毕竟有个中心思想，那便是老子一脉下来所主张的无为而无不为的天道自然变化的观念，即是司马谈所谓'与时迁移，应物变

---

① 胡适. 中国哲学史大纲（卷上，古代哲学史）[M]. 上海：商务印书馆，1919：185.
② 胡适. 说儒 [M]// 中国思想史. 上海：华东师范大学出版社，2014：48.
③ 胡适. 说儒 [M]// 中国思想史. 上海：华东师范大学出版社，2014：49.
④ 胡适. 说儒 [M]// 中国思想史. 上海：华东师范大学出版社，2014：48.
⑤ 胡适. 中国中古思想史长编 [M]// 中国思想史. 上海：华东师范大学出版社，2014：189.
⑥ 胡适. 中国中古思想小史 [M]// 中国思想史. 上海：华东师范大学出版社，2014：300.
⑦ 胡适. 中国中古思想史长编 [M]// 中国思想史. 上海：华东师范大学出版社，2014：144.

化'的道。"① 胡适在《说儒》中把老子归入儒家，"老子也是儒"，而且是"代表那六百年来以柔道取容于世的一个正统老儒"。②

　　胡适也不认为先秦有所谓的名家，而是认为只有名学，先秦诸子都有自己的名学，即逻辑方法，"古代本没有什么'名家'，无论那一家的哲学，都有一种为学的方法。这个方法便是这一家的名学（逻辑学）。"老子、杨朱有"无名主义"，孔子有"正名主义"，墨子有"三表法"，公孙龙有"名实论"，荀子有《正名篇》，庄子有《齐物论》，尹文子有"刑名论"。"因为家家都有'名学'，所以没有什么'名家'。"③梁启超对胡适否认名家存在的论断极为认同，"胡先生不认名家为一学派，说是各家有各家的名学，真是绝大的眼光。"④

　　胡适同样不认可先秦法家的存在，而是认为"古代本没有什么法家"，"慎到属于老子、杨朱、庄子一系；尹文的人生哲学近于墨家，他的名学纯粹是儒家。又当知孔子的正名论、老子的天道论、墨家的法的观念，都是中国法理学的基本观念，故我以为中国古代只有法理学，只有法治的学说，并无所谓'法家'"。⑤

　　胡适否认先秦有道家、名家、法家之名的存在确实有一定的道理。⑥胡适自己到1958年也还是坚持这一点，"我不承认古代有什么'道家''名家''法家'的名称"，"推翻'六家''九流'的旧说，而直接回到可靠的史料，依据史料重新寻出古代思想的渊源流变：这是我四十年前的一个目标"，胡适还强调"这个治思想史的方法是在今天还值得学人的考虑的"。⑦特别是其否认名家的存在，

---

　　① 胡适. 中国中古思想史长编 [M]// 中国思想史. 上海：华东师范大学出版社，2014：144.

　　② 胡适. 说儒 [M]// 中国思想史. 上海：华东师范大学出版社，2014：49，54.

　　③ 胡适. 中国哲学史大纲（卷上，古代哲学史）[M]. 上海：商务印书馆，1919：187.

　　④ 梁启超. 评胡适之《中国哲学史大纲》[M]// 宋洪兵. 国学与近代诸子学的兴起. 桂林：广西师范大学出版社，2010：275.

　　⑤ 胡适. 中国哲学史大纲（卷上，古代哲学史）[M]. 上海：商务印书馆，1919：360-361.

　　⑥ 当然，胡适的考据也存在一些漏洞，如没有纳入所谓的"伪书"，当时也没有关于先秦诸子的出土文献。

　　⑦ 胡适.《中国古代哲学史》台北版自记 [M]// 欧阳哲生. 胡适文集（6）. 北京：北京大学出版社，2013：144.

第八章 "再造文明"：新文化运动与胡适新子学话语体系的生成

梁启超就大为认同。[①] 但否认道家、名家、法家之实的存在值得商榷。因为先秦诸子百家的名称本为后人[②]对先秦思想家的一个学派分析，是一个发展过程，由最初的两家、三家，发展为五家、六家，最后发展为九流、十家，并非先秦思想家本身就已经自觉结成学派。

其五，诸子"中绝"说。

胡适提出了"中国古代哲学（即先秦诸子哲学）中绝"的命题，认为"古代哲学"与"中古哲学"大不相同，胡适分析"中古哲学"的特别色彩是"思想的混合化"[③]"思想的宗教化"[④]"人生观的印度化""中国思想与印度思想的暗斗"[⑤]。胡适谓先秦诸子哲学"中绝"的真正原因，不在于秦始皇的"焚书坑儒"，而在于知识论问题上的"极端怀疑主义"，言行是非标准问题上的"狭义的功用主义"，思想文化领域的"专制的一尊主义"，民间信仰方面的"方士的宗教"。先秦诸子哲学并没有完全"中绝"，胡适没有对先秦诸子进行细分，判断有些绝对化，李季认为"中道灭亡"的只是墨子系、许行系、老庄系；儒法系没有灭亡，而是"继续发展"。李季运用阶级分析法谓"代表士和新兴地主阶级的儒法系"，"不独没有'中绝'或'灭亡'，并且继续发展，获得最后的胜利，深入实际的政治生活中"；"中绝"的只是"代表小有产的农工阶级的墨子系""代表无产阶级的许行系"和"代表贵族和封建地主阶级的老庄系"。[⑥]

胡适的先秦诸子"中绝"论之中，最有代表性的是墨学"中绝"论。胡适对墨学的"应用主义""实验主义"推崇备至，也对墨家的突然消失感叹万分，"那轰轰烈烈、与儒家中分天下的墨家，何以消灭得这样神速"？[⑦] 经胡适分析得到"儒家的反对""政客的猜忌""诡辩的微妙"三点原因。胡适的分析是：首先，从学派关系角度看，墨家极力攻击儒家，儒家也极力攻击墨家，两

---

① 不过，《尹文子》确实有"儒、墨、名、法、道"五家的说法。如果把《尹文子》归属于先秦典籍的话，那么胡适的判断就很有问题。

② 《孟子》《庄子·天下》《荀子·非十二子》《韩非子·显学》、司马谈《论六家要旨》《淮南子·要略》、刘歆《七略》、班固《汉书·艺文志》等都有先秦诸子的学派分类与学派批评。

③ 胡适在《中国中古思想小史》中，谓战国晚期以后，思想多倾向于混合，所谓"法家""阴阳家""道家"都是"大混合"，汉朝的儒家也是一个"伟大的混合"。

④ 胡适在《中国中古思想小史》中，谓汉朝建立的儒教，"乃是墨教的化身"。

⑤ 胡适. 中国中古思想小史 [M]// 中国思想史. 上海：华东师范大学出版社，2014：298.

⑥ 李季. 胡适《中国哲学史大纲》批判 [M]. 上海：神州国光社，1931：224-227.

⑦ 胡适. 中国哲学史大纲（卷上，古代哲学史）[M]. 上海：商务印书馆，1919：251.

派水火不容，结果到了儒学"独尊"的时代，墨学自然就没有兴起的希望了；其次，从政府态度角度看，战国末期，各国政府很不欢迎主张"兼爱非攻"的墨家，法家政客对墨家也有"疾忌"之心；再次，从学术脉络角度看，墨家后学陷入越来越微妙的"诡辩"，离开了社会问题的中心，不受政府、社会、学界的欢迎。胡适的墨学"中绝"论遭到梁启超、冯友兰等人的反对。梁启超谓墨学并未"中绝"，"墨学者，战国二百余年间，其言盈天下；而谓易代之后，遂如饕风卷叶，一扫无迹；天下宁有是理？"梁启超谓墨学精神一路传承下来，成为中华民族的根本精神之一，"墨学精神（牺牲精神、互助精神、非攻而尊守的精神），深入人心，至今不坠，因以形成吾民族特性之一者，盖有之矣。"① 冯友兰亦认同墨学并未"中绝"，"墨家虽不振，而侠士之团体，及其中所讲所行之道德，则仍继续存在。后世《水浒传》等小说中所写，及后世秘密会社中所有之人物道德，是其表现也。不过此等人常被压于社会之下层，为'士君子'所不道而已。"② 一些学者虽然对胡适的墨学"中绝"论有所认同，如方授楚《墨学源流》、李季《胡适〈中国哲学史大纲〉批判》等，但他们认为胡适分析的三点原因并不是"真原因"，方授楚提出"墨学自身矛盾""理想之过高""组织之破坏""拥秦之嫌疑"四点新的原因；③ 李季则从唯物史观出发，得出了"农工阶级的失败"④ 这一根本原因。

其六，文化"早熟"论。

胡适新子学话语体系建设的一个重要命题就是中国文化"早熟"论。胡适谓先秦诸子思想"最重要""最灿烂"，"确然放了三百多年的异彩，建立了许多独立的学派"，⑤ "已达到很开明的境界，而西汉一代忽然又陷入幼稚迷信的状态"。⑥ 先秦子学时代被胡适称为中国文化的"成人时代"，因为先秦诸子哲学"几乎完全没有神话的迷信""已脱离了幼稚的时代，已进入成人时代""当

---

① 梁启超. 墨子学案 [M]. "第二自序". 上海：商务印书馆，1921：1.

② 冯友兰. 原儒墨 [M]// 宋洪兵. 国学与近代诸子学的兴起. 桂林：广西师范大学出版社，2000：422.

③ 方授楚. 墨学源流 [M]. 上海：中华书局，1937：205-207.

④ 李季. 胡适《中国哲学史大纲》批判 [M]. 上海：神州国光社，1931：174.

⑤ 胡适. 中国中古思想史长编 [M]// 中国思想史. 上海：华东师范大学出版社，2014：124.

⑥ 胡适. 评论近人考据《老子》年代的方法 [M]// 中国思想史. 上海：华东师范大学出版社，2014：63.

时的文学、史记、哲学，都没有神话的性质"。①胡适的说法与后来的"轴心时代"论有很大的相似性，但提出时间更早，胡适谓先秦诸子时代"是人类思想史上一个最重要的和最灿烂的时代。这是老子、孔子、墨翟、孟子、惠施、公孙龙、庄子、荀子、韩非子以及许多别的次要的哲学家的年代。它的气势、它的创造性、它的丰富性以及它的深远意义，使得它在哲学史上完全可以媲美于希腊哲学从诡辩派到斯多葛派这一时期所占有的地位"②。胡适的中国文化"早熟"论，对学界的影响深刻。民国时期，出现了一股先秦研究热，不少研究中国古代专题史的论著也只有先秦部分，这些恐怕与胡适有一定的关系。

六、问题

胡适新子学话语体系的构建，在继承性、批判性、创新性方面，有其深刻的合理性，但的确存在不少问题，如疑古过甚的问题、傍西过甚的问题、独断、方法论的问题、对古文的误解等。

其一，疑古过甚。

胡适是"疑古史学"的主要奠基人之一，他在新文化运动时期对待古书与古史的整体态度是怀疑。怀疑的态度确实是学术进步所必须的，没有怀疑，何来批评，何来创新？就这一点而言，在当时以"信古"为学术主流的背景下确实是一大创见，一大思想解放，意义重大。但胡适疑古的态度走向了极端，提出了"宁可疑而错，不可信而错"③的口号，特别是提出"在东周以前的历史，是没有一字可以信的"④、先秦诸子之书"差不多没有一部是完全可靠的"⑤这样的极端怀疑主义的论断，而这些判断则直接成为"疑古史学"运动的前提预设，导致其开启的"疑古史学"运动一开始就变成了声势浩大的讨伐汉晋学者（主要是汉代学者）"作伪"的运动，而非当时所谓"科学的史学"意义上的学术运动。胡适的极端疑古主义招致了不少学者的批评，梁启超当时就批评胡适"疑

---

① 胡适. 中国哲学史大纲（卷上，古代哲学史）[M]. 上海：商务印书馆，1919：395.
② 胡适. 先秦名学史 [M]// 欧阳哲生. 胡适文集（6）. 北京：北京大学出版社，2013：11.
③ 胡适. 研究国故的方法 [M]// 欧阳哲生. 胡适文集（12）. 北京：北京大学出版社，2013：76.
④ 胡适. 研究国故的方法 [M]// 欧阳哲生. 胡适文集（12）. 北京：北京大学出版社，2013：76.
⑤ 胡适. 中国哲学史大纲（卷上，古代哲学史）[M]. 上海：商务印书馆，1919：12.

古太过","若连《尚书》《左传》都一笔勾销,简直是把祖宗遗产荡去大半,我以为总不是学者所采的态度"。①吕思勉批评其"一概吐弃,而不求其故"②。柳翼谋(柳诒徵)批评胡适"诬古而武断,一心以为儒家托古改制,举古书一概抹杀"③。冯振则明确反对"轻疑",主张"流传已久之先秦诸子,苟其持之有故,言之成理,非有明验足以证其为汉以后人所依托者,固不宜轻疑而伪之也"。④冯振要求有"明验",而非仅仅出于"怀疑","考诸《史记》,若老聃、若庄周、若韩非、若孟子、若荀卿,史公固称其尝自著书矣。若管仲、若晏婴、若孙武、若商君,则称读其书而已,未尝定其书之必为自著也","若伊尹、太公、管、晏、申、商之徒,皆尝为王霸之佐,其书大抵不纯为其所自著。或后人辑录,或门客所为,有类后代之学案"。⑤20世纪30年代,胡适也在反思"疑古史学"的问题,在与"老子晚出"论者的反复辩论之中,胡适检讨了极端疑古主义之失,明确提出了要有"充分的证据",表示"盼望怀疑的人能举出充分的证据来","在寻得这种证据之前,我们只能延长侦查的时期,展缓判决的日子"。⑥胡适回顾自己在《中国哲学史大纲》中提出的新考据(疑古)的方法:思想系统(思想线索)、文体、名词、术语,一一加以修正,认为这些方法都是"很有危险性的,是不能免除主观的成见的,是一把两面锋的剑可以两边割的。你的成见偏向东,这个方法可以帮助你向东;你的成见偏向西,这个方法可以帮助你向西。如果没有严格的自觉的批评,这个方法的使用决不会有证据的价值"。⑦这说明胡适在没有找到"充分的证据"之前,已经不再轻易"疑古"了。

---

① 梁启超. 评胡适之《中国哲学史大纲》[M]// 宋洪兵. 国学与近代诸子学的兴起. 桂林:广西师范大学出版社,2010:268.

② 吕思勉. 论读子之法 [M]// 宋洪兵. 国学与近代诸子学的兴起. 桂林:广西师范大学出版社,2000:218.

③ 柳翼谋. 论近人讲诸子之学者之失 [M]// 宋洪兵. 国学与近代诸子学的兴起. 桂林:广西师范大学出版社,2000:237.

④ 冯振. 子二十六论·序 [M]// 宋洪兵. 国学与近代诸子学的兴起. 桂林:广西师范大学出版社,2000;383.

⑤ 冯振. 子二十六论·序 [M]// 宋洪兵. 国学与近代诸子学的兴起. 桂林:广西师范大学出版社,2000;383.

⑥ 胡适. 评论近人考据《老子》年代的方法 [M]// 中国思想史. 上海:华东师范大学出版社,2014:60,76.

⑦ 胡适. 评论近人考据《老子》年代的方法 [M]// 中国思想史. 上海:华东师范大学出版社,2014:62.

第八章 "再造文明":新文化运动与胡适新子学话语体系的生成

其二,傍西过甚。

胡适要书写系统的中国哲学史,构建新子学话语体系,"不能不依傍西洋人的哲学史",①这是有其深刻的合理性的,因为这能够让我们贯通中西文化,熟练运用西方的学术话语体系,增进对中国文化的理解,推动两种不同的学术话语体系进行对话与交流。胡适用了一大堆新理论、新名词、新方法来对先秦诸子进行新的解释,如进化论、唯物主义、放任主义、无政府主义、个人主义、法治主义、民权主义、功利主义、实验主义、互助主义、专制论、革命论等,但是对这些新理论、新名词、新方法本身却没有深入地解释与仔细地比较,同时对先秦诸子的思想深度解释不足,特别是从社会历史的角度,深入挖掘诸子思想形成的经济社会原因远远不足,对诸子思想的解释过于"西方化"与"现代化"了。典型的案例就是胡适"发明"的"先秦诸子进化论",梁启超对胡适的"庄子发明生物进化论",就认为"总不是庄子精神所在",批评"胡先生拿唯物观的眼光看庄了,只怕全不是那回事了"。②

其三,独断。

胡适在构建新子学话语体系时,对待先秦诸子的思想既有"石破天惊"之论,小有"强古人以就我"的"武断"之论。如"诸子不出于王官论""古代的书,只有《诗经》可算得是中国最古的史料"③"《春秋》的余毒就使中国只有主观的历史,没有物观(客观)的历史"④"中国人作史最不讲究史料"⑤"古来的思想家,无论是哪一派,都有压迫异己思想的倾向"⑥等,这些论断明显属于独断论。梁启超的批评最能道出胡适论学的优劣,其谓"胡先生是最尊'实验主义'的人。这部书专从这方面提倡,我很认为救时良药。但因此总不免怀着一点成见,像是戴一种着色眼镜似的,所以强古人以就我的毛病,有时免不掉"。具体是"凡关于知识论方面,到处发见(发现)石破天惊的伟论。凡关于宇宙观、人生观方面,十有九很浅薄或谬误",为何如此?梁启超的分析是,

---

① 蔡元培.中国古代哲学史大纲序[M]//胡适.中国哲学史大纲(卷上,古代哲学史).上海:商务印书馆,1919:1.

② 梁启超.评胡适之《中国哲学史大纲》[M]//宋洪兵.国学与近代诸子学的兴起.桂林:广西师范大学出版社,2010:275.

③ 胡适.中国哲学史大纲(卷上,古代哲学史)[M].上海:商务印书馆,1919:24.

④ 胡适.中国哲学史大纲(卷上,古代哲学史)[M].上海:商务印书馆,1919:105.

⑤ 胡适.中国哲学史大纲(卷上,古代哲学史)[M].上海:商务印书馆,1919:15.

⑥ 胡适.中国中古思想史长编[M]//中国思想史.上海:华东师范大学出版社,2014:172.

"对于他'脾胃不对'的东西,当然有些格格不入"。①蒋伯潜批评胡适的"诸子不出于王官论""病在武断"。②柳翼谋(柳诒徵)批评胡适"论学多偏于主观,逞其臆见",③"盖合于胡氏之理想者,言之津津,不合于其理想者,不痛诋之,则讳言之",④柳翼谋特别批评胡适书写《中国哲学史》始于春秋末期,"岂春秋战国之时势可以产生哲学思想,而殷商末造之大乱不能产生哲学思想乎?且由殷商而推至唐虞,推至伏羲、神农,均无不通。世乱非一次,故忧世者非仅一时代人,而学术思想之辇乱渊源,乃益厘然可见。"⑤

其四,方法论的问题。

胡适构建新子学话语体系的方法既有深刻的合理性,如"实验主义""以西释中"、新考据学、以知识论为中心、系统性、"截断众流"等,但也存在不少的问题。有些是同一种方法既有利亦有弊,如"以西释中"、新考据学、以知识论为中心、"截断众流";有些是某种方法论推向极致产生的问题,如疑古论、化约论;有些是完全主观性的方法,如独断论。学界对胡适的新子学方法论有很深刻的批评,如吕思勉批评其"疑古"的方法论大有问题。"近人辨诸子真伪之术,吾实有不可信者""某子之标题,本不过表明学派之词,不谓书即其人所著""先秦诸子,大抵不自著书。今其书之存者,大抵治其学者所为;而其纂辑,则更出于后之人""不能以其忽作春秋时人语,忽为战国人之一言,而疑其书之出于伪造"。⑥学界的严厉批评与方法论本身的深刻缺陷,是促使胡适后来转为自我反思与"信古"的重要原因。柳翼谋(柳诒徵)批评其独断论的方法,"盖合于胡适理想者,言之津津,不合于其理想者,不痛诋

---

① 梁启超. 评胡适之《中国哲学史大纲》[M]// 宋洪兵. 国学与近代诸子学的兴起. 桂林:广西师范大学出版社,2010:267,271-272.

② 蒋伯潜. 诸子学纂要·绪论[M]// 宋洪兵. 国学与近代诸子学的兴起. 桂林:广西师范大学出版社,2000:354.

③ 柳翼谋. 论近人讲诸子之学者之失[M]// 宋洪兵. 国学与近代诸子学的兴起. 桂林:广西师范大学出版社,2000:234.

④ 柳翼谋. 论近人讲诸子之学者之失[M]// 宋洪兵. 国学与近代诸子学的兴起. 桂林:广西师范大学出版社,2000:238.

⑤ 柳翼谋. 论近人讲诸子之学者之失[M]// 宋洪兵. 国学与近代诸子学的兴起. 桂林:广西师范大学出版社,2000:242.

⑥ 吕思勉. 论读子之法[M]// 宋洪兵. 国学与近代诸子学的兴起. 桂林:广西师范大学出版社,2000:217.

第八章 "再造文明"：新文化运动与胡适新子学话语体系的生成

之，则讳言之，此其著书立说之方法也"。① 柳翼谋的批评确有过当之处，但亦有中鹄之处。因为胡适的确是以"实验主义"来作评判的。李相显隐性批评其以西释中的方法，主张以子解子，以某子解某子，谓"以某哲学大师解某哲学大师的方法，例如'以孔解孔'，即用孔子的哲学思想，解释孔子的哲学思想。如此办法，方不至曲解各哲学大师的哲学理论，恢复哲学系统的本来面目，而达到'信史'的目的"②。章清批评其"化约论"的方法，"胡适思想中有一种化约论倾向，他把一切学术思想以至整个文化都化约为方法，他重视的永远是一家或一派学术思想背后的方法、态度和精神，而不是实际的内容。"③ 同时亦批评其以知识论为中心的方法。"从名学方法或逻辑方法下手清理中国哲学的发展，并不能涵盖哲学史的全部，也不大切合哲学史的本题"。④ 胡适确实严重忽视了宇宙论、本体论、人生哲学、政治哲学、经济哲学等方面的问题。

其五，误解。

胡适对先秦诸子思想的深邃理解，源于其有良好的古文素养与考据学训练，但金无赤足，人无完人，胡适对先秦诸子思想的确存在不少误解，有些是"以西释中"的产物，有些是出于"年轻人的谬妄议论"⑤，有些则是出于对古文的误解。

先秦诸子之学，胡适对老子思想的误解既多且大。如胡适谓"老子反对有为的政治，主张无所事事的政治"⑥，说老子是"极端的放任主义"与"极端的破坏主义"。这是对老子"为无为""事无事"的严重误解，老子的根本主义是"无不为"，"无为""无事"只是方法，而且"无为"并非"无所作为"，"无事"不是"无所事事"。《老子》第二十七章明确主张"圣人常善救人"，"常善救物"，第二十二章明确主张"明""彰""有功""长"，第十章明确主张"明白四达"，第四十一章明确主张"善始且善成"，第八十一章明确主张"人之道，为而不争"，老子的"无为""无事"的真正含义是"生而不有，为而

---

① 柳翼谋. 论近人讲诸子之学者之失 [M]// 宋洪兵. 国学与近代诸子学的兴起. 桂林：广西师范大学出版社，2000：238.

② 李相. 先秦诸子哲学·自序 [M]// 载宋洪兵. 国学与近代诸子学的兴起. 桂林：广西师范大学出版社，2000：377-378.

③ 章清. 胡适评传 [M]. 南昌：百花洲文艺出版社，2014：107.

④ 章清. 胡适评传 [M]. 南昌：百花洲文艺出版社，2014：159.

⑤ 胡适.《中国古代哲学史》台北版自记 [M]// 欧阳哲生. 胡适文集（6）. 北京：北京大学出版社，2013：143.

⑥ 胡适. 中国哲学史大纲（卷上，古代哲学史）[M]. 上海：商务印书馆，1919：51.

不恃，功成而弗居"（第二章），"生而不有，为而不恃，长而不宰"（第十章，第五十一章），"功遂身退"（第九章），"不自见""不自是""不自伐""不自矜"（第二十二章）。老子的"不争"也不是"不参与竞争"的意思，而是"善利万物"，"事善能，动善时"（第八章）。

胡适又谓老子是一个无神论者，甚至是个唯物论者，这源于其对"天地不仁"的严重误解。胡适谓"原来人人多信'天'是仁的，而他偏说：'天地不仁，以万物为刍狗。'天是没有意志的，不为人类做好事的"；① "古代以天为有意志有赏罚，而老子说天地不仁，将有意志的天变为无往而不在，无为而无不为的天，是一个自然主义的天道观。"② 胡适忘了《老子》第五章在"天地不仁，以万物为刍狗"之后，还有一句"圣人不仁，以百姓为刍狗"。难道圣人也是"没有意志的，不为人类做好事的"？《老子》第七十九章明明白白告诉我们："天道无亲，常与善人"，故知《老子》所谓"不仁""无亲"，并非"没有意志"，而是"不自以为仁""不偏心""很公正""大仁""大亲"的意思。联系《老子》书中的圣人是"以百姓心为心"（第四十九章）的，那么这种解释才是合理的。

胡适又认为老子"反对知识"，主张"一切人都无知无识，没有思想"，③ "老子的人生哲学和他的政治哲学相同，也只是要人无知无欲"。④ 这源于胡适对"常使民无知无欲""以智治国，国之贼；不以智治国，国之富"的误解。其实老子并不反对知识，而是主张"为学日益，为道日损""损之又损，以至于无为""无为而无不为"（第四十八章），即处于"为学"（治学）阶段，知识是要"日益"的，处于"为道"（修道）阶段，知识是要"日损"的。减损知识到了"无为"的阶段，才能达到"无为而无不为"。在这里，"无为"的真实含义是，"不自见""不自是""不自伐""不自矜"（第二十二章），而非"消灭知识"。即陈柱所谓"老子之愚民，本非愚民，不过使之若愚而已"⑤。老子的"以智治国，国之贼；不以智治国，国之富"（第六十五章），也不是"取消智慧""愚民"

---

① 胡适. 中国哲学的线索[M]// 欧阳哲生. 胡适文集（12）. 北京：北京大学出版社，2013：243.
② 胡适. 从历史上看哲学是什么[M]// 欧阳哲生. 胡适文集（12），北京：北京大学出版社，252.
③ 胡适. 中国哲学的线索[M]// 欧阳哲生. 胡适文集（12）. 北京：北京大学出版社，2013：244.
④ 胡适. 中国哲学史大纲（卷上，古代哲学史）[M]. 上海：商务印书馆，1919：66.
⑤ 陈柱. 诸子概论[M]. 上海：华东师范大学出版社，2013：74.

第八章 "再造文明"：新文化运动与胡适新子学话语体系的生成

的意思，老子明明白白地提出"爱民治国，能无以智乎"（第十章），这里的"智"并不是一般的智慧（"百姓心"），更不是"道的智慧"（"大智"），而是指"小智"（"阴谋诡计"），即老子要求圣人"以百姓心为心""利而不害""为而不争"，治理国家不要"耍阴谋诡计"，这样会带来不良的教化（"不言之教"）。

胡适认为老子要求人们"没有欲望"，"没欲望，则不'为非作恶'，返于太古时代浑朴状态了"。① 这是对老子"无欲"的严重误解，老子确实多次说过"无欲"，但老子的"无欲"，不是"没有欲望"的"禁欲主义"，而是"寡欲""节欲""知止""知足"的意思，老子主张"去甚、去奢、去泰"（第二十九章），"不欲盈"（第十五章），"知止可以不殆"（第三十二章），"知足不辱，知止不殆"（第四十四章），主张"中道"，要求"知和"，"和曰常，知和曰明"（第五十五章），因为老子深刻明白"少则得，多则惑"（第二十二章），"甚爱必大费，多藏必厚亡"（第四十四章），"罪莫厚于甚欲"，"祸莫大于不知足"（第四十六章）。老子明确要求圣人自己要"寡欲""节欲"，但对于圣人治理国家，则要求其必须高度重视改善老百姓的物质生活水平，老子明确主张"实其腹"（第三章），"为腹"（第十二章）。当然老子也希望老百姓少一些过分的欲望，如"为目"（第十二章）、"欲得"（"贪欲"）（第四十六章）。

胡适对"小国寡民"也有严重的误解，他认为老子是要"毁坏一切文物制度"②，"废除一切由文明创设的人为约束和制度，返回到自然状态中去"，"坚持废除现有的复杂文化并倒退回纯朴、无为的原始状态中去"。③《老子》第八十章确实有一些看上去很极端的话，如"使有什伯人之器而不用""虽有舟舆，无所乘之；虽有甲兵，无所陈之""使民复结绳而用之""民至老死，不相往来"等。但联系《老子》第五十七章来理解，我们就会发现老子并非要倒退回原始社会，而是在阐述圣人"清静无为"的治国之道，即"我（圣人）无为，而民自化；我（圣人）好静，而民自正；我（圣人）无事，而民自富；我（圣人）无欲，而民自朴"。"小国寡民"并非落后的"原始状态"（"自然状态"），而是"有什伯人之器""有舟舆""有甲兵"、有文字、有"鸡犬之声"，但是这些对

---

① 胡适. 中国哲学的线索 [M]// 欧阳哲生. 胡适文集（12）. 北京：北京大学出版社，2013：244.
② 胡适. 中国哲学史大纲（卷上，古代哲学史）[M]. 上海：商务印书馆，1919：64.
③ 胡适. 先秦名学史 [M]// 欧阳哲生. 胡适文集（6）. 北京：北京大学出版社，2013：21.

圣人治国而言，都无所用，因为圣人"长而不宰"（第五十一章），"治大国，若烹小鲜"（第六十章），"大邦者，下流也，天下之牝也"（第六十一章），"辅万物之自然而不敢为"（第六十四章）。由于圣人任民"自化""自正""自富""自朴"，故民"甘其食，美其服，安其居，乐其俗""使民复结绳而用之"，并不表明老子要倒退到"原始状态"，只是表示老百姓在圣人"无为而治"下自得其乐，文字的有无并不影响老百姓的生活。"民至老死，不相往来"并不是老子要倒退回封闭分割的小邦国，而只是表示老百姓在圣人"无为而治"下，无需为谋利而奔波。

胡适对孔子思想的严重误解，是他关于孔子提倡"好学"的解释。胡适批评孔子"把'学'字看作读书的学问，后来中国几千年的教育，都受这种学说的影响，造成一国的'书生'废物，这便是他的流弊了"①。梁启超读到胡适的这种解释，感到"真不能不吃一大惊"，批评其太"武断"了，"纯是无的放矢"，指出"孔子的'学'，正是属于经验方面（经验只算孔学的半面，而且还是粗迹）"②。孔子在《论语·学而》中明确阐述了"好学"的含义是"敏于事而慎于言，就有道而正焉"，同一篇中子夏也是从"敏于事"这个角度来解释"学"的："贤贤易色；事父母，能竭其力；事君，能致其身；与朋友交，言而有信。虽曰未学，吾必谓之学矣。"孔子之"学"是与"习"（实践、行动、做事）结合在一起的。《论语·里仁》中孔子明确倡导"君子欲讷于言而敏于行"。通过以孔子解释孔子，我们就会发现，胡适在"学"的问题上是严重误解孔子了。

胡适对墨子思想的严重误解，是他关于"别墨"的解释，胡适强行把"墨学"分为"宗教的墨学"与"科学-哲学的墨学"，③把墨子思想理解为"宗教的墨学"，把《墨辩》（其实应该叫《墨经》）从《墨子》中分离出来，理解为"新墨""后期墨学"或"科学的墨学"，为惠施、公孙龙等后期墨家所著。胡适的"别墨"说是严重误解《庄子·天下篇》"相谓'别墨'"的产物，陈柱在《历代墨学述评》中指出"相谓"是"彼此相非难""彼此相互排斥"的意思，④不是胡适所谓"相互称为"的意思，"虽诵《墨经》而背于《墨经》者，乃谓之别墨；是别墨乃

---

① 胡适. 中国哲学史大纲（卷上，古代哲学史）[M]. 上海：商务印书馆，1919：110.
② 梁启超. 评胡适之《中国哲学史大纲》[M]// 宋洪兵. 国学与近代诸子学的兴起. 桂林：广西师范大学出版社，2010：273.
③ 胡适. 中国哲学史大纲（卷上，古代哲学史）[M]. 上海：商务印书馆，1919：250.
④ 陈柱. 历代墨学述评 [M]// 墨学十论. 上海：华东师范大学出版社，2015：207.

第八章 "再造文明":新文化运动与胡适新子学话语体系的生成

背于《墨经》之称,安得反谓《墨经》为别墨之书乎";[①] "若为别墨之书,入于《墨子》书内,墨子弟子不应仍以经称之。弃本师而崇外道,墨者之徒必不尔也。"[②]

胡适对庄子思想的严重误解,是他关于《庄子·寓言篇》"万物皆种也,以不同形相禅,始卒若环,莫得其伦,是谓天均",《庄子·至乐篇》"种有几……万物皆出于机,皆入于机"的解释,胡适认为这是典型的生物进化论思想。嵇文甫谓庄子的"天均"指的是"自然的均衡状态"[③]。梁启超批评胡适"拿唯物观的眼光看庄子,只怕全不是那回事了"[④]。李季批评胡适"完全是牵强附会""犯了神经过敏的毛病""决不是什么'生物进化论',只是他的'谬悠之说,荒唐之言,无端崖之辞'"[⑤]。1958年胡适在《中国古代哲学史》台北版自记中反思自己当初的说法,也觉得是误读了庄子,庄子的说法不是"生物进化论",而是"循环的变化论"。[⑥]

结语

胡适为何要构建新子学话语体系?综合胡适自己的剖析,大体包括以下要点:寻找移植西学(科学与哲学)的"合适土壤";拯救中国文化;"捉妖""打鬼""学术救国";继承章太炎开创的新子学研究方法的合理性;重估价值,"再造文明",推动中国的"文艺复兴";建设"中国的新哲学";融合东西哲学为"世界哲学"。其中,寻找移植西学的"合适土壤","再造文明"为根本旨趣,胡适自谓为"唯一目标"。究竟应该如何建构新子学话语体系?胡适结合自己的学术实践,在《先秦名学史》与《中国哲学史大纲》等著作中揭出了如下方法:根本导向是实验主义,最主要的方法是"以西释中",综合采用哲学、哲学史、逻辑学、新考据学的方法和比较的方法。胡适新子学话语体系,大体看来,有以下特点:在方法论上,注重实验主义,注重知识论,注重系统性,注重扼要

[①] 陈柱. 历代墨学述评[M]// 墨学十论. 上海:华东师范大学出版社,2015:206.

[②] 陈柱. 墨学十论[M]. 上海:华东师范大学出版社,2015:33.

[③] 嵇文甫. 先秦诸子思想述要[M]. 北平:开拓社,1932:53.

[④] 梁启超. 评胡适之《中国哲学史大纲》[M]// 宋洪兵. 国学与近代诸子学的兴起. 桂林:广西师范大学出版社,2010:275.

[⑤] 李季. 胡适《中国哲学史大纲》批判[M]. 上海:神州国光社,1931:63,64,66.

[⑥] 胡适. 《中国古代哲学史》台北版自记[M]// 欧阳哲生. 胡适文集(6). 北京:北京大学出版社,2013:143.

的手段与辩证的思维;在现代性理念导向上,注重运用进化论、自由、科学、民主、法治等理念;在学术态度与精神方面,注重评判的态度、疑古的态度、历史的观念、平等的眼光;在新子学话语体系的内容结构上,尊老①、非孔②、杨墨、批庄③。

  胡适的新子学话语体系,就其影响而言,奠定了以逻辑方法为中心的哲学研究与书写范式,推动"中国哲学"话语体系的形成;奠定了新的史学研究与书写范式,推动了"科学史学"与"疑古史学"的发展;开创了以"科学"为导向、以西释中、以中释西、中西融合为基本方法的新学术研究范式;激发了新子学研究热,形成了以西学理论与方法为导向、中西融合的新子学话语体系,推动新子学走向繁荣;激发了墨学研究热,尤其是《墨辨》研究热;就其贡献而言,继承了康有为、章太炎、梁启超的新子学研究成就,发掘出当时社会所需要的"进化论""科学""自由""人权""民主""平等""法治""革命"等思想因素;具有强烈的批判性,主要表现在对"极端怀疑主义""极端功用主义""专制一尊主义""方士派迷信"的批判,要求"祛"儒家之"魅","祛"旧价值观之"魅","解放人心"。其创新性成果,大体包括"诸子不出于王官"论、老子"哲学始祖"说、"别墨"说、先秦法家名家道家"不存在"说、诸子"中绝"说、文化"早熟"说等。胡适新子学话语体系也存在不少问题,如"疑古""傍西"过甚、"独断"、误解、方法论问题等。

---

  ① 新文化运动时期,重点表彰老子的"革命"思想,后来则更偏重阐发老子的"自由主义"。
  ② 1934年《说儒》发表的时候,对儒家思想的评价有重大变化。
  ③ 新文化运动时期,重点批评庄子的"极端怀疑主义",后来胡适更强调庄子的"自由主义"。

第九章 解构与建构：胡适与新老学话语体系的生成

胡适从早年的《中国哲学史大纲》到晚年的《口述自传》，对老子思想的自由主义解读一以贯之。尽管有一定的差异，但在胡适的老子研究话语之中，老子的自然主义对应的就是西方的自由主义。"在中国古代思想里，'自由'就等于'自然'。"[1] 其《中国哲学史大纲》谈到老子"理想中的政治就是极端的放任无为"，老子的天道观就是"西洋哲学的自然法"，[2] 其《口述自传》谈到老子首创"自然主义天道观的哲学体系"[3]。1949年3月27日，胡适在台北中山堂的演讲中，明确认可老子是一个"自由主义者"。在胡适的老子研究话语体系之中，西方"自由主义"与老子的"无为政治"、西方的"无政府主义"是同等的概念，没有什么区别。[4] 西方自由主义理念较早进入近代中国，从林则徐、魏源就已经开始，"自由主义理念作为'援西入中'的产物，在中国登陆差不多已有一个半世纪，其源头可追溯到清末。"[5] 西方自由主义进入中国之后，面临着在本土适应扎根的问题，于是中国学者纷纷寻找自由主义的中国源头与中国话语，结果是老子、庄子、杨朱等道家学派的学说得到复兴。老子俨然成为中国自由主义的鼻祖。夏曾佑在推介被视为"近代自由主义之父"[6] 严复的

---

[1] 胡适. 自由主义 [M]//欧阳哲生. 胡适文集（12）. 北京：北京大学出版社，2013：733.

[2] 胡适. 中国哲学史大纲 [M]. 北京：商务印书馆，1919：53，64.

[3] 唐德刚译注. 胡适口述自传 [M]//欧阳哲生. 胡适文集（12）. 北京：北京大学出版社，2013：376.

[4] 胡适. 中国文化里的自由传统 [M]//欧阳哲生. 胡适文集（12）. 北京：北京大学出版社，2013：617.

[5] 章清. "胡适派学人群"与现代中国的自由主义 [M]. 上海：上海古籍出版社，2004：3.

[6] 黄克武. 近代中国的自由主义的发展：从严复到殷海光 [M]//近代中国的思潮与人物. 北京：九州出版社，2013：102.

《评点老子道德经》一书的序言中指出："老子既著书之二千四百余年，吾友严几道读之，以为其说独与达尔文、孟德斯鸠、斯宾塞相通。"[①] 被学界称为"现代中国自由主义的精神领袖和形象代言人"[②] 的胡适更是着力建构自由主义的中国传统，把老子、孔子、孟子、庄子、杨朱等列入自由主义阵营，发掘自由主义的中国传统，"胡适认为，老子开创了以不干涉为中心的自由主义、无政府主义哲学"。[③] 胡适的老子研究成为中国传统学术话语体系在近代转型中引入自由主义话语解释的一个典型案例。

一、自由主义话语的引入：胡适老子研究的大体取向

胡适早在留学美国期间，就开始对先秦诸子进行研究，其博士论文则侧重研究先秦诸子的方法论。胡适对老子的研究也同样从此时开始，《胡适留学日记》中记录了三则胡适关于老子的早期研究。[④] 此后一直到去世，他都没有停止过对老子的研究。胡适孜孜不倦地研究老子，不仅仅是学术研究，而且别有寄托，那就是他的自由主义信仰。同样，胡适研究老子，也不是偏重考据，而是偏重义理的阐发。胡适关于老子的研究，大体不出自由主义学术话语的范围。胡适引入老子研究之中的自由主义学术话语，主要包括启蒙精神、政治自由、思想自由、信仰自由、个人主义、放任主义、不干涉主义、无政府主义、自然主义等。1915年9月至1917年4月，胡适写出博士学位论文《先秦名学史》，其文谓老子具有启蒙精神，"在他身上，我们可以找到启蒙时代精神的体现"。与斯宾塞一样，老子也主张政治经济自由主义。其核心概念"自然"就是"自由"的意思。"他的自然的概念相似于霍伯特·斯宾塞的观点。'天地不仁，以万物为刍狗。'他借着类比，加上一句：'圣人不仁，以百姓为刍狗。'这种从严酷的自然律到政治上的放任自流学说的演变，正是斯宾塞所做过的。"[⑤]

---

① 夏曾佑. 叙[M]// 严复. 评点老子道德经. 台湾：广文书局，1979：3.

② 陈先初，刘旺华. 胡适与现代中国的自由主义[M]// 郑大华，邹小站. 中国近代史上的自由主义. 北京：社会科学文献出版社，2008：415.

③ 熊铁基，刘韶军，刘筱红，吴琦，刘固盛. 二十世纪中国老学[M]. 福州：福建人民出版社，2002：171.

④ 分别是1914年7月7日的《读老子'三十辐共一毂'》，1914年8月21日的《读老子（二）》，1915年8月9日的《老子是否主权诈》。

⑤ 胡适. 先秦名学史[M]// 欧阳哲生. 胡适文集（6）. 北京：北京大学出版社，2013：18，20.

第九章　解构与建构：胡适与新老学话语体系的生成

这里胡适所言"严酷的自然律"就是进化论。进化论引入中国，对于中国的自由主义、民族主义、国家主义、社会主义思潮以及革命、救国、富强思潮均产生了重大的影响，形成了各种思潮共同认同的进化进步史观。"将进化论引入老庄学，胡适仍是开风气者"。[①] 胡适早年是而且一直是进化论的信仰者，进化论是其论证自由主义学说的重要话语，也是其解读先秦诸子，包括老子的重要理论武器。1917年1月，《科学》第3卷第1期发表了胡适的《先秦诸子之进化论》。[②] 胡适认为老子相信天道自然进化，才会有放任主义思想。"老子因为深信这个'不争而善胜''无为而无不为'的天道，所以他的伦理政治学说全归个人主义和放任主义。"胡适在解读《老子》第七十四章"常有司杀者杀，夫代司杀者杀，是谓代大匠斫，希有不伤其手者矣"这句话时指出，"这个司杀的刽子手，便是天道。天道既然司杀，又何用人力所为，所以老子主张无为主义。无为便是放任，放任之极，自然是无政府的社会了。"[③]

关于政治自由主义与经济自由主义思想，胡适把老子与欧洲十八世纪的学者作比较，认为二者产生的历史背景具有相似性。1918年9月，胡适写成并付印《中国哲学史大纲卷上》，其文指出，"欧洲十八世纪的经济学者、政治学者，多主张放任主义，正为当时的政府实在太腐败无能，不配干涉人民的活动。老子的无为主义，依我看来，也是因为当时的政府不配有为，偏要有为；不配干涉，偏要干涉，所以弄得'天下多忌讳而民弥贫；民多利器，国家滋昏；法令滋彰，盗贼多有'。"胡适对自由主义产生的历史根源的分析未必得当，但把老子思想与西方自由主义思想进行比较是很有眼光的。胡适特别指出，老子的自由主义不是一般意义的自由主义，而是极端自由主义，即"极端的放任无为"，"老子理想中的政治，是极端的放任无为，要使功成事遂，百姓还以为全是自然，应该如此，不说是君主之功。故'太上，下知有之'，是说政府完全放任无为，百姓的心里只觉得有个政府的存在罢了；实际上是'天高皇帝远'，有政府和无政府一样。'下知有之'，《永乐大典》本及吴澄本，皆作'不知有之'；日本本作'下不知有之'，说此意更进一层，更明显了。"[④] 此时胡适并不认同所谓"极端"的自由主义，而只是认同政治的自由主义与文化上的自由主义，

[①] 刘固盛，刘韶军，肖海燕. 近代中国老庄学[M]. 福州：福建人民出版社，2014：148.

[②] 经胡适修改后，又刊载1917年7月《留美学生季报》秋季第3号。

[③] 胡适. 先秦诸子之进化论（改定稿）[M]// 欧阳哲生. 胡适文集（第九册）. 北京：北京大学出版社，2013：715.

[④] 胡适. 中国哲学史大纲[M]. 上海：商务印书馆，1919：51-52，53.

不认可经济的自由主义。

胡适晚年着力于构建中国的自由主义传统，不断挖掘老子、孔子、杨朱、庄子、孟子等人的自由主义思想，反复强调老子是中国自由主义之祖，开创了中国自由主义的风气，也是世界自由主义的鼻祖，西方的自由主义是中国自由主义输入影响的结果。与早年对所谓老子的放任主义、不干涉主义、自然主义的批判不同，晚年主要是表彰，而且对早年猛烈批判过的"极端放任主义"也高度认同，转而批判"统制"与"计划"的"罪恶"。1947年，胡适在辅仁大学演讲，对老子的"道法自然"之"自然"进行了自由主义的解析，谓"'自'是'自己'，'然'是'如此'，所谓'自己如此'，亦即自己变成了自己"，"两千多年这'自己变成自己'的形质，形成中国思想史上很大的潮流。如老、庄的思想，即是含有这种思想"。[①]1948年9月4日，胡适在北平电台发表广播词，再次以自由主义理念阐发老子的"自然"，指出"在中国古代思想里，'自由'就等于自然，'自然'是'自己如此'，'自由'是'由于自己'，都有不由于外力拘束的意思"。强调老子、孔子是中国自由主义传统的鼻祖。"老子、孔子打开了自由思想的风气"。[②]1949年3月27日，胡适在台北中山堂演讲，强调老子、孔子是中国自由主义的先锋，"中国思想的先锋老子与孔子，也可以说是自由主义者。老子说'民不畏死，奈何以死惧之？'孔子说：'三军可夺帅，匹夫不可夺志也'。老子所代表的'无为政治'，有人说是无政府主义，反对政府干涉人民，让人民自然发展，这与孔子所代表的思想都是自由主义者。"[③]1954年3月12日，胡适在台湾大学演讲，指出中国是世界自由主义的摇篮，是世界自由主义的始发地，比西方自由主义思想出现的时间早了2300年，"我想全世界人士不会否认：在全世界的政治思想上，中国提出无为而治的思想、不干涉主义，这个政治哲学，比任何一个国家要早二千三百年。这是很重要的一件大事。老子说：我们不要自己靠自己的聪明；我们要学学天，学学大自然。'自然'这两个字怎么解释呢？'然'是如此，'自然'就是自己如此。"胡适不是很肯定地指出老子的自由主义思想对西方自由主义学说的

[①] 胡适. 谈谈中国思想史[M]//欧阳哲生. 胡适文集（12）. 北京：北京大学出版社，2013：317.

[②] 胡适. 自由主义[M]//欧阳哲生. 胡适文集（12）. 北京：北京大学出版社，2013：733，734.

[③] 胡适. 中国文化里的自由传统[M]//欧阳哲生. 胡适文集（12）. 北京：北京大学出版社，2013：617.

第九章　解构与建构：胡适与新老学话语体系的生成

启发与影响，"我颇疑心十八世纪的欧洲哲学家已经有老子的书的拉丁文翻译本：因为那时他们似乎已经受到老子学说的影响。"①

尽管胡适不太肯定老子自由主义思想对西方的影响究竟有多大，但他充分肯定老子的自由主义理念对中国文化传统产生了巨大的影响。胡适认为，自然主义就是自由主义，是中国古典时代留给人类、留给后来的中国最重要的文化遗产、哲学遗产。不仅是一切政治自由主义、经济自由主义、文化自由主义的哲学基础，也是"谦让的道德哲学"的宇宙观基础，老子为人类与中国文化做出无与伦比的历史贡献。1957 年 7 月，胡适在美国夏威夷大学第三届东西方哲学家会议上发表论文，指出"'道常无为而无不为'。这是自然主义宇宙观的中心观念，这个观念又是一种无为放任的政治哲学的基石"。"太上，下知有之"这个观念又发展成了一种"谦让的道德哲学"。《老子》一书奠定了中国文化的发展基因，其自然主义宇宙观对中国文化的发展发挥了引领作用，"在《老子》书里萌芽，在以后几百年里充分生长起来的自然主义宇宙观，正是经典时代的一份最重要的哲学遗产。自然主义本身最可以代表大胆怀疑和积极假设的精神。"其"大胆怀疑和积极假设的精神"多次拯救了中华民族，"中国每一次陷入非理性、迷信、出世思想，——这在中国很长的历史上有过好几次——总是靠老子和道家的自然主义，或者靠孔子的人本主义，或者靠两样合起来，努力把这个民族从昏睡中救醒。"②1960 年 7 月 10 日，胡适在西雅图中美学术会议的演讲中，再次强调能够多次把中国"从昏睡中救醒"，主要靠的是老子的"自然主义的宇宙观"和"无为主义的政治哲学"，"每逢中国陷入非理性、迷信、出世思想，——这在中国很长的历史上确有过好几次——总是靠孔子的人本主义，靠老子和道家的自然主义，或者靠自然主义、人本主义两样合起来，努力把这个民族从昏睡中救醒"。③

至于何谓自由主义？自由主义者与自由主义的研究者有不同的解析，近代中国对自由主义的解析更是具有极大的不确定性，"对于中国背景下所阐述的自由主义，无论是对'自由主义'本身的判定，还是'自由知识分子'这样的

---

①　胡适．中国古代政治思想史的一个看法 [M]// 欧阳哲生．胡适文集（12）．北京：北京大学出版社，2013：159，160．

②　胡适．中国哲学里的科学精神与方法 [M]// 欧阳哲生．胡适文集（12），北京：北京大学出版社，2013：355，356．

③　胡适．中国传统与将来 [M]// 欧阳哲生．胡适文集（12）．北京：北京大学出版社，2013：172．

提法，都多少显得有些随意。"① 验之于胡适的自由主义话语及其对老子的解析，也是如此。胡适的自由主义话语前后并不一致，前期的自由主义多属于解构性自由主义，偏重于对中国传统政治与文化的破坏，对中国政府的批评，主张政治革命与文化革命，具有某种激进性与激烈性，要求全面向西方学习先进文化，其自由主义内容偏重于政治自由主义与思想自由主义，并不涉及经济自由主义，反而推崇有为、干涉、计划与社会主义，对俄国革命与发展的模式大有好感。后期的自由主义则属于建构性自由主义，不再向往革命与破坏，而是侧重在传承传统文化的基础上建设现代的政治、经济与文化，强调传统的连续性与发展的渐进性，其自由主义内容就更加全面丰富，包括了长期被批判的放任主义和更为强调的容忍式自由。胡适这些思想也贯穿在对老子的研究中。前期偏重阐发老子的进化、激进、革命、破坏，后期则偏重阐发老子的渐进、自然、自由、无为、宽柔、容忍。

二、解构性自由主义话语体系下的老子研究

胡适一生的信仰，基于思想自由的文化自由主义，对基于个人自由与政治民主的政治自由主义虽然长期信仰，但曾经有所动摇，对计划政治、计划经济曾经真诚地赞成过，对苏联政治实验也曾欣赏过。胡适猛烈批判中国的传统文化与传统政治，着力批判国民政府的政治、经济、文化体制，是其信仰解构性自由主义的表现。因此，胡适在离开大陆之前，特别是在 1941 年以前，侧重从进化、破坏、反专制、反权威、革命、批判、无政府主义等解构性自由主义话语体系角度去阐发老子。1915 年 9 月至 1917 年 4 月，胡适写出博士论文《先秦名学史》，高度赞赏老子的革命性，称他是"他那个时代的最大的批评者，并且他的批评总是带破坏性的和反权威性的"②。1917 年 1 月，胡适在《科学》第 3 卷第 1 期刊出《先秦诸子之进化论》，认为老子存在一种进化论的观念，"打破了'天地好生'、上帝'作之君、作之师'种种迷信。从此以后，神话的时代去，哲学的时代来。"当然，胡适对老子是否真正具有进化论思想也是存疑的。他对《老子》第五章 "天地不仁，以万物为刍狗。圣人不仁，以百姓为刍狗"，一方面认为，"王弼注解得好：'地不为兽生刍，而兽食刍。不为人生狗，而人食狗。

---

① 章清. "胡适派学人群"与现代中国的自由主义 [M]. 上海：上海古籍出版社，2004：4.

② 胡适. 先秦名学史 [M]// 欧阳哲生. 胡适文集（6）. 北京：北京大学出版社，2013：18，20.

第九章 解构与建构：胡适与新老学话语体系的生成

无为于万物，而万物各适其用，则莫不赡矣。'王弼这话最近近世的'物竞天择，适者生存'的学说。"另一方面又认为，王弼的解说未必合乎老子的本意，"老子的本意，或没有这种思想。老子的'天地不仁'不过针对一般迷信'天地有好生之德'的人的说法，不过是说'天地'即是'自然而然'的进行，并无有安排，并无有主意，怕未必真有'生存竞争'的理想罢。"胡适的第二种解说确实更符合老子的本意。胡适在解读《老子》第八十一章时，也强调老子对"一切文物制度"的破坏性。"老子因为迷信天道，所以不信人事，因为深信天为，所以不赞成有为。他看见那时种种政治的昏乱，种种社会的罪恶，以为这都是人造的文明的结果。如今要救世救民，须得'绝圣弃智，绝仁弃义，绝巧弃利'；须得'损之又损，以至于无为'，以复回到那'无名之朴'。他真要把一切文物制度都毁除干净。"此时的胡适虽然极为欣赏进化论，但由于强调政府要积极有为，因此对老子的"极端的放任主义"并不认同。"这种极端的放任主义，都由于误把'天道'和'人事'并作一样的东西，都由于从'天地不仁以万物为刍狗'一变便成'圣人不仁以百姓为刍狗'正与斯宾塞的政治哲学一模一样。两个人的受病根由，都在于此。"①1921年10月17日，胡适在《时事新报·学灯》发表《中国哲学的线索》，继续阐发老子的"极破坏的思想"，认为老子主张推翻一切政治、法律、宗教、伦理、道德、语言、文字等。"老子根本不满意当时的社会、政治、伦理、道德。原来人人多信'天'是仁的，而他偏说'天地不仁，以万物为刍狗。'天是没有意识的，不为人类做好事。他又主张废弃仁义，入于'无为而无不为'的境界。这种极破坏的思想，自然要引起许多反抗。"胡适把老子塑造成为一个彻底的革命家，"老子一派对于社会上无论什么政治、法律、宗教、道德，都不要了，都要推翻他，取消他。"胡适笔下的老子主张语言文字革命，那就是毁灭语言文字，"老子反对知识，便反对'名'，反对语言文字，都要一个个的毁灭他。毁灭之后，一切人都无知无识，没有思想。没有思想，则没有欲望。没欲望，则不'为非作恶'，返于太古时代浑朴状态了。这第一派的思想，注重个性而毁弃普遍。"②新文化运动以来，钱玄同、陈独秀、胡适等坚决主张要消灭中国的语言文字：第一步是废弃文言文，改用白话文，第二步是废弃中国文字，第三步是废弃中国语言，最终只有采用拼音字母、拉

---

① 胡适. 先秦诸子之进化论（改定稿）[M]// 欧阳哲生. 胡适文集（9）. 北京：北京大学出版社，2013：715，716，729.

② 胡适. 中国哲学的线索[M]// 欧阳哲生. 胡适文集（12）. 北京：北京大学出版社，2013：243，244.

丁文、世界语这条路。胡适对老子思想的解说，有其自己的思想诉求，故而在老子思想研究中很自然地表现出来。1925年5月17日，胡适在北京大学哲学研究会发表演讲，突显老子的政治革命与文化革命，高度评价老子在思想解放方面的作用，"老子是旧思想的革命家，过激党，攻击旧文化，攻击当时政治制度。古代以天为有意志有赏罚，而老子说天地不仁，将有意志的天变为无往而不在，无为而无不为的天，是一个自然主义的天道观。老子这样激烈的态度，自然为当时所不容。他很高明，所以自行隐遁。"①1934年5月19日，胡适写成初稿《说儒》，强调老子反对迷信、反对宗教、反对鬼神的思想，"这个进步的天道观念是比较的太抽象了，不是一般的民众都能了解的，也不免时时和民间祈神事鬼的旧宗教习惯相冲突。既然相信一个'独立而不改，周行而不殆'的天道，当然不能相信祭祀事神可以改变事物的趋势了。"②

1941年以后，尽管胡适对老子的自由主义思想与话语体系有了重大的思想改变，增添了经济自由主义内涵，而且逐渐从解构性自由主义转向建构性自由主义，但其政治自由主义思想是始终存在的。因此，胡适仍然继续宣讲老子对政府的批判与抗议思想，强调老子的"革命"与"无政府主义"。1948年9月4日，胡适在北平电台的广播词中言："古代思想的第一位大师老子，就是一位大胆批评政府的人。"③1954年3月12日，胡适在台湾大学的演讲中仍然大谈特谈老子的无政府主义思想，"中国政治思想在世界上有一个最大的、最有创见的贡献，恐怕就是我们的第一位政治思想家——老子——的主张无政府主义。他对政府抗议，认为政府应该学'天道'。'天道'是什么呢？'天道'就是'无为而无不为'。这可说是一个很重要的观念。他认为用不着政府；如其有政府，最好是无为、放任、不干涉，这是一种无政府主义的政治理想：有政府等于没有政府；如果非要有政府不可，就是无为而治。所以第一件大事，就是中国政治思想史上第一个放大炮的——老子——的无政府主义。他的哲学学说，可说是无政府的抗议。"老子是政治革命家，也是社会革命家，"大家不要以为老子是一位什么事都不管的好好先生，太上老君；他是一位对政治和社会不满而

---

① 胡适. 从历史上看哲学是什么[M]//欧阳哲生. 胡适文集（12）. 北京：北京大学出版社，2013：252.
② 胡适. 说儒[M]//胡适文存（四集）. 上海：上海科学技术文献出版社，2015：62，63.
③ 胡适. 自由主义[M]//欧阳哲生. 胡适文集（12）. 北京：北京大学出版社，2013：734.

要提出抗议的革命党。"① 胡适的无政府主义话语其实是一种革命话语，是对当时的政治现实的一种抗议。

在解构性自由主义话语下，胡适的自由主义主要是作为一个批判的武器，以这种自由主义话语解析的老子思想，也主要是作为一种批判的武器，因此老子的破坏性、革命性、无政府性得到凸显。但胡适主张破坏的目的是为了更好地建设，自由主义的根本宗旨主要还是渐进的、积极的建设。因此，胡适尽管一方面大谈破坏，另一方面却还希望政府能够积极有为地进行建设。胡适在1921年6月19日的日记中写道："现在的少年人把无政府主义看作一种时髦东西，这是大错的。我们决不可乱谈无政府；我们应谈有政府主义，应谈谈好政府主义。"② 但是，胡适的希望与中国社会的现实环境并不合拍，自由主义的实施需要和平安定的环境，需要开明开放的政府，"使胡适他们陷入困境的因素之一，是国内毫无秩序的社会政治环境"，"在一个像北洋政府或国民党政府这样一种顽固、集权政府的统治下面，改革是不可能有所作为的"，③ "历史的发展证明，自由主义确实难以在动乱的中国浮现"。④ 因此，在胡适离开大陆以前，其自由主义主要是解构性自由主义，难以成为建构性自由主义，其对老子的解读就一味强调其破坏、革命、无政府、无为的一面。1933—1934年《独立评论》上发生的关于政府"有为"与"无为"之争，胡适就坚定地站在无为一边。

三、非经济自由主义话语下的老子研究

胡适在1941年以前明确表示反对经济自由主义，主张政府在经济方面、政治方面要积极有为。因此胡适大力宣传"干涉主义""计划经济""计划政治""社会化""社会主义"、反对"无为"，反对"放任"，尤其反对"极端放任"。早在留学美国期间，胡适就反对极端个人主义与经济放任主义，主张国家主义

---

① 胡适. 中国古代政治思想史的一个看法 [M]// 欧阳哲生. 胡适文集（12）. 北京：北京大学出版社，2013：155，159.

② 胡适. 不可乱谈无政府 [M]// 施玮等. 胡适文集（书信日记）. 北京：北京燕山出版社，1995：113.

③ 陈先初，刘旺华. 胡适与现代中国的自由主义 [M]// 郑大华，邹小站. 中国近代史上的自由主义. 北京：社会科学文献出版社，2008：426，428.

④ 汪荣祖. 严复与自由主义 [M]// 陈鼓应. 道家文化研究（第二十八辑　严复专号）. 北京：生活·读书·新知三联书店，2014：2.

与经济干涉主义。1914年7月7日，胡适在留学日记中有一则名为《读老子"三十辐共一毂"》，是对《老子》第十一章的解读，胡适在此则日记中以黑格尔国家主义学说来理解老子思想，"吾以为'当其无，有车之用'，谓辐凑于毂而成车，而用车之时，每一辐皆成毂之一部分，即皆成车之一部分，用车者但知是车，不复知有单独之辐矣，故当其无辐之时，乃有车之用。'埏埴以为器，当其无，有器之用'，成器之后已无复有埴，埴即在器之中矣。室成之后，户牖但为室之一部分，不复成一一之户牖矣。"在解说老子本义之后，胡适通过比喻与联想，进一步深度扩展老子思想，"譬之积民而成国，国立之日，其民都成为某国之民，已非复前此自由独立无所统辖之个人矣。故国有外患，其民不惜捐生命财产以捍御之，知有国不复知有己身也。故多民之无身，乃始有国。"由此与黑格尔基于国家与个人对立的国家主义学说联系在一起，"此为近世黑格尔一派之社会说、国家说，所以救十八世纪之极端个人主义也。"1917年3月，胡适自己点明他在美国留学期间对老子的解读，深受黑格尔学说的影响，"此说穿凿可笑，此'无'即'空处也。吾当时在校中受黑格尔派影响甚大，故有此谬说。'"[1]当然胡适也断然反对"狭义的国家主义"与"极端的强权主义"，[2]主张"爱国主义而柔之以人道主义"[3]。

胡适虽然认同政治自由主义与文化自由主义，但反对经济个人主义、资本主义和自由竞争的经济体制。1926年6月6日，胡适写成《我们对于西洋近代文明的态度》，对"个人主义""资本主义""自由竞争"进行批判，"十九世纪以来，个人主义的趋势的流弊渐渐暴白于世了，资本主义之下的苦痛也渐渐明了了。远识的人知道自由竞争的经济制度不能达到真正'自由、平等、博爱'的目的。"主张强化国家制裁资本家的权力，和被压迫阶级联合起来，"救济的方法只有两条大路：一是国家利用其权力，实行裁制资本家，保障被压迫的阶级；一是被压迫的阶级团结起来，直接抵抗资本阶级的压迫与掠夺。"在这种观念的支配下，胡适要求国家领导人积极有为，要求人类积极有为，充分扩充智慧，积极求知，对老子的"绝圣弃智"大加批评，"东方古圣人劝人要'无知'，要'绝圣弃智'，要'断思维'，要'不识不知，顺帝之则'。这是畏难，

---

[1]　胡适. 读老子"三十辐共一毂"[M]// 胡适留学日记（一）. 上海：商务印书馆，1947：286.

[2]　胡适. 国家主义与世界主义[M]// 胡适留学日记（二）. 上海：商务印书馆，1947：432，434.

[3]　胡适. 国家与世界[M]// 胡适留学日记（一）. 上海：商务印书馆，1947：140.

第九章 解构与建构：胡适与新老学话语体系的生成

这是懒惰。这种文明，还能自夸可以满足心灵上的要求吗？"①

胡适主张政治经济都要有计划，现代政治是计划政治，现代经济是计划经济，经济上要搞社会主义。他一度极为欣赏俄罗斯的"空前的伟大政治新试验"，称为"有理想、有计划、有方法的大政治试验"。早在1916年7月20日，胡适在日记中就强烈主张"政治要有计划"，"打个坏主意，胜过没主意"。②1917年1月，胡适在《先秦诸子之进化论》中坚决反对"极端的放任主义"，谓其"误把'天道'和'人事'并作一样的东西"。③1922年5月13日，胡适起草《我们的政治主张》，一方面宣讲基于个人自由、个性发展的自由主义，要求"充分容纳个人的自由，爱护个性的发展"，另一方面又强烈主张"计划政治"，"我们要求'有计划的政治'，因为我们深信中国的大病在于无计划的漂泊，因为我们深信计划是效率的源头，因为我们深信一个平庸的计划胜过无计划的瞎摸索"。④1926年9月16日，胡适在《晨报副镌》发表其在欧游道中给张慰慈的信，赞赏苏俄"做一个空前的伟大政治新试验"，"我心悦诚服地承认这是一个有理想、有计划、有方法的大政治试验。"⑤1926年12月8日，胡适在《晨报副镌》又发表其在欧游道中给徐志摩的信，表明自己信仰一种"新自由主义"，即"自由的社会主义"，反对学习英国的自由主义，谓"英国人一切敷衍，苟且过日子，从没有一件先见的计划"。他对基于公有制的社会主义大为认同，批评经济自由主义者"最大的一个成见就是：'私有财产被废止之后，人类努力进步的动机就没有了'。"胡适相信社会主义能够极大地解放生产力，"无论在共产制或私产制之下，有天才的人总是要努力向上走的"，"我们不能单靠我们的成见就武断社会主义制度之下不能有伟大的生产力"。最后的结论是，"我们不干政治则已；要干政治，必须有计划，依计划做去"。⑥胡适为1929年6月15

---

① 胡适. 我们对于西洋近代文明的态度[M]//姜义华. 胡适学术文集（哲学与文化）, 北京：中华书局, 2001：193, 198.

② 胡适. 政治要有计划[M]//胡适留学日记（四）. 上海：商务印书馆, 1947：960, 961.

③ 胡适. 先秦诸子之进化论（改定稿）[M]//欧阳哲生. 胡适文集（第九册）. 北京：北京大学出版社, 2013：715.

④ 胡适, 我们的政治主张[M]//姜义华. 胡适学术文集（哲学与文化）. 北京：中华书局, 2001：521, 522.

⑤ 胡适. 欧游道中寄书[M]//姜义华. 胡适学术文集（哲学与文化）. 北京：中华书局, 2001：225, 226.

⑥ 胡适. 欧游道中寄书[M]//姜义华. 胡适学术文集（哲学与文化）. 北京：中华书局, 2001：228, 230, 231, 232.

日平社讨论而撰写的讲稿中,对老子的"不争""无为""崇拜自然"的思想充满了批评,斥之为"浅薄",认为会导致社会的"颓废""堕落",与人们积极参与政治的现代民主政治背道而驰。胡适预想人们崇拜自然,就不会积极求知,追求真理,伸张正义。崇拜自然为"合理的",为"最好的",就会"淡于是非之见",不会积极经营人事,"忽略人为",不守礼法,"流为放浪旷达,人人以不守礼法为高。上层阶级自命颓放,而下层社会便更堕落";崇拜自然,人们就不会积极进取,社会就不会进步,"必流于轻视一切人为的事业。老、庄本来反对文化,反对制度,反对知识,反对语言文字。这种过激的虚无主义虽然不能实现,然而中国一切文化事业的苟且简陋,未尝不由于这种浅薄的自然崇拜";崇拜自然,就会"轻视人事,在政治上便是无为主义",而"无为的观念最不适合于现代政治生活。现代政治的根本观念是充分利用政府机关作积极的事业""现代政治重在有意识的计划,指挥,管理,而无为之治重在'不易自然'""无为的政治养成了人民不干涉政治的心理习惯,以入公门为可耻,以隐遁为清高;更不适宜于民权的政治""自然无为养成的懒惰怕事的习惯,也是最不适宜于这个多事的局面的","不争不辩的道德,也是不适宜于民主政治的"。①1930 年胡适发表《东西文化之比较》,批评老子的经济自由主义,"没有利用思想战胜物质的环境,使人民的日常生活也得到自由"。19 世纪中叶以后"自由平等博爱"的"新宗教"是社会主义,"社会主义可说是补充早期民治主义之个人思想的,是民治运动进程中之一部分","现今的世界,已不知不觉的趋于社会主义之途了"。②1932 年 1 月,中外学术研究社出版王维骃编写的《近代名人言论集》,其中有胡适的《思想革命与思想自由》。胡适在文中申论老子"崇尚自然"的思想,与有计划的政治经济、"追求新知""征服自然""不知足""社会进步"等现代性思想不相容。批判此观念"最不适合于现代环境的""与现代环境的需要相反背""与时代精神根本不能相容"。胡适谓现代社会"需要法律和纪律,而老庄之流则提倡无政府的思想,一切听诸自然。这种思想影响人民的生活者很深,驯致养成'个人自扫门前雪,莫管他人瓦上霜'的态度";现代社会"所需要的是征服自然,而传统思想,则令吾人听天由命,服从自然的摆布";现代社会需要积极追求新知,"传统思想

---

① 胡适. 从思想上看中国问题 [M]// 欧阳哲生. 胡适文集(11). 北京:北京大学出版社,2013:142,143.

② 胡适. 东西文化之比较 [M]// 欧阳哲生. 胡适文集(11). 北京:北京大学出版社,2013:169,173.

第九章 解构与建构：胡适与新老学话语体系的生成

则令吾人得过且过，忘怀一切"；现代社会需要永不满足，积极进取，"不知足乃进步之母，崇拜自然者叫人随遇而安，断了腿，失了臂，也听其自然，这样社会还有进步的可能吗？"[①] 1935 年 5 月 12 日，胡适在《独立评论》第 150 号发表《个人自由与社会进步——再谈五四运动》，批评"个人主义在理论上和事实上都有缺点和流弊，尤其在经济方面"[②]。1935 年 6 月 2 日，胡适在《独立评论》第 153 号发表《今日思想界的一个大弊病》，相信"计划经济"与"思想自由"是"相容"的，严厉批评"不相容"的观念，"我们愚笨得很，只知道'自由主义的思想'和专制政治不相容，和野蛮黑暗的恶势力不相容；我们没听见过它和'有计划的生产'不相容。"[③]

当然胡适并非无原则、无条件地支持计划经济，他主张计划经济的实施要有严格的限定条件，那就是要与自己的财力、物力、人力资源相适配，不要好大喜功，不要剥夺老百姓，不要害民。1933 年 5 月 7 日，胡适在《独立评论》第 49 号发表《从农村救济谈到无为的政治》，重新思考老子的"无为而治"的思想，认为老子"提倡无为，并非教人一事不做，其意只是叫人不要盲目的胡作非为，要睁开眼睛来看看时势，看看客观的物质条件是不是可以有为"。认为中国现在还不具备计划经济的条件，老子的"无为"才是现在最为对症的良药，"最好的抚乳培养的方法是一种无为的政治，'损之又损，以至于无为'，以至于无可再损。这种老子的话头也许太空泛；我们可以用十九世纪后期哲人斯宾塞的话：要把政府的权力缩小到警察权"，中国特别落后，恰恰不适合计划经济，而老子"无为"思想"在今日一切落后的中国，我们认为是十分值得我们的政治家注意考虑的"。胡适坚决反对国民政府好大喜功行为，"现代式的大排场"不能以敲榨"穷苦百姓"为代价，"今日大患正在不能估量自己的财力人力，而妄图从穷苦百姓的骨髓里榨出油水来建设一个现代式的大排场"。特别是不能去剥夺最为穷苦的农民，"绝大多数的农村所以破产，农民所以困穷，都还是由于国内政治的不良，剥削太苛，搜括太苦，负担太重"。[④] 1934 年 2

[①] 胡适. 思想革命与思想自由 [M]// 欧阳哲生. 胡适文集（11）. 北京：北京大学出版社，2013：180，181.

[②] 胡适. 个人自由与社会进步 [M]// 国文化的反省. 上海：华东师范大学出版社，2013：26.

[③] 胡适. 今日思想界的一个大弊病 [M]// 姜义华. 胡适学术文集（哲学与文化）. 北京：中华书局，2001：303.

[④] 胡适. 从农村救济谈到无为的政治 [M]// 欧阳哲生. 胡适文集（11）. 北京：北京大学出版社. 2013：299. 300, 301.

月25日，胡适在《独立评论》第89号发表《再论无为的政治》，再次申论老子"无为"的真义是，"只是叫人不要盲目的胡作非为"，"最好的培养方法是一种无为的政治"。①1934年4月1日，胡适又在《独立评论》第94号刊出《建设与无为》，针对有人批评他一会儿大谈计划经济，一会儿又主张无为而治，他再次声明主张"有为的政治"，但反对"盲目的有为"与"害民的建设"。胡适自谓"我是最赞成建设的人；我曾经歌颂科学、歌颂工业，歌颂有为的政治，歌颂工业的文明。这是大家都知道的。现在我忽然提出无为政治之论，并非自己向自己挑战，也不是像某君说的'没有把事实详细研究，而为'立异'的心里所影响。'"胡适真正的现实指向是，"我不反对有为，但我反对盲目的有为；我赞成建设，但我反对害民的建设。盲目害民的建设不如无为的休息。"②胡适的声明的确反应了他的真实想法：搞计划经济要具备人力、物力、财力方面的条件。近代老学其实更强调"无不为"，即"在顺乎道的前提下的积极进取"③，胡适在这里强调老子的"无为"，其实是出于不得已。

四、建构性自由主义与经济自由主义话语下的老子研究

从总体上看，胡适晚年逐渐从解构性自由主义走向建构性自由主义，从反对经济自由主义到认同经济自由主义，从主张有计划的政治经济到强调计划的罪恶。这个转变大约从1941年开始，直到50年代才逐渐完成。1941年7月，胡适在美国密歇根大学讲演，对"激进革命""极权政治""计划经济""独裁""划一"进行反思批判，对"渐进改革""民主政治""自由企业""私人产权""个人主义"进行认同表彰。胡适谓"私人的产权与自由的企业之所以能够长久维持，由历史看来，都是因为这两种制度，具有充分的力量，帮助个人的发展；都是因为这两种制度已使一种极高的经济福利标准，有实现的可能"，"私人产权"与"自由企业"是经济自由主义的核心理念，胡适强调二者，说明此时他已经开始信仰经济自由主义。胡适转而开始批判计划经济，"企图划一，则必须走上压制个人发展的道路，则必将阻碍人格与创造力，必将发生偏私、压迫与奴役等情事，甚至构成知识上的欺骗，与道德上的伪善"，他

---

① 胡适. 再论无为的政治 [M]// 欧阳哲生. 胡适文集（11）. 北京：北京大学出版社，2013：370，371.

② 胡适. 建设与无为 [M]// 欧阳哲生. 胡适文集（11）. 北京：北京大学出版社，2013：386.

③ 李程. 近代老学研究 [M]. 武汉：武汉大学出版社，2008：166，170.

把对计划经济的批判提到"每个人的自由发展"与"文明"的高度来认识,"如果个人不能自由发展,便谈不上文明"。①1954年3月5日,胡适在《自由中国》社茶会上的演讲,对自己曾经具有的"社会主义"与"计划经济"思想表示忏悔,"在民国十五年六月的讲词中,我说:'十八世纪的新宗教信条是自由、平等、博爱。十九世纪中叶以后的新宗教信条是社会主义。'当时讲了许多话申述这个主张。现在想来,应该有个公开忏悔。"在这次讲演中,胡适强调他的转变不是1954年才开始的,也不是1944年哈耶克的著作《通向奴役之路》发表之后受其影响才有的,而是1941年就开始了,"我这个变不是今天变的。我在海耶克书以前好几年已经变了。"1941年7月,胡适在美国密歇根大学讲演《民主与极权的冲突》,"那时候我就指出民主和极权的不同,我就已经变了",为什么胡适要从主张社会主义、计划经济,坚决反对经济自由主义,转变到完全赞成经济自由主义,"因为这个三十多年的政治、经济的大实验,极左的、极右的人实验的失败,给我们一个教训"。②胡适晚年信仰的建构性自由主义,特别强调容忍,认为容忍就是自由,没有容忍就没有自由。1958年12月16日,胡颂平在他的日记中,记载了胡适在十七八年前看望其师康奈尔大学史学教授伯尔的回忆,胡适云:"那天伯尔先生和我谈了一大的话,我至今还没有忘记。他说:'我年纪越大,越觉得容忍比自由还要重要。'其实容忍就是自由:没有容忍,就没有自由。我自己也有'我年纪越大,越觉得容忍比自由还要重要'的感想。"③1959年3月,《自由中国》第20卷第6期刊载胡适的《容忍与自由》,承认"我自己也有'年纪越大,越觉得容忍比自由还要重要'的感想。有时我竟觉得容忍是一切自由的根本:没有容忍,就没有自由",证之于历史,"在宗教自由史上、在思想自由史上、在政治自由史上,我们都可以看见容忍的态度是最难得、最稀有的态度",容忍是自由的前提、基础与根本内容,"容忍是一切自由的根本;没有容忍'异己'的雅量,就不会承认'异己'的宗教信仰可以享受自由"。④

---

① 胡适. 民主与极权的冲突[M]//姜义华. 胡适学术文集(哲学与文化),北京:中华书局,2001:683,684.

② 胡适. 从《到奴役之路》说起[M]//姜义华. 胡适学术文集(哲学与文化). 北京:中华书局,2001:712,713.

③ 胡颂平. 胡适之先生晚年谈话录[M]. 北京:中信出版社,2014:4.

④ 胡适. 容忍与自由[M]//中国文化的反省,上海:华东师范大学出版社,2013:30,32,33.

在这种新的自由主义话语的影响下，胡适对老子的解读呈现出不同于此前的新变化。胡适开始通过老子构建中国的自由主义文化传统与学术传统。他认为老子反对政府干涉人民的个人自由与个人经济生活，让人民能够休养生息，自由发展，真正符合现代自由主义精神，是西方现代自由主义的源头。1942年10月，胡适在《亚洲杂志》42卷10期发表《中国思想》，大力表彰中国文化的基本精神是"人文的、合理的及自由的精神"，就是"古典时代对于理智生活流传下来的最大的遗产"，而老子等人是自由主义精神的代表。[1] 1947年，胡适在辅仁大学演讲，谓老子思想含有"自己变成自己"的自然主义精神。[2] 胡适所说的自然主义其实就是自由主义，因为胡适反复解释过"自然"就是"自由"，就是"自己如此"。1948年9月4日，胡适在北平电台发表广播词，强调老子"打开了自由思想的风气"[3]。1949年3月27日，胡适在台北中山堂演讲，谓老子是"自由主义者"，因为老子主张"无为政治"，"反对政府干涉人民，让人民自然发展"。[4] 1954年3月12日，胡适在台湾大学演讲，高度评价老子的自由主义政治哲学属于世界首创，"在世界政治思想史上，自由中国在二千五百年以前产生了一种放任主义的政治哲学，无为而治的政治哲学，不干涉主义的政治哲学。在西方恐怕因为直接间接的受了中国这种政治思想的影响，到了十八世纪才有不干涉政治思想哲学的起来。"[5]

从胡适长期坚持对老子的研究这一角度来说，其老子研究无疑具有一定的学术性，如郎擎霄《老子学案》盛赞《中国哲学史大纲》（李季戏称为"近十几年来，中国学术界一部万人赞赏的'大著作'"[6]）所论老子篇"颇称创见"，[7] 但也不纯粹是学术意义的。一时代之学术往往是一时代社会的心声，是一时代

---

[1] 胡适. 中国思想家的精神 [M]// 克川. 儒教的使命：胡适谈国学. 北京：当代中国出版社，2013：39, 40, 41.

[2] 胡适. 谈谈中国思想史 [M]// 欧阳哲生. 胡适文集（12），北京：北京大学出版社，2013：317.

[3] 胡适. 自由主义 [M]// 欧阳哲生. 胡适文集（12）. 北京：北京大学出版社，2013：734.

[4] 胡适. 中国文化里的自由传统 [M]// 欧阳哲生. 胡适文集（12）. 北京：北京大学出版社，2013：617.

[5] 胡适. 中国古代政治思想史的一个看法 [M]// 欧阳哲生. 胡适文集（12）. 北京：北京大学出版社，2013：159.

[6] 李季. 胡适中国哲学史大纲批判 [M]. 上海：神州国光社，1931：1.

[7] 郎擎霄. 老子学案 [M]. 上海：大东书局，1926：1-2.

的话语。这一点，胡适在《中国哲学史大纲》中已经自觉意识到。他在论说老子思想时指出，"他的思想，完全是那个时代的产儿，完全是那个时代的反动。"[①] 胡适的老子研究，并非如李季所言"东拉西扯，牵强附会"[②]，或如陈钟凡所言"附会得太过"[③]。胡适的老子研究并非空中楼阁，故弄玄虚，高谈阔论，亦非简单地为西方自由主义话语作注脚，而是对近代中国残暴政治、不良政府的一种严重抗议。胡适毕生信仰自由主义，致力于以西方自由主义话语中的"进化""不干涉主义""放任主义""无政府主义""个人自由"来解析老子思想，同时又以老子话语体系中的"无为""自然"来回应西方的自由主义，由此两种话语得到一定的沟通融合。通过老子研究，胡适逐渐构建起自由主义的中国传统，并从世界自由主义思想史的角度，评价老子为世界自由主义的鼻祖。由于社会环境变化的影响，特别是由于胡适在一定程度上对政府态度的变化，其自由主义话语前后并不完全一致，而是有一定的歧异。离开大陆之前，胡适更多地偏重解构性自由主义，强调老子的"破坏"与"革命"，此后则走向建构性自由主义，强调老子的"自然"与"容忍"。

结语

清季民国时期，受西方新式学术话语体系与中国"千年大变局"的影响，中国学术话语体系出现了近代转型。胡适的老子研究，是近代学术话语体系转型之中的一个案例。胡适以西方自由主义话语来解析老子，同时根据中国社会的现实需求，对自由主义话语做了一定的调整与变动，由此导致其老子研究前后有所变化。前期多以解构性自由主义话语来解析老子，强调老子的破坏、革命与无政府主义思想，后期倾向以建构性自由主义话语来解析老子，强调老子代表中国的自由主义传统，是西方现代自由主义的源头。胡适的老子研究体现了学术性与时代性的紧密关联。

---

① 胡适. 中国哲学史大纲[M]. 上海：商务印书馆1919：50.
② 李季. 胡适中国哲学史大纲批判[M]. 上海：神州国光社，1931：55.
③ 陈钟凡. 十五年来我国之国故整理[M]// 刘东，文韬. 审问与明辨：晚清民国的"国学"论争. 北京：北京大学出版社，2012：991.

第十章　国学思潮与多元现代性的中国建构

近代以来，中国反复出现西化与国学两种思潮的交替，这是极为值得深思的历史现象。过去我们把国学思潮简单地称为文化保守主义思潮、复古主义思潮，这是存在严重误解的。为什么西化思潮过后往往为国学思潮，国学思潮真的是保守主义吗？仔细考察过后，我们发现国学思潮并不真的是保守主义思潮，而是一种立足本国国情与本国文化，进而努力吸收消化西学的现代化思潮。具体每一次国学思潮的旨趣有所不同，具体的个人思想也比较复杂，但总体上还是愿意吸纳西方现代性，认同现代化，但反对抛弃本国文化，反对离开本国国情，反对照搬外国模式，反对反复折腾。学者楼宇烈也观察到近代以来国学思潮一再浮现，他也认为，"所有的国学讨论，归根到底都是东西方文化的交流，是现代化的进程当中来思考如何正确对待本国已有的文化传统，如何继承和发扬本国传统文化中的优秀成分，如何建设具有本国、本民族特色的现代化国家？"[①]国学问题，的确不是复古的问题，也不是反对西化的问题，而是现代化的问题，"百年来的国学论争，特别是近二十年的国学论争，其实质是什么？是中国社会向何处去？是中国如何实现现代化。"[②]

一、第一次国学思潮：从现代性本土化中寻找中国的现代性

近代以来，中国发生了三次国学思潮，第一次发生在清末，即20世纪初。为什么这次国学思潮发生在这个时候，有什么宗旨和特别的意义？中国在鸦片战争之后，就踏上了向西方寻找救国良方的道路，其后的洋务运动就是向西方学习的第一波。但这一时期中国奉行"中学为体、西学为用"的学习原则，还没有走向全盘西化的道路，在政治制度、意识形态、道德风俗方面还是坚持自己的一套。但1895年之后就不一样了，经过甲午战争的沉重打击，中国已经失

---

① 楼宇烈. 国学百年启示录[N]. 光明日报，2007-01-11.
② 李宗桂. 国学与时代精神[J]. 学术研究，2008（3）.

第十章 国学思潮与多元现代性的中国建构

去了自信,对自己的政治制度、意识形态已经逐渐丧失了信心,学习西方的宪政、议会制度、三权分立制度、政治学理论、社会学理论已经成为大势所趋。当时已经有人提出全盘西化的要求,公羊学派已经用西方现代性思想来解读儒家思想,知识分子对意识形态作重新解释的行为,固然是为维新变法提供理论支持,也在通过改造传统的意识形态逐渐建立现代化的意识形态。八国联军侵华战争的再次沉重打击,1901年之后,全盘西化的思潮已经狂飙突进,不可遏制了。中国自己的政治制度与意识形态已经面临空前的危机,全面学习西方几乎成为社会各派的一致要求,尤其是革命派,不仅要学习美国、或法国、或日本的政治制度,而且不再满足于改造儒家意识形态,发起了"三纲革命""孔子革命",要求完全推翻儒家意识形态。1905年清政府废除科举考试制度,给了儒家意识形态最后一击。但在西化思潮甚嚣尘上之际,为什么反而出现了国学思潮呢?

第一,反思西化思潮,对它进行纠偏,要求现代化切合中国实际,提出走中国自己的现代化道路。国学派认为,中国实行欧化30年没有取得良好的效果。"今之见晓识时之士,谋所以救中夏之道,莫不同声而出于一途,曰欧化也,欧化也。兹而倡国粹,毋乃于天择之理相违,而陷于不适之境乎?毋乃袭崇古抑今之故习,阻国民之进步乎?应之曰:否否!不然!大欧化者,固吾人所祷祀以求者也。然返观吾国,则西法之入中国,将三十年,而卒莫收其效,且更敝焉。"① 国学派并不认为国学完美无缺,他们清醒地认识到国学的缺陷,学习"外来之学"的必要性。但认为"他国之学"有他国特定的适宜性,完全用于本国未必适合。国学为本国之学,有长期的适宜性,即使环境有了重大变化,本国之学还是更具有适应性,只要本国之学是开放的,能够吸收他国之学,与时俱进,那么,土生土长的本国之学对本国无疑会有更多的亲和力与适宜性,更容易为本国所认同,其植根于本国历史风俗人心,有深厚的适应基础,不是西化所能够轻易取代的。"夫我国之学,可尊守而保持者固多,然不合于世界大势之所趋者亦不少。故对于外来之学,不可不罗致之。他国之学固优美于我国,然一国有一国之风俗习惯,夏裘而冬葛,北辙而南辕,不亦为识者所齿冷乎?然则对于我国固有之学,不可菲薄,当思有以发明而光辉之。对于外国输入之学,不可一概拒绝,当思开户以欢迎之。"国学派反对对西学食而不化,主张以国学吸收消化西学。"于西学庶免食而不化之讥,于中学冀呈晦而复明之象。"② 国学有中国自己的特点,有与西方不一样的地方,有超越西学的方面,只要我

---

① 许守微. 论国学无阻于欧化[N]. 国粹学报,1905-08.

② 高旭. 学术沿革之概论[N]. 醒狮,1905-09.

们保持开放的心态，善于吸取西学的营养，善于密切联系现实，国学复兴不仅不会导致亡国，而且特有利于国家建设。"吾国古籍中举凡哲学、医学及它科学，亦有深发其秘，道人之所不能道，驾西学而上之者。吾人苟专心而求之，发扬蹈厉，以与西学相融汇，采人之长，补己之短，以己之有，助人之无，辟五光十色之新文明，为亚东生色，是国非特不至于亡，且将因之以兴。"[①]

第二，这次国学思潮不是保守意义上的国学思潮，而是西化基础上的国学思潮，这次国学思潮并不反对学习西学，反而强烈主张吸纳融化西学，甚至也不反对西化，在一定意义上还有强烈的西化取向，只是反对离开中国实际完全西化，希望西化能在中国得到真正落实，也就是西学与西方现代性要入乡随俗而本土化，只有经过本土化的西学与本土化的现代性才是真正属于中国的。《国粹学报》的主编黄节认为，国学包举"东西诸国之学"，国学复兴并非狭隘的排外主义，复兴国学的宗旨是复兴中华民族，复兴中国文化，是为中华民族树立精神支柱。"夫国学者，明吾国界以定吾学界者也。痛吾国之不国。痛吾学之不学，凡欲举东西诸国之学，以为客观，而吾为主观，以研究之，期光复乎吾巴克之族，黄帝尧舜大禹汤文武周公孔子之学而已。然又慕乎科学之用宏，意将以研究为实施之因，而以保存为将来之果。"[②]国学派认为现代化要从根基做起，既然欧洲现代化从文艺复兴开始，因此中国现代化也应该有自己的文艺复兴。先秦诸子之学的复兴，就是中国的文艺复兴。"欧洲以复古学而科学遂兴，吾国至斯，言复古已晚"，应该"急起直追，力自振拔"。复兴国学并非排斥欧化，国学与欧化并非相互排斥，恰恰相反，是相得益彰。"国学者，助欧化而愈彰，非敌欧化以自防，实为爱国者须臾不可离也云尔。"[③]1905年10月，《国粹学报》的另一位主编邓实在《国粹学报》第9期发表著名的《古学复兴论》，这是中国的文艺复兴宣言，指出复兴国学、创新国学是每个中国人对祖国应尽的责任。"吾人今日对于祖国之责任，惟当研求古学，刷垢磨光，钩玄提要，以发见种种之新事理。"复兴国学主要是复兴先秦"诸子之学"，因为诸子之学与西学相通，可以相互发明。"诸子之学，其所含之义理，于西人心理、伦理、名学、社会、历史、政法、一切声光电化之学，无所不包，任举其一端，而皆有冥合之处，互观参考，而所得良多。"西方的现代化起于文艺复兴，中国的现代化也应该起于中国的文艺复兴，20世纪是中国的文艺复兴时代，也是中国

---

① 王天优. 国学研究会宣言书[N]. 国学丛刊，1914-06.
② 黄节.《国粹学报》叙[N]. 国粹学报，1905-02.
③ 许守微. 论国学无阻于欧化[N]. 国粹学报，1905-08.

现代化的世纪。"十五世纪,为欧洲古学复兴之世,而二十世纪,则为亚洲古学复兴之世。"①

第三,为了挽救民族危机,建设现代民族国家,中国需要复兴国学以构建国魂,即构建中国自己的民族国家精神、社会核心价值和意识形态,唤起民众的民族国家意识、爱国主义热情,建立中国的民族国家认同意识,使得现代民族国家能够真正建立起来。学者梁枢指出,第一次国学思潮中的国学概念主要是政治观念,是为了拯救民族危机,提出发展构想,构建现代民族国家而提出的。"第一阶段的国学,是一个政治的观念,而不是一个学术的观念。当时整个国家的民族危机非常严重,晚清的国学派就此提出了国与学的关系,就是国家的形势非常危急,但还是要坚持传统文化。"②1906年7月,近代革命家、思想家、大学者章太炎在《民报》第六号上发表著名的《东京留学生欢迎会演讲》,指出主张欧化主义的人是因为并不真正了解中国的历史与文化,只有认识本国的历史与文化,深入了解本国的历史与文化,才会真正热爱自己的国家,就不会再持欧化主义的主张。"近来有一种欧化主义的人,总说中国人比西洋人所差甚远,所以自甘暴弃,说中国必定灭亡,黄种必定剿绝。因为他不晓得中国的长处,见得别无可爱,就把爱国爱种的心,一日衰薄一日。若他晓得,我想就是全无心肝的人,那爱国爱种的心,必定风发泉涌,不可遏抑的。"③高旭《南社启》强调,国学为国魂所寄,建设良好的现代民族国家,必须有国学作为民族国家的精神支撑。"国有魂,则国存,国无魂,则国将从此亡矣!夫人莫哀于亡国,若一任国魂之飘荡失所,奚其可哉!然则国魂果何所寄?曰:寄于国学。欲存国魂,必自存国学始。"邓实《国学无用辨》认为,国学的精华是先秦诸子之学,先秦诸子之学是真正的救国之学,复兴国学主要是复兴先秦诸子之学。"老子之道术,庄子之齐物,墨子之兼爱,申韩之法制,孙吴之兵谋,荀子之名学,管子之经济、用其一皆可以有裨于当世。夫诸子之多为其术,以救人国之急,可谓勤矣。"④

第一次国学思潮是第一次西化思潮的延续,也是对第一次西化思潮的反思,是中国人全面吸收西方文明,探索中国特色的现代化道路的开始。从二者相得益彰、互相发明的意义上看,第一次国学思潮与第一次西化思潮可以说是同一

---

① 邓实. 古学复兴论[N]. 国粹学报,1905-10.
② 梁枢. 新国学之路——访清华大学国学研究院院长陈来[N]. 光明日报,2009-10-26.
③ 章太炎. 东京留学生欢迎会演讲[N]. 民报,1906-07.
④ 邓实. 国学无用辨[N]. 国粹学报,1907-06.

个现代化思潮的两个侧面。第一次国学思潮是开放的、创新的、现代化的，不是封闭的、复古的、保守的。第一次国学思潮有强烈的文化民族主义取向，是通过文化现代化建设来建立现代中国的开始。

二、第二次国学思潮：从现代性反思中寻找中国的现代性

第二次国学思潮发生在新文化运动之后，新文化运动时期有一股强劲的西化思潮。在1895年以后，中国出现了一股强劲的西化思潮，维新派和革命派都是这股强劲的西化思潮中的流派，革命派甚至要抛弃自己的意识形态、道德风俗，但他们为了建设现代民主国家的需要，发起了以古学复兴为内容的国粹主义运动，认为诸子学就是中国的西学，西学源于诸子学，二者可以相通，既然西方现代化从文艺复兴开始，那么中国现代化也应该从诸子学复兴开始。辛亥革命之后，革命派在制度建设方面完全向西方学习，但并没有建立起真正能够良性运作的自由民主制度。政治制度激进西化失败后，有的回到君主立宪制，有的要走军政——训政——宪政的渐进政治现代化之路，有的更加激进地认为政治制度西化失败源于道德人心没有西化，因此必须要完全西化，连道德风俗人心也必须西化，这就是所谓"最后的觉悟"。因此新文化运动一开始是一场激进的西化运动，提出打倒旧文化、旧文学、旧道德，建立新文化、新文学、新道德。西化派认为中国贫穷落后源于中国文化，源于"国学无用"，因此有必要全盘西化。"今日欧化东渐，新学诸子，以神州之不振，归咎于国学之无用，乃欲尽弃其学而学焉。"[①]西化是当时世界性的强势思潮，也是当时中国社会、学术，甚至政治的主潮。"现在世界，到处都是西人占势力，彼所谓是者，便无人敢指为非。因此国人心目中总觉得中国文明，与西人相差太远，便想便满盘承受欧化，已成为一种风气，并且在国内政治学术两面，都占有很大的势力。"[②]

但为什么在这次强劲的西化思潮来临之后，又产生一个新的国学思潮呢？

第一，对西化思潮进行批判性反思，吸收消化西化思潮中的合理因素。国学派反思晚清以来中国西化的效果，认为西化并没有拯救中国，中国还是混乱不堪，还是贫穷落后，还是一再出现民族危机。"晚清而后，政局之兀突不宁，社会之畸形发展，外人之土地侵掠；国人大梦初醒，怵焉不安于旧时之现状，以为非改造不可。始而采取西人之坚甲利兵，继而采取欧人之政治制度，继而采取欧人之伦理思想，终至欧人所有学说无不在我国作一度之接触。举凡军国

[①] 姚光. 国学保存论[N]. 国学丛刊，1923.

[②] 何键. 研究国学之方法与应具之眼光[N]. 国光，1935-07.

第十章 国学思潮与多元现代性的中国建构

主义、社会主义、民治主义、无政府主义皆已移植于吾土；举凡唯心、唯物、实验、实证……之说，皆已交接于吾耳。蒋百里氏曾谓'中国数十年，一个新的去，一个新的来，一个新的又来，来了很快的便已到处传播……'然环顾国内，政局之兀突如故，社会颠危如故，而人民所受之苦痛，益甚于前；用是咨嗟叹息，以为西方文化仍不足以拯国危。惟有重整国故，以先哲之学说，拯生民于涂炭。"[①]国学派认为西化不仅没有产生很好的社会效果，反而在很大程度上破坏了传统的道德风俗人心。"近年我国学者，因输尽欧美学术，无补于神州危弱之局，穷途知返，遂有复兴国学之企图。我国家当局，亦感于人心不正，敷治无从，清源正本，端在明伦，更有复兴国学之决心。时会所趋，蔚为风气，于是研究国学之声，遂遍海内。"[②]在西化的过程中，主要是学习西方的科学技术、物质文明、政治制度，并没有着力去学习西方的道德习俗、宗教信仰，却在大力破坏自己的道德习俗、宗教信仰，结果是西化的消极方面日益明显，也就是出现了物质主义、消费主义、享乐主义、惟利是图等现象。"数十年来，海内士夫，貌袭于欧化；利用厚生，制驭物质之一切科学教育，未能逮欧人百一。而日纵亡等之欲，物质享乐，骎骎逮欧土而肩随之，物屈于欲，欲穷乎物，生人道苦，乱日方长。故曰'物质主义，今日之患'也。"[③]新文化运动开启了中国的第二次国学思潮，第二次国学思潮也是在西化思潮的基础上发生的，是对西化思潮的一种反思，也是对西化思潮的一种消化融合，企图找到二者融合的方法，开辟中国自己的发展道路。"自从'五四'运动以后，中国文艺复兴的时代来到了。同时中国国学的真灵魂也复甦过来。渐次的因为外来的文化与中国固有的文化发生了冲突，遂使一般真正觉悟的份子更加努力去钻研中国国学，藉以明了它们冲突的所在同冲突的原因，以谋适当解决的方法。"[④]新文化运动虽然一开始是由西化派主导，但即使是西化派也提出要"重整国故，再造文明"。东方文化派则致力于国学复兴，致力于以西学来诠释国学，致力于把国学运用到寻找中国现代化的新道路之中，所谓"旧邦新命"，"为万世开太平"。因此，新儒家、新墨家、新道家、新法家由此得以兴起。

第二，对西方文明进行批判性反思。第一次世界大战的爆发，打破了我们对西方文明的盲目崇拜，开始反思西方文明的缺陷，重新审视中国文明的优长

---

① 曹聚仁. 国故学之意义与价值[N]. 东方杂志，1925-02.
② 张树璜. 国学今后之趋势[N]. 国光，1935-12.
③ 钱基博. 今日之国学论[N]. 国光，1929-01.
④ 王皎我. 中国国学在国际上的新地位及其最近之趋势[N]. 青年进步，1928-06.

之处。对西方的物质文明、经济制度、政治制度、科学技术、宗教信仰、道德人心都开始了重新审视，不再毫无怀疑地接受。对中国自己的制度与文化也不再一味地怀疑、批判、乃至否定。以农立国与以工立国论争、东西方文化论争、科玄论战等就是对西方文明进行批判性反思的表现。钱基博认为，第二次国学思潮是在反思欧化的"物质主义"与中国传统的"古典主义"基础上创新的，其主旨是"人文主义"。"唯'人文主义'之国学，斯足以发国性之自觉，而纳人生于正轨；理之自然，必至之符也。'人文主义'之一名词，在欧土与'物质主义'为对；在吾儒与'古典主义'为对。'古典主义'，昔人之所轻。'物质主义'，今世之所患。"①第一次世界大战不仅促使中国学者开始反思西方文明的缺陷，也迫使东西方学者对西方文明的缺陷进行反思，罗素、伯格森、杜里舒、斯宾格勒、托尔斯泰、泰戈尔等人的思想与学说就是这种反思的产物。他们也愿意重新认识东方文化，并对东方文化复兴予以倡导。东西方学者的这种言论传入中国，对中国学者很有影响，使中国学者不再把自己的文化弃如敝屣，视如无物。

第三，寻找中国自己的民族认同，寻找中国自己的发展模式。国学派一直相信国学为民族国家认同所必须。保存国学不是固守国学，不是保守，而是在吸取消化融会贯通西学的基础上发扬光大。"今日欲保我种族，必先保存国学。而保存者，非固守不化之谓也，当光大之，发挥之。至于泰西学术，为我所未及者，亦极多焉。当取其精华，弃其糟粕，融会而贯通之，而后国学能复兴。"②国学复兴需要具备三个条件：其一，国学要与西学相互比较、相互发明，国学要有包容性、开放性；其二，国学要面向现实，解决实际问题，符合现实需求，寻找救国方案；其三，国学研究者要率先垂范，具有良好的道德水准。"我们固然知道他们的主张，是偏狭的，但他已走入欧化途中，不能自觉，好像饮了狂泉，要想将他唤醒，来转移目前的风气，至少要有三层功夫。一、将国学与西学比较，使其知道国学的优长。二、通经致用，使其知国学培养的人材胜于西学。三、研究国学的人须在八德上立住脚跟，表示国学所成就的品格绝对可靠。苟不如此，突说空话，仍然无用，仍没有昌国学的力量。"③

第二次国学思潮是新文化运动开启的，是对新文化运动以来的西化思潮的一种反思，是对第一次世界大战所造成的西方文明危机的一种反思，也是对长

---

① 钱基博. 今日之国学论 [N]. 国光，1929-01.
② 姚光. 国学保存论 [N]. 国学丛刊，1923.
③ 何键. 研究国学之方法与应具之眼光 [N]. 国光，1935-07.

期以来学习西学与西方文明的一种消化融合。与第一次国学思潮一样,第二次国学思潮实际上与西化派也是分不开的。不仅东方文化派推动了国学运动,西化派也推动了国学运动,虽然他们的目的并非复兴国学,而仅仅是如解剖尸体一样解剖国学,但他们也期望通过重整国故,再造文明,尽管他们可能是以西方文明为模板来再造中国文明。但当 20 世纪 30 年代以后中华民族危机日益严重时,西化派也不再盲目崇拜西方文明,对国学也有所认同,也进行了创造性转化。

三、第三次国学思潮:从现代化道路反思中寻找中国的现代性

20 世纪 90 年代以来,中国又迎来了第三次国学思潮。20 世纪 80 年代,中国吸取前 30 年学习苏联和关门搞现代化的严重教训,虚心地向西方学习,向世界开放,如饥似渴地吸取西方发达国家现代化的经验,中国的现代化呈现一片欣欣向荣的景象。这一时期,社会主义国家普遍也在开始改革开放,向西方学习。向西方学习的其中一个结果,就是西化思潮盛极一时,中国也不例外。但为什么在又一次强劲的西化思潮袭来之后,再来一次国学思潮呢?

中国要坚定地走中国特色的社会主义道路,这是第二代中央领导集体吸取教训,高瞻远瞩所做出的战略抉择,而这离不开中国文化传统的理解和支持。"我们要建设中国特色的现代化中国,这个特色在什么地方?离开了我们的文化传统,我想这个特色就表现不出来、体现不出来。所以只有在认同我们的文化传统,把我们的文化传统继承下来、发展起来,才可能有我们的特色。"[①]中国特色的社会主义现代化道路取得巨大成功的背后,学界一般认为存在中国文化传统的支持。"这么多年的改革开放,为中国的发展带来了前所未有的生机,尽管还存在许许多多的问题和一些难以预见的潜在危险,但它的发展变化确实令人惊叹不已。是什么原因促使中国在改革开放以来的短短时间内发生如此大的变化?变化固然有许多原因,但这种变化与文化,特别是与国学或传统文化有没有必然联系?如果有联系,其联系的关键所在又是什么?"[②]这就是第三次国学思潮在中国坚定地选择走有中国特色的社会主义现代化道路之后,能够兴起的根本原因。

---

① 楼宇烈. 国学百年启示录[N]. 光明日报,2007-01-11.

② 李中华. 国学、国学热与文化认同[J]. 北京行政学院学报,2007(3).

第三次国学思潮也是我们不再盲目相信西方文明、自觉反思西方文明，要求走自己的现代化道路的新战略选择。现代西方文明重视科技、重视物质、重视理性、重视人权、重视信仰，也重视个人道德，是一种空前伟大的文明，世界历史由此取得了巨大的进步。但毫无疑问，现代西方文明也是一种具有严重缺陷的文明，殖民主义、帝国主义、物质主义、消费主义、无止境地掠夺大自然、科学万能主义、人类中心主义等，都是现代西方文明的痼疾，20世纪70年代以后，西方文明面临着更深刻的危机。现代西方文明是一种工业文明，工业文明是一柄双刃剑，虽然产生了巨大的财富，但同时也引发了严重的危害，直接危及了人类的生存家园与精神家园的安全。"由工业文明而产生的科学主义、个人主义和权利主义无法解决全球化之后人类共同面临的能源、生态、环境危机；而责任与和谐具有替代自由、效率等被资本主义视为具有普世性价值的新价值功能。今天我们来复兴国学，其实是从中华民族共同的精神家园、中华民族延绵不断的独特功能和中华民族独有的生活方式三个层面来寻找其必然性的。"①虽然以工业文明为根本特征的物质文明，让人类成为地球真正的主人，但巨大的物质财富也让人类迷失了自己，由此造成空前的物质崇拜及其副产品权力崇拜。"我们今天有着一种新的宗教崇拜，那就是"拜物教"：一切以"物"的尺度来衡量，只有在物质的层面上才是允许和被鼓励的，任何东西只有变为物质，变为可见的"物"的存在于统治，才是具有说服力和令人认可的，所有那些属于人的价值、人的精神生活和感受，都被弃之如敝履。另外有一个与'物'完全匹配的东西便是'权力'，它同样也是一种'物性'力量，权力崇拜也是一种物质崇拜。今天对于权力的无限崇拜也同样俯拾皆是，严重危害了我们民族的有机体，侵蚀了民族的道德和尊严。"②第三次国学思潮确实是对流行于全球、居于强势地位的西方现代性进行深度反思。全世界学习西方的工业文明，形成了具有工业文明特色的现代性，但学界认为目前这个现代性已经面临深度危机，如环境破坏与污染问题、资源消耗与枯竭问题，需要借助传统的国学智慧予以重新思考。"自20世纪90年代以来，西方的有识之士开始对西方的现代性进行反思。人类面对的一系列严峻挑战，在进入新世纪后，不但没有缓解且有愈演愈烈之势。其中最为严峻的是人与自然的关系，包括能源、环境、生态、人口对自然造成的伤害，已经发展到难以挽回的程度，在天人二分或工具

---

① "国学学科问题"高端访谈（上）：该不该为国学上户口 [N]. 光明日报，2009-12-21.

② 崔卫平. 我们的尊严在于拥有价值思想 [N]. 南方周末，2007-01-11.

理性指导下的工业文明形态似乎已面临绝境。由此，一些西方学者提出'思维方式的变革要到东方文明中寻找动力'的文化观点，得到较为普遍的呼应。"①成功打败传统的现代性已经失去了制约因素，其负面因素日益放大，形成马克斯·韦伯所言的现代性的"铁笼"，让人类无法提升自己，超越自己，人类越来越走向非人类，成为科学技术的奴隶，成为物质的奴隶，成为环境的牺牲品，成为数字机器，成为工具理性的副产品。"现代性越是到了晚期，毛病越多。现代性发展到今天，蜕变非常厉害，人性中的骄傲与贪婪空前膨胀、技术与理性的畸形发展、物质主义、享乐主义压倒一切、精神世界的衰落等，成熟的现代性打败过去的传统之后，反而呈现出畸形的一面。"②既然已具有晚期现代性特征的西方文明本身处于深刻的危机之中，我们就不能指望西方文明来拯救自己，只能依靠自己的文明，但又不能复古，所以只有依靠自己文明的创新发展。"当代的西方文明正在经历其深刻的虚无主义危机，当代的西学自身也在经历彻底反省之痛苦。从尼采、海德格尔直到当前所谓的后现代主义，都表明了这种反省之痛苦所具有的深度。人类是只有通过痛苦才能学到一点真理的，现在该是到了西方人和中国人都要再学真理的时候了。于此当口，我们中国人才真切地认识到，我们未来的命运并不现成地就在西方那里放着。所以反求诸己，是必定的选择。"③由此，我们应该严肃认真地反思传统的西方中心论，反思西方发展模式，反对对西方道路亦步亦趋，坚持开辟中国自己的现代化道路。"西方政治上的强权与霸权，经济上的多次危机所显露出来的其体制及理念上的弊端，均是不符合历史潮流，不利于人类社会健康发展的东西。我们不应邯郸学步、盲目尊奉西方的政治、经济和文化的意识形态，以'西方文化中心论'作为价值判断的标准。"④

　　第三次国学思潮既要反思西方文明和人类发展中所面临的共同危机，也要反思中国现代化过程中所面临的特殊矛盾、突出问题和各项实际问题。"面对21世纪人类所共同面临的严峻的冲突与危机，面对中华民族在政治、经济、文化、制度、观念、道德、信仰在其发展中所面临的种种矛盾和问题，面对西方强势经济、文化、科技的冲突下所面临的冲突与融合等，要上下左右、中西内外的有机整体地思量求索化解之道，以便开出融突古今中西内外之道为和合体

---

① 李中华. 国学、国学热与文化认同 [J]. 北京行政学院学报，2007（3）.
② 许纪霖. 启蒙如何虽死犹生 [N]. 中华读书报，2009-07-15.
③ 王德峰. 依中国精神建设当代国学 [N]. 复旦学报（社会科学版）2006（5）.
④ 李慎民. 建立马克思主义新国学观和新国学体系 [N]. 光明日报，2010-02-08.

的新国学。"①20世纪80年代中国开始了改革开放,决定寻找有中国特色的社会主义现代化道路,90年代改革开放进入了攻坚阶段,凸显了越来越多的问题,这不是复制他国模式、学习西方经验就能够完全解决的,必须有自己的探索。21世纪初,中国经济现代化已经取得了巨大成功,但深层次的制度问题、道德信仰问题的负面影响却日益彰显。这需要借助国学重整我们的制度文化、道德信仰、企业文化、政治文化。"在当前,中国面临着快速发展带来的一些列问题,其中最突出的是经济发展与文化发展存在的不平衡问题。由于中国的改革开放是在十年动乱之后兴起的,也由于中国古代一直是以传统文化作为自己的道德信仰的源泉,因此,十年动乱对于祖国优秀文化遗产的破坏,造成了自上而下的普遍的道德信仰的危机。特别是在一部分官员当中,道德伦理几近虚无,根本没有古代仁人志士所说的先天下之忧而忧,后天下之乐而乐的精神境界,丧失道德理想后的人格成了培育贪腐的温床。人们普遍为道德信仰的沦丧而苦恼,而国学并没有发挥自己固有的作用,处于沉潜废弃的地位,不能不令人感到叹扼。"②因此,第三次国学思潮的宗旨是立足中国现实,适应当代社会,增强中华民族的认同感和凝聚力,实现中国的现代化和全人类的良性发展。"当代的国学应当立足现实,服务于振兴中华、增强民族凝聚力,实现现代化的伟大历史任务。"这次国学思潮有强烈的现实针对性,不是纯粹的理论务虚行为,"国学要与当代社会相适应,与现代文明相协调,为中国的现代化和全人类文明的进步做出应有的贡献。"③

与前两次国学思潮一样,第三次国学思潮也是对第三次西化思潮的反思,同时也是对近代中国以来整个西化思潮的反思,对从西方兴起扩展到全球的现代工业文明的反思,对中国改革开放实践的反思。第三次国学思潮是探索中国特色社会主义现代化道路的重要组成部分。其主流不是复古的、保守的、封闭的、封建的,而是包容的、开放的、创新的、现代化的。

结语

对于中国这样的历史悠久、文化绵延、国土广大、国家长期大一统并曾经创造了灿烂文明的巨型文明国家而言,现代化过程与模式根本无法复制任何一国的成功经验,中国现代化的成功必将是在学习先进西方文明、但绝对不是照

---

① 张立文. 国学的度越与建构 [N]. 理论视野, 2007(1).
② 袁济喜. 国学与现代中国 [J]. 东南学术, 2007(3).
③ 袁行霈. 国学的当代形态与当代意义 [J]. 中国社会科学院院报, 2008.

搬照抄的基础上自己探索出来的。近代中国出现的三次国学思潮就是这种探索的尝试，第一次出现在清末（20世纪初），第二次出现在新文化运动以后（20世纪20-40年代），第三次的出现时间是20世纪90年代至今。这三次国学思潮都是在人们探索现代化道路的迫切需求下出现的，并非纯粹的学术思潮，实际上是中国人构建本国现代性的一种社会思潮。虽然近代中国西化思潮很严重，但每一个西化思潮过后，都会出现一个旨在消化西方思想的国学思潮，这是合乎历史发展的逻辑的。

第十一章 "拿来主义"：向西方学习的思潮的反思

自鸦片战争失败，近代中国出现了一股学习西方的思潮，这股思潮的极端形式就是全盘西化和消灭本国传统文化。过去我们一直关注这股思潮的正面影响，忽略对其负面影响的反思。学习西方是完全应该的，但我们学习西方的方式不无问题。尽管中国文化消化外来文化的能力一向很强，中国文化也向来强调"极高明而道中庸"，但功利化、情绪化、简单化、极端化与赶超性的思维却是近代中国所难以摆脱的，这就严重影响了我们学习西方、重建现代文化的效果。

一、寻找富强路：向西方学习的思潮的发生

功利主义目标一直左右着近代中国学习西方的方式，这一出发点，既带来显著的学习绩效，也造成消化不良的负面后果。学习西方、赶超西方是中国不断遭受西方侵略的无奈选择。因为在当时条件下，"落后就要挨打"，弱国没有外交。国家富强成为近代中国最根本的发展诉求。因此，近代中国出现了八次学习西方的热潮。每当被动挨打之后，每当新政府成立之后，向西方学习的思潮就显著高涨。

第一次向西方学习的思潮，发生于第一次鸦片战争之后。这次战争强行打开了中国大门，中国向西方列强开放了沿海港口。中国知识界受到一定的震动，林则徐、魏源、梁廷枏、徐继畬、姚莹、洪仁玕等，是总结鸦片战争失败教训，学习西方的先行者。第一次向西方学习的思潮，重在学习西方的国防技术，其革新倾向往往通过微言大义表达，如经济上倾向以商立国，发展科技，开设工厂；政治上介绍西方民主制度，对英国议会制度与美国民主共和制度有所推许。但这次思潮对洋务运动前的中国几乎谈不上什么影响，因为中国政府与知识界还没有完全认识到鸦片战争对中国的意义。

第二次向西方学习的思潮，发生于第二次鸦片战争之后。这次战争给中国

第十一章 "拿来主义"：向西方学习的思潮的反思

带来的震撼更大，皇帝被赶出北京；带来的影响也更大，中国不得已开放了长江流域，允许全国传教，外国公使进驻北京，清政府正式设立外交机构总理衙门，中国公使派驻西方。总结失败教训，为了富国强兵，官方不得不正式师法西方，开始了为期三十年的自强运动。知识界则兴起了学习西学、探索富强之道的热潮。富强之道开始成为学习与变革的主题。这次官方也加入了学习西方的行列，从中央到封疆大吏出现了洋务派。知识界也出现了建议学习西方的代表性著作。如冯桂芬的《校邠庐抗议》、郑观应的《盛世危言》、邵作舟《邵氏危言》、汤震《危言》等。这次向西方学习遭到巨大的阻力，很多儒家的信仰者以为学习西方不合中国文化传统。主张向西方学习者则以"西学中源""礼失求野"论来使之合法化、合理化，亦较为系统地开启了中西学互释的历史。第二次向西方学习的思潮比第一次的规模更大、效果更好。由言说而付诸行动，从民间进入官方，由理想进入制度规范。确立了学习西方的基本原则为中体西用。

第三次向西方学习的思潮，发生于甲午中日战争之后。甲午战争对中国的震撼超过了第一次、第二次鸦片战争与中法战争，因为一个向来被视为蛮夷小邦的日本打败了自视为天朝上国的中国，而且中国丧失的权益空前严重。接着又出现了强占租借地、划分势力范围的瓜分危机。"千年变局"的时局共识基本形成。保国、保种、保教，成为当时的时代强音。因此，再次掀起向西方学习的热潮。知识界甚至觉察到中国文化的整体危机，向西方学习有向全盘西化转化的倾向。当时要求向西方学习的维新派不仅有康有为、梁启超、严复、何启、胡礼垣等激进派，也包含张之洞、陈宝箴等渐进派。渐进派主张中体西用，先易后难。激进派西化倾向则更为明显，主张迅速突破，以期尽快富强。尽管均主张改革政治制度，但激进派主张迅速推进君主立宪，渐进派则暂不予以考虑。尽管均主张维护中国文化，但激进派主张儒教新教化，开始挑战纲常伦理，渐进派则维护纲常伦理，不过也做了重新诠释。这次向西方学习的政治行动虽然失败，但在近代思想史上的意义重大。向西方学习第一次成为有重大影响力的政治思潮。君主立宪思想此后成为政治改革的主流。虽然维新运动的激进派与渐进派均主张保教，但激进派对古文经学的否定与纲常伦理的抨击，渐进派所持的中西会通以及对纲常伦理的重新诠释，均不同程度地动摇了儒家思想的地位。不过，对儒家文化的主体自信仍然存在。此后向西方学习的情况就不同了。

第四次向西方学习的思潮，发生于义和团运动之后。戊戌维新之后，清政府利用义和团运动强烈排外，由此发生了八国联军侵华战争，清政府逃出北京，腹心地区被西方控制。《辛丑条约》签订，国家利益空前受损，中国再次面临强烈的民族危机与政治危机。义和团运动是"中国人的最后自信思想和最后自信能力去同欧美的新文化相抵抗",此后"中国一般有思想的人,便知道要中国富强,要中国能够昭雪北京城下之盟的那种大耻辱,事事便非仿效外国不可"。①向西方学习从此向本体西化、充分西化、全盘西化转化,中国文化的主体性不复存在。"崇拜外国的心理便一天高过一天","时时刻刻,件件东西总是要学外国"。②但辛亥革命前夕的革命派虽然整体倾向西化,但其西化恰恰是出于民族主义的考虑,因此,革命派一方面主张西化,另一方面又主张国粹学复兴。国粹学就是古学,主要是先秦诸子学,一些革命派认为秦始皇以来的中国文化是君学与夷学,只有先秦古学才属于民学与华学。而先秦诸子学一方面与西学相通,是属于中国自己的西学,可谓治国良方;另一方面又能够承载中国的民族精神,提升民族凝聚力。向西方学习的思潮向西化思潮的深入,致使晚清立宪派也一再要求加快立宪进程。"内外臣工强半皆主张急进"。③

第五次向西方学习的思潮,发生于辛亥革命之后。辛亥革命意外成功,革命派对学习西方信心十足,决定把西方的宪法与法律条文、议会制度、内阁制度、政党制度等直接引入中国。向西方学习再次掀起狂潮。孙中山后来反思道:"革命之后,举国若狂,总是要拿外国人所讲的民权到中国来实行,至于民权究竟是什么东西,也不去根本研究。"④但这次政治制度上的学习西方,不仅水土不服,而且遭到北洋政府的抵制。在学习哪个西方、哪种制度、如何落实方面,意见分歧之大、派系斗争之激烈,让人叹为观止。由此可见,虽然民主共和思想深入人心,但具体如何操作,却缺乏明显的共识。这就为恢复习惯成自然的君主制度和官僚制度营造了环境。

第六次向西方学习的思潮,发生于新文化运动之后。新文化派认为民国之所以建立不起来,西方政治制度移植之所以不能成功,尊孔读经思想之所以泛滥成灾,是因为老百姓的思想道德觉悟不够,必须清除他们思想道德中的专制与迷信文化,即儒家文化与道教文化,以民主和科学文化取而代之,才能成功。新文化派的代表有陈独秀、李大钊、胡适、鲁迅、吴虞、钱玄同、刘半农、傅

---

① 孙中山. 三民主义·民权主义 [M]// 孙中山全集(第九卷). 北京:中华书局,1981:316.

② 孙中山. 三民主义·民权主义 [M]// 孙中山全集(第九卷). 北京:中华书局,1981:316,317.

③ 爱新觉罗·载沣. 醇亲王载沣日记 [M]. 北京:群众出版社,2014:370.

④ 孙中山. 三民主义·民权主义 [M]// 孙中山全集(第九卷). 北京:中华书局1981:317.

斯年等。新文化派认为，既然北洋政府借儒家文化维护自己的合法性，那就必须不遗余力破坏儒家文化。既然儒家文化与中国文化整体相关，那就有必要摧毁整个中国文化，以摧毁其合法性外衣。"自洪宪纪元，始如一个霹雳震醒迷梦，始知国粹之万不可保存。"[①] 因此，应该在破坏中国文化之后，全盘接受具有现代性与世界性的西方文化。"向咱们施行帝国主义的外国的文化，都比咱们高得多多，咱们不但不应该排它，而且有赶紧将它全盘承受之必要，因为这是现代的世界文化，咱们中华文化也应该受这种文化的支配。"[②] 新文化运动时期，新文化派尽管主张西化，反对儒家文化，但又对诸子思想予以新的解释与认同，可见他们实际上并没有全盘否认中国文化。

第七次向西方学习的思潮，发生于国民政府建立之后。20世纪20年代的东方文化复兴运动，虽然反对者诸多，但还是推动了新儒家、新诸子学、新佛学的兴起。国民政府建立之后，政府与知识界又进一步推行了一系列复兴中国文化的运动，如新生活运动、尊孔读经运动、本位文化建设运动等，这激起了西化派知识分子的强烈反感，西化派发起了全盘西化运动，主张一心一意的现代化，充分的世界化。胡适、陈序经、吴景超等是西化派的代表。全盘西化运动激起知识界西化与中国本位文化大论战，结果正如胡适所预言的，西化与本位趋于调和，现代化得到认同。

第八次向西方学习的思潮，发生于抗日战争之后。抗日战争爆发之后，英美支持中国抗战，苏联也与英美联合对付法西斯，赞同中国实施国际统战政策，中国为了依托英美抗战到底，再次掀起了向西方学习的热潮。西方的自由民主思想流行一时，民主党派活跃。美国成为学习的头号对象。林肯的三民主义（民治、民享、民有）、罗斯福的四大自由、罗斯福新政、英美式的计划经济，成为举国学习的榜样。这次向西方学习的思潮随着第二次世界大战结束、两大阵营对抗、中国一边倒、转向"全面向苏联学习"而结束。

回顾近代中国向西方学习的历程，在学习内容方面，从学习西方物质文明到学习西方制度文明，进而学习西方道德精神文明；从学习西方国防技术到学习西方市场工业管理与国家治理经验，进而学习西方教育、学术、思想、文化；从学习西方科技到接受西方宗教，进而学习西方新道德；从部分学习到整体学习，进而全盘学习。在学习对象方面，从师法英国，到取法日本，到模仿美国，

---

① 钱玄同. 答陈大齐[M]// 林文光. 钱玄同文选. 成都：四川文艺出版社，2010：37.
② 钱玄同. 关于反抗帝国主义[M]// 林文光. 钱玄同文选. 成都：四川文艺出版社，2010：87-88.

最后到全面学习俄国。在学习方法方面，从中体西用到中西会通，进而全盘西化。在学习目标方面，从晚清以学习西方以商立国与议会政治为根本目标，到民国以学习美国民主共和和计划经济为目标，最后到共和国以学习苏联以工立国与社会主义为根本目标。总的来看，近代中国，人们对西方文化采取的态度是一种逐渐认同、肯定的态度。①

二、失去自信力：向西方学习的思潮的激化

近代中国在向西方学习的过程中，逐渐丧失了文化自信力，产生了一种必须依赖西方文化才能拯救中国的他信力。故而出现了四次旨在全面学习西方的西化思潮。西化思潮与向西方学习的思潮，两者的不同之处在于，西化思潮丧失了文化自信与自觉，不是以中国文化为本体来吸收西方文化，而是直接以西方文化为本体，以破坏和摧毁中国文化为能事，主张直接移植西方文化，无须批判与消化。西化思潮不主渐进，而主急进；不求稳扎，而求速效；不计后果，而计效果；不顾文化与生活的一体性，试图隔离文化与生活；不顾发展水平，唯求法乎其上。其严重危害是深远的，那就是中国文化似乎都成为落后的、愚昧的、迷信的、有阶级毒素的、有吃人基因的封建文化与野蛮文化，应该被彻底打倒、破坏、扫荡。只有全盘学习西方的文化才算是文明。

第一次西化思潮出现于甲午战争之后。战争的失败激起了政治上的激进主义，反对洋务运动中体西用、主张全面学习西方的思潮由此而生。"海内缤纷，争言西学"。②1898年康有为在《上清帝第六书》一书中提出"全变"的政治主张。"能变则全，不变则亡，全变则强，小变仍亡。"③《湘报》也提出"一切制度悉从泰西"的呼吁。"必改正朔，易服色，一切制度悉从泰西，入万国公会，遵万国公法。"④坚决主张"唯泰西者是效"，"一切繁礼细故，狠尊鄙贵，文武名扬，恶例劣范，铨选档册，缪条乱章，大政鸿法，普宪均律，四民学校，

---

① 郑大华. 第一次世界大战对战后（1918-1927）中国思想文化的影响[M]//中国近代思想史研究集刊（第二辑）. 北京：社会科学文献出版社，2005：159.

② 康有为. 京师保国会第一集演说[M]//汤志钧. 康有为政论集. 北京：中华书局，1981：238.

③ 康有为. 上清帝第六书[M]//汤志钧. 康有为政论集（上）. 北京：中华书局. 1981：211.

④ 易鼐. 中国宜以弱为强说[N]. 湘报，1898年第20号.

第十一章 "拿来主义"：向西方学习的思潮的反思

风情土俗，一革从前，搜索无剩，唯泰西者是效。"①当然，这次全面学习西方，并非完全否定中国文化。康有为虽然主张"全变"，但以儒家"经义"来包装。他在1898年4月17日的京师保国会第一集演说中指出，"泰西立国之有本末，重学校，讲保民、养民、教民之道，议院以通下情，君不甚贵，民不甚贱，制器利用以前民用，皆与吾经义相合。"②何启、胡礼垣在《康说书后》中虽然反对康有为推崇儒家"经义"的言论，但他们在主张兴民权时，也引用上古三代、孟子之语等来说明"中国民权之理于古最明""民权者实上世之常谈"。③维新派的全面西化实际上仍然是中西合璧。"何谓改法？西法与中法相参也。何谓通教？西教与中教并行也。何谓屈尊？民权与君权两重也。何谓合种？黄人与白人互婚也。"④虽然否定皇帝年号纪年，但主张"用孔子纪年"。⑤

第二次西化思潮出现于义和团运动之后。义和团运动的极端排外，激起了西方的疯狂镇压。经过这一危机事件，向西方学习开始成为社会共识。"中国国民的举动之对外人也，始则贱视，继则排斥，至今则渐知文明待遇之法。"⑥但随着文化自信的丧失，西化思想弥漫一时。不仅革命派中的三民主义派、无政府主义派力主西化，特别是《新世纪》派，而且国粹派口中的所谓"国粹"，即"古学"，也主要是特指中国式的西学——诸子学。维新派中的《新民丛报》也在大力宣传西化，即改造国民性。即使是清政府也不得不"揆度时势，瞬息不同，危迫情形，日甚一日，朝廷宵旰焦思，亟图挽救"，⑦也有一定的西化倾向。亲历该历史时期的孙中山明确指出，"中国人从经过了义和团之后，完全失掉了自信力，一般人的心理总是信仰外国，不敢相信自己。无论什么事，以为要自己去做成、单独来发明是不可能的，一定要步欧美的后尘，要仿效欧美的办

---

① 樊锥. 开诚篇三[N]. 湘报，第24号.
② 康有为. 京师保国会第一集演说[M]//汤志钧康有为政论集. 北京：中华书局，1981：238.
③ 何启, 胡礼垣. 新政真诠——何启, 胡礼垣集[M]. 郑大华点校. 沈阳：辽宁人民出版社，1994：18，19.
④ 易鼐. 中国宜以弱为强说[N]. 湘报，1898年第20号.
⑤ 樊锥. 开诚篇三[N]. 湘报，第24号.
⑥ 宋教仁. 中国国民之进步[M]//陈旭麓. 宋教仁集（上）. 北京：中华书局，2011：323.
⑦ 爱新觉罗·载沣. 醇亲王载沣日记[M]. 北京：群众出版社，2014：370.

法。"① 黄兴在1915年12月26日也回忆道:"原中国人之意志,固欲效法美国之主义目的,以图造成一大民主国也。"②

第三次西化思潮,发生于新文化运动之后。以陈独秀、胡适、钱玄同、丁文江、吴稚晖等为代表。曾经令人欢欣鼓舞的民国成为空壳,民主共和制度并没有如同辛亥革命之前所预期的那样,轻易地建立起来,反而又出现了帝制复辟和尊孔思潮,地方军阀也变成了无数的土皇帝,这一切激起了革命派与知识界更激烈的破坏情绪,认为道德人心尚未真正觉悟,因此决定发动一场旨在促进"最后的觉悟"的文化运动。他们反对孔教,反对礼法,反对贞节,反对旧伦理,反对旧政治,反对旧艺术,反对旧宗教,反对国粹,反对旧文学,反对旧文字,反对旧语言。他们把"近世文明"完全等同于"欧洲文明"或"西洋文明"。③主张以近代西洋新精神文明、新伦理取代孔教、礼法、贞节、旧宗教、旧国粹、旧伦理。他们主张全盘西化。"若是决计革新,一切都应该采用西洋的新法子,不必拿什么国粹、什么国情的鬼话来捣乱。"④理由是"民族生活的样法是根本大同小异的"。⑤中国没有必要保持所谓的中国特色,更何况西洋文明是科学的、民主的、实利的、发展的、进取的、进步的,中国文明则是迷信的、专制的、虚文的、静止的、懒惰的、知足的、退化的,中国文明只有为西方文明所取代,中国才能取得进步。

第四次西化思潮,发生于20世纪30年代。以胡适、陈序经、吴景超等为代表。针对东方文化复兴与本位文化建设的思潮,西化思潮再次主张全盘西化,认为中国"百事不如人","我们必须承认我们自己百事不如人,不但物质机械上不如人,不但政治制度上不如人,并且道德上不如人,知识不如人,文学不如人,音乐不如人,艺术不如人,身体不如人。"⑥全盘西化的理由是西方文化具有进步性、现代性与世界性,"欧洲近代文化确实比我们进步得多;西洋的现代文化,

---

① 孙中山. 三民主义·民权主义 [M]// 孙中山全集(第九卷). 北京:中华书局 1981:342.

② 黄兴. 辨奸论 [M]// 载湖南省社会科学院. 黄兴集. 北京:中华书局,2011:417.

③ 陈独秀. 法兰西人与近世文明 [N]. 青年杂志,1915-09-15.

④ 陈独秀. 今日中国之政治问题 [N]. 新青年,1918-07-15.

⑤ 胡适. 读梁漱溟先生的《东西文化及其哲学》[M]// 姜义华,章清. 胡适学术文集·哲学与文化. 北京:中华书局,2001:150.

⑥ 胡适. 介绍我自己的思想 [M]// 胡适论学近著(第一集). 济南:山东人民出版社,1998:503.

第十一章 "拿来主义"：向西方学习的思潮的反思

无论我们喜欢不喜欢，它是现世的趋势。"[1]西化派认为全盘西化必须以学习西方的生产创造活动为主，娱乐享受为次。"我们主张全盘接受欧化，当然要首先注重欧化的创造方面的活动，如创造新文明、新经济、新国家、新制度、新教育学术、新艺术等，这亦可以叫做文化的正业；至于享乐和玩耍方面的欧化活动，乃文化的副业，当以正业的成功和进展为权衡。"[2]

向西方学习的思潮出现激化与异化，是近代中国在特定的民族与国家危机环境下，急于赶超西方的产物。主要表现在中西、古今、快慢、落后与进步、物质与精神的二元对立。

西化论者在中西文化比较之中，采用二元对立的极端思维与抽象思维，得出中西文化、新旧文化不可调和，不可会通，不可理解，不可相互诠释的结论。中国文化被作为旧文化、专制文化、封建文化、迷信文化、落后文化、腐朽文化、野蛮文化而予以全盘否定。西方文化则被视为新文化、近代文化、民主文化、科学文化、富强文化、进步文化、文明文化而全盘肯定。如陈独秀以为东西文化不可调和。"东西洋民族不同，而根本思想亦各成一系，若南北之不相并，水火之不相容也。"[3]西洋民族以个人、法治、实利、战争为本位，东洋民族以家族、感情、虚文、安息为本位。这是一种极其简化、笼统、抽象的文化思维方式。从线性进化论的视角肯定："新（西洋的新法子）旧（国粹与国情）两种法子好像水火冰炭，断然不能相容。"[4]"新（欧化）旧（孔教）之间，绝无调和两存之余地，吾人只得任取其一。"[5]钱玄同以为古今文化不可调和。"要民国，惟有将帝国的一切扔下毛厕。"[6]李大钊主张打破新旧不调和的矛盾生活，另创一种新生活。[7]中西文化比较之中，运用理想范型研究方法未尝不可，但这仅仅是一种模型分析与理论抽象，并非对具体文化的历史分析与个案分析。经典现代化理论虽然认为传统文化与现代化是二元对立、相互排斥的，但经过反思之后的新现代化理论，一般均赞成传统文化与现代化相互适应、相互促进、相互调和的观点，认为传统文化未必会阻碍现代化，传统文化可以适应现代化，

---

[1] 陈序经. 中国文化的出路[M]. 北京：中国人民大学出版社，2004：102-103.
[2] 卢观伟. 序[M]//陈序经. 中国文化的出路. 北京：中国人民大学出版社，2004：2-3.
[3] 陈独秀. 东西民族根本思想之差异[N]. 新青年，1915-12-25.
[4] 陈独秀. 今日中国之政治问题[N]. 新青年，1918-07-15.
[5] 陈独秀. 通信[N]. 新青年，1917-03-01.
[6] 钱玄同. 赋得国庆[M]//林文光. 钱玄同文选. 成都：四川文艺出版社，2010：95.
[7] 李大钊. 新的！旧的！[N]. 新青年，1918-05-15.

也可以促进现代化。文化价值系统具有柔性、开放性、包容性与发展性，而非刚性、封闭性、排斥性与停滞性。文化价值系统可以重新解释，不断赋予其新的时代内涵。全然破坏、废除、取消旧的文化价值系统是不可取的，也是非理性的行为。

近代中国西化的结果是中学解体，西学独胜，中学并入西学，丧失自己的独立存在价值。西学则被认为是包治百病的灵丹妙药。诚如傅斯年所言，"中国与西人交通以来，中西学术，固交战矣；战争结果，西土学术胜，而中国学术败矣。"①科学则被推崇为万能。科学派不顾西方宗教、道德与科学并存的现实，坚决主张以科学取代宗教与道德，以科学作为一种新信仰。胡适说："我们也许不轻易信仰上帝的万能了，我们却信仰科学的方法是万能的，人的将来是不可限量的。"②吴稚晖更是以科学为信仰，"我信'宇宙一切'，皆可以科学解说。"③张君劢观察到当时"科学万能"确为一种思潮。"盖二三十年来，吾同学界之中心思想，则曰科学万能。"④根据线性进化论观点，西化论者以科学排斥宗教，吴稚晖认为"宗教实为未进化之信仰学"⑤。陈独秀认为"宗教美文，皆想象时代之产物"。⑥胡适指出，新文化运动以来为"许多青年人'打到宗教'的喊声正狂热的时代"。⑦

西化论者把近代中国的贫穷落后归根于中国传统的思想文化，以致出现对中国思想文化的否定、批判、破坏与文化虚无主义。西化论者认为"西方文化一切都好，中国文化一切'不如人'"。⑧陈独秀说："论政治、学术、道德、文章，西洋的法子和中国的法子，绝对是两样，断不可调和迁就的。"⑨为了全

---

① 傅斯年. 中国学术思想之基本误谬[N]. 新青年，1918-04-15.

② 胡适. 我们对于西洋近代文明的态度[N]. 现代评论，1926-07-10.

③ 吴稚晖. 一个新信仰的宇宙观及人生观[M]// 张君劢，等. 科学与人生观. 合肥：黄山书社，2008：408.

④ 张君劢. 再论人生观与科学并答丁在君[M]// 张君劢，等. 科学与人生观. 合肥：黄山书社，2008：59.

⑤ 吴稚晖. 一个新信仰的宇宙观及人生观[M]// 张君劢，等. 科学与人生观. 合肥：黄山书社，2008：414.

⑥ 陈独秀. 敬告青年[N]. 青年杂志，1915-09-15.

⑦ 胡适. 为新生活运动进一解[M]// 姜义华，章清. 胡适学术文集·哲学与文化. 北京：中华书局，2001：261.

⑧ 龚书铎. "全盘西化"论的历史考察[M]// 中国近代文化的探索. 北京：北京师范大学出版社，2011：95.

⑨ 陈独秀. 今日中国之政治问题[N]. 新青年，1918-07-15.

面否认中国文化,陈独秀提出中国学术退化论,认为"中国之学术,则自晚周以后,日就衰落耳"[①]。胡适猛烈批判中国传统的价值体系,"我们只有做官发财的人生观,只有靠天吃饭的人生观,只有求神问卜的人生观,只有《安士全书》的人生观,只有《太上感应篇》的人生观。"[②]汪淑潜主张"中国固有之文化",与西洋文化"根本相违""不能相容",必须"根本打破""排除尽净"。[③]钱玄同提出废儒学、灭道教、废汉字三种根本解决办法。"欲使中国不亡,欲使中国民族为二十世纪文明之民族,必以废孔学、灭道教为根本之解决;而废记载孔门学说及道教妖言之汉文,尤为根本解决之根本解决。"[④]

西化论者把中国的发展目标锁定为西式的,以西方的现实为中国的未来,以西方的范式、模型、标准为发展的标杆,生搬硬套西方的发展模式。但为了效法西方最富强、最实用的榜样,又不得不断改变西方标杆,英国、日本、美国、德国、俄国先后被视为学习的榜样。谁最富强、谁的发展速度最快、谁的国力最强大,我们就向谁学习,不顾能否跟得上,不顾是否真的适宜中国现实,不顾发展的路径依赖性,不顾中西本身的历史发展过程,也不顾中西文化的特殊性。

国家越是在西方面前遭受挫折,主张向西方学习的人越是激进,他们不断要求全面学习西方、急速赶超西方,本国的实际情况往往被忽视。1898年1月底,康有为《进呈日本明治变政考序》期待中国能够十年赶上欧美三百年之成就。"大抵欧美以三百年而造成治体,日本效欧美,以三十年而摹成治体。若以中国之广土众民,近采日本,三年而宏规成,五年而条理备,八年而成效举,十年而霸途定矣。"康有为拟定的发展速度是三至十年之内中国能够赶超西方,称雄世界,这种赶超速度不可谓不快。而且认为国家规模越大,越能够赶超。后来的政治领袖几乎无不信奉这种赶超论。晚清立宪派一再要求加速立宪进程亦是如此。以致后来竟然出现七年赶超美国、两年赶超英国的极速赶超论调。赶超论者完全没有考虑先进国家的特殊历史机遇和种种复杂的发展背景,如基础差异,制度差异,文化差异,资源禀赋差异等。不顾本国实际的一味赶超,带来的只是折腾与灾难。

受社会进化论的线性历史进化观影响,向西方学习论者认为越是最新的,越是最好的;文明越是进步,越是趋于社会大同;文明越是进步,复杂的问题

---

① 陈独秀. 随感录(一)[N]. 新青年,1918-04-15.
② 胡适. 序二[M]// 张君劢,等. 科学与人生观. 合肥:黄山书社,2008:12.
③ 汪叔潜. 新旧问题[N]. 青年杂志,1915-09-15.
④ 钱玄同. 通信:中国今后之文字问题[N]. 新青年,1918-04-15.

越是容易解决。吴稚晖说："我信物质文明愈进步，品物愈备，人类的合一，愈有倾向；复杂之疑难，亦愈易解决。"①因此，向西方学习论者往往以学习西方最新的思潮为时尚。最新的思潮被认为是最进步的，也就是进化之中最适宜的，即是最适宜中国的。

受社会进化论思潮影响，也深受"落后就要挨打"与民族主义的刺激与影响，向西方学习论者把种群竞争、国家竞争与阶级竞争提到空前的高度，奉行民族利益、国家利益至上，弱肉强食、优胜劣汰的思想得到普遍宣传，而个人主义、人道主义、人文主义、人本主义则受到冷遇，乃至批判，漠视民生与个人的权利，忽视人的生命意义。严复把弱肉强食视为社会进化之理，"各争有以自存，其始也，种与种争，及其成群成国，则群与群争，国与国争。而弱者当为强肉，愚者将为智役焉。"②种群竞争、国家竞争压倒了种群与国家之间的和平共处，也压倒了个人存在、个人权益、家庭利益与社会福利。这种后果就是近代政府与知识界竞谈国家富强，而少谈个人权益和生命价值。

西方文明本身是复杂的，有区域、民族、国别、古今、宗教、发展阶段等各方面的差异，但我们在学习西方的过程中，则倾向于简化。学习西方文明往往高度化约为学习西方科学技术，或学习西方物质文明，或学习西方工业文明，或学习西方政治文明，等等。对于西方的信仰体系、价值体系、道德体系、服务体系、社会治理体系并没有予以足够的重视。也就是说，对于西方并没有全面深入的认识。如晚清学习西方论者，在学习西方的富强之术方面，有的化约为国防技术，有的化约为"以商立国"，有的化约为议会制度，有的化约为教育制度。革命派学习西方，化约为民主共和制度。民国学习西方论者，有的化约为"以工立国"，有的化约为"实业救国"，有的化约为"教育救国"，有的化约为"科学救国"，有的化约为"人权救国"。吴稚晖甚至把"科学的人生观"简化为："吃饭、生小孩与招呼朋友"。③对学习西方的简化处理，虽然有利于快速、集中精力学习，但由于并不完全了解西方，不理解西方经验的制度基础、社会基础、历史基础、文化基础，因此并不利于中国的全面健康协调发展。

---

① 吴稚晖. 一个新信仰的宇宙观及人生观 [M]// 张君劢，等. 科学与人生观. 合肥：黄山书社，2008：356.

② 严复. 原强 [N]. 天津《直报》，1895-03.

③ 吴稚晖. 一个新信仰的宇宙观及人生观 [M]// 张君劢，等. 科学与人生观. 合肥：黄山书社，2008：356页.

三、重拾自信力：向西方学习的思潮的限度

近代中国向西方学习的思潮，虽然出现一种西化、乃至全盘西化的倾向，但同时也有本土化的倾向在与之抗衡。正是这股倾向对西化有所缓和，且推动着中国文化的保存，从而打下了文化复兴的基础，也为民族凝聚、民族自信提供了坚实的土壤。

近代中国，学习西方伊始，中学就被置于学习的背景之中。要么是比较的对象，要么是诠释西学的方法，要么是西学改造的对象，要么是西学摧毁的对象。或显或隐，中学总是不可被摆脱。中学的存在为西学传播，改造西学，西学中国化，建构近代民族文化，提高民族凝聚力发挥了重要作用。

以《海国图志》《海国四说》《瀛环志略》等为代表作的"海国"派，是第一批开眼看世界，主张向西方学习的先进之士。他们虽然向西方学习，但对本国文化却极其自信，他们主张的学习西方，只是补中国文化不重视国防技术、自然科学、工业发展之不足，而非根本改变中国文化。当然，对中国文化自视过高，是他们的缺点。后来的洋务派与维新派，也没有丧失对中国文化的自信。正是基于对中国文化的自信，他们才以西学中源论，强化向西方学习的合理性与合法性。然后又以中体西用论，推出了以中国文化为基础，吸纳西方文化的现代性救国方案。所谓中体，表面看上去是指儒家文化，说白了就是中国文化的自主性与自觉性。如果否定中国文化的自我学习、开放与反思能力，那么学习西方，就真的只能变成全盘西化了。即使是洋务派与维新派推崇的儒家文化，也是经过他们重新解释后的儒家文化，洋务派致力于儒学改良，维新派致力于儒教新教化。他们均以西学对儒学进行重新诠释，以创造出适宜新战国时代的新儒学。洋务派与维新派均追求速效，但国家的保守性和长期的封闭性，却使得欲速不达。

义和团运动之后，我们基本丧失了对中国文化的自信。西方的震撼与强力，致使最后的顽固派也不得不侧目以视。中国文化的主体性、自觉性与反思能力被否定，西化的思潮开始一浪高过一浪，不时有全盘西化的呼声。此后的革命派虽然倡导古学复兴，大力阐发所谓的国粹主义，鼓吹文化民族主义，但比照的对象却是西方。国粹学（先秦古学）不过是中国自己的西学，所谓古学复兴，不过是中国式的西方文艺复兴。所谓的儒教新教化，不过是中国式的西方宗教改革。处处效法西方，从文艺复兴与宗教改革，到民主共和制度，到社会主义、无政府主义，体现了革命派强烈的西化取向。

新文化运动虽然提倡"重整国故，再造文明"，但其"重整国故，再造文明"的方法却完全是西方的学理，或者说是所谓的科学方法。中国文化则被看作国

故，也就是木乃伊之流，是缺乏生命力的，需要经过西学这把手术刀的全面解剖，然后在西学的框架里吸收有用的成分。但新文化派并不认为中国文化之中有很多有用的成分，而认为"中国学术差足观者，惟文史美术而已；此为各国私有之学术，非人类公有之文明"[1]。因此，所谓再造新文明，其实还是学习西方文明。"西洋的近代文明的最大特色是不知足"，"神圣的不知足，是一切革新、一切进化的动力"[2]。

东方文化派重新对中国文化有了自信，尽管这种自信其也是建立在西方基础之上的。西方发生了第一次世界大战，其弱点在这次世界大战之中暴露无遗。经济发展、物质文明用于争夺世界市场，科学、工业用于杀人武器。基督教博爱、和平的观念完全被惨绝人寰的战争所破灭。自由、民主、人权被空前的国家专制与人道主义灾难所颠覆。西方文明也在反思自身的不足。东方文化复兴运动乘势而起。东方文化派也有夸大中国文化优点的一面，例如对以农立国、儒家文化的过度推崇，他们反对破坏中国文化，主张以现代性观念重新解释中国文化，相信中国文化对于建构新的政治制度、思想道德、价值体系，还是能够发挥主体作用的。孙中山曾经极为认同西化，立志建立一个西方式的新中国，但民国的政治实践与第一次世界大战，使孙中山对西方文化全体皆优的信仰发生动摇。1924年孙中山在《三民主义》演讲中指出，"欧美的文明，只在物质的一方面，不在其他的政治各方面"，"欧美的特长只有科学"[3]。孙中山认为中国的道德与价值体系经过重新解释，是可以继续发挥作用的，没有必要建立所谓的西式新道德。中国过去的政治制度也可以在吸收西方新的政治理念之后起死回生，如中国传统的三权分立与西方式的三权分立融合而成五权分立。只有科学技术与工业文明是西方特有的，我们应该努力学习、赶超。

1929-1933年西方发生了大危机、大萧条，西方文化的危机再度出现。本位文化派认为中国西化极其严重，文化上的中国已经消失了，文化上的中国人也几乎没有了。中国的文化、政治、社会、思想均已经没有了中国特征，西方的文化侵略使中国文化面临全面消亡的危险。1935年1月10日王新命等教授发表《中国本位的文化建设宣言》，认为"从文化的领域去展望，现代世界里

---

[1] 陈独秀. 随感录（一）[N]. 新青年，1918-04-15.
[2] 胡适. 我们对于西洋近代文明的态度 [N]. 现代评论，1926-07-10.
[3] 孙中山. 三民主义·民权主义 [M]// 孙中山全集（第九卷）. 北京：中华书局1981：343.

第十一章 "拿来主义"：向西方学习的思潮的反思

面固然已经没有了中国，中国的领土里面也几乎已经没有了中国人"。[①] 本位文化派为此发起了中国本位文化建设运动，期待中国文化能够恢复过去的荣光。相信"中国本位的文化建设是一种民族自信力的表现"。[②] 本位文化派对中国西化程度的估计明显过分，但这种反对文化殖民、倡导文化的自主与自觉确实是很有必要的。本位文化派遭到西化派的强烈反对，但西化派亦不得不有所收敛。

近代中国思想界，向西方学习的思潮一直占主导，这股思潮由弱而强，最终冲垮了中国原本的文化体系。其中的西化思潮，更是破坏、摧毁了中国文化，最终走上了全盘西化的不归路。其中的另一股思潮，虽然也在向西方学习，但主张的是在维持中国文化的主体自觉与反思能力的基础上向西方学习，学习西方是为了自己的新生，并非破灭自己的文化。但这股抗衡西化的思潮，并不能真正挡住西化思潮的狂风暴雨，而是经常陷于左支右绌的窘境。根源何在？一是因为近代中国没有根本独立自主，无法通过经济发展富强起来，缺乏文化自信自觉的经济基础。二是因为西方一直是强大的国际力量，而且一再对中国进行肆无忌惮的侵略，迫使中国一再出现政治与文化的激进主义，以求以最快速度赶超西方，无暇走中国文化融合消化西方文化的渐进吸收发展之路。求快，就不得不寻找能最快发展中国的模式，至于对中国文化的伤害，就可以在所不计了。富强成为最大的民族自信之源。

近代中国，向西方学习的思潮，虽然有本土化思想的缓和，但主流仍然是西化思想。这股思潮没有充分理解文化的复杂性，往往有笼统与简单的毛病，不是充分挖掘本国文化的现实意义、现代意义与普适意义，而是认为西方文化优于中国文化，以西方文化改造中国文化，中国文化成为西方文化的附属品与装饰品，对西方文化也缺乏关于其时代、地域、民族、流派、复杂性的精微分析。甚至简单地否定本国文化，视之为饱含毒素的封建文化或野蛮腐朽的落后文化。这股思潮也不是以本国老百姓的实际生活需求和每个人的自由发展为中心，而仍然以西方为学习和赶超的榜样，把现代化等同于西化，等同于与西方接轨。西方化的目标或者是抽象与泛化的大杂烩，或者是数量意义上的经济指标，或者是具体某一国的模式，缺乏以我为主的拿来主义精神，缺乏对西方发展方式的负面性的警惕。这股思潮也过分看重国家的发展与富强，过分重视国家发展的速度与数量，对个体生命的意义，个人的发展、生活质量，社会的思想开放交流和思想自由环境的创造关注不够。这股思潮也没有足够重视经济发展，以

[①] 王新命，等. 中国本位的文化建设宣言 [N]. 文化建设，1935-01-10.
[②] 王新命，等. 我们的总答复 [N]. 文化建设，1935-05-10.

为光凭政治与文化的西化就能够解决一切问题。重新检讨近代中国向西方学习的思潮，对我们今后的发展是极为有益的。

结语

近代中国出现了一股向西方学习的强劲思潮，这股思潮对中国的发展具有极为重要的积极意义。但长期以来，我们在评价其正面作用的同时，却忽视了对其消极后果的反思。学习西方并没有错，但我们学习西方的方式的确存在问题。学习西方不能以丧失文化自信，放弃文化反思能力，否定文化的动态开放性与多元包容性，破灭本国优秀文化为代价。

主要参考文献

[1] 章太炎. 论诸子学 [M]// 章念驰. 章太炎演讲集. 上海：上海人民出版社，2011.

[2] 章太炎. 在被袁世凯幽禁期间的国学演说 [M]// 章念驰. 章太炎演讲集. 上海：上海人民出版社，2011.

[3] 章太炎. 国故论衡 [M]. 长沙：岳麓书社，2013.

[4] 章太炎. 国学概论 [M]. 长沙：岳麓书社，2009.

[5] 章太炎. 国学讲演录 [M]. 长沙：岳麓书社，2009.

[6] 章太炎. 菿汉三言 [M]. 虞云国点校，上海：上海书店出版社，2011.

[7] 章太炎. 章太炎全集（訄书初刻本、訄书重订本、检论）[M]. 朱维铮点校，上海：上海人民出版社，2014.

[8] 康有为. 万木草堂口说（外三种）[M]. 姜义华，张荣华编校，北京：中国人民大学出版社，2010.

[9] 梁启超. 墨子学案 [M]. 上海：商务印书馆，1921.

[10] 梁启超. 墨子学案 [M]// 饮冰室合集·专集之三十九（第11册）. 北京：中华书局，2015.

[11] 梁启超. 墨经校释 [M]. 上海：中华书局，1936.

[12] 梁启超. 墨子之论理学 [M]// 饮冰室合集·专集（第10册）. 北京：中华书局，2015.

[13] 梁启超. 子墨子学说 [M]// 饮冰室合集·专集之三十七（第10册）. 北京：中华书局，2015.

[14] 梁启超. 梁启超论诸子百家 [M]. 北京：商务印书馆，2012.

[15] 梁启超. 中国近三百年学术史 [M]// 饮冰室合集·专集之七十五（第17册）. 北京：中华书局，2015.

[16] 梁启超. 中国之武士道 [M]// 饮冰室合集·专集之二十四（第6册）. 北京：中华书局，2015.

[17] 梁启超. 国学小史 [M]. 北京：商务印书馆，2014.

[18] 梁启超. 先秦政治思想史 [M]//饮冰室合集·专集之五十(第13册). 北京: 中华书局，2015.

[19] 梁启超. 先秦政治思想史 [M]. 北京：商务印书馆，2014.

[20] 梁启超. 先秦政治思想史 [M]. 北京：中华书局，2016.

[21] 梁启超. 清代学术概论 [M]. 北京：中华书局，2011.

[22] 梁启超. 论中国学术思想变迁之大势 [M]. 上海：上海古籍出版社，2001.

[23] 胡适. 中国哲学史大纲（卷上，古代哲学史）[M]. 上海：商务印书馆，1919.

[24] 胡适. 中国哲学史大纲 [M]. 北京：商务印书馆，2011.

[25] 胡适. 墨家哲学 [M]// 欧阳哲生. 胡适文集（12）. 北京: 北京大学出版社，2013.

[26] 胡适. 先秦名学史 [M]// 欧阳哲生. 胡适文集（6）. 北京: 北京大学出版社，2013.

[27] 胡适. 中国古代哲学史 [M]// 欧阳哲生. 胡适文集（6）. 北京：北京大学出版社，2013.

[28] 胡适. 中国中古思想史长编 [M]// 欧阳哲生. 胡适文集（6）. 北京：北京大学出版社，2013.

[29] 胡适. 中国中古思想小史 [M]// 欧阳哲生. 胡适文集（6）. 北京：北京大学出版社，2013.

[30] 胡适. 诸子不出于王官论 [M]// 欧阳哲生. 胡适文集（2）. 北京：北京大学出版社，2013.

[31] 胡适.《墨子·小取》篇新诂 [M]// 欧阳哲生. 胡适文集（2）. 北京：北京大学出版社，2013.

[32] 胡适. 读《吕氏春秋》[M]// 欧阳哲生. 胡适文集（4）. 北京：北京大学出版社，2013.

[33] 胡适. 中国思想史 [M]. 上海：华东师范大学出版社，2014.

[34] 李季. 胡适《中国哲学史大纲》批判 [M]. 上海：神州国光社，1931.

[35] 陈柱. 诸子概论 [M]. 上海：华东师范大学出版社，2015.

[36] 陈柱. 子二十六论 [M]. 上海：华东师范大学出版社，2015.

[37] 陈柱. 老学八篇 [M]. 上海：商务印书馆，1928.

[38] 陈柱. 墨学十论 [M]. 上海：华东师范大学出版社，2015.

[39] 吕思勉. 先秦学术概论 [M]. 上海：世界书局，1933.

[40] 郎擎霄. 老子学案 [M]. 上海：大东书局，1926.

[41] 程辟金. 老子哲学的研究和批评 [M]. 上海：民智书局，1923.

[42] 刘其宣. 老子学案 [M]. 南京：京华印书局，1934.

[43] 王恩洋. 老子学案 [M]. 上海：佛学书局，1937.

[44] 历劫余生. 老子研究与政治 [M]. 上海：中国图书杂志公司，1939.

[45] 大同. 老子哲学 [M]. 上海：大法轮书局，1947.

[46] 汤漳平，王朝华译注. 老子 [M]. 北京：中华书局，2014.

[47] 陈鼓应. 老子注译及评价（修订增补本）[M]. 北京：中华书局，2009.

[48] 熊铁基，刘韶军，刘筱红，吴琦，刘固盛. 二十世纪中国老学 [M]. 福州：福建人民出版社，2002.

[49] 刘固盛，刘韶军，肖海燕. 近代中国老庄学 [M]. 福州：福建人民出版社，2014.

[50] 李程. 近代老学研究 [M]. 武汉：武汉大学出版社，2008.

[51] 张默生. 先秦道家哲学研究 [M]. 济南：山东文化学社，1933.

[52] 杨伯峻. 列子集释 [M]. 北京：中华书局，2012.

[53] 严北溟，严捷译注. 列子译注 [M]. 上海：上海古籍出版社，2016.

[54] 顾实. 杨朱哲学 [M]. 长沙：岳麓书社，2012.

[55] 孙诒让. 墨子间诂 [M]. 孙启治点校，北京：中华书局，2001.

[56] 王桐龄. 儒墨之异同 [M]. 北平：北平文化学社，1922.

[57] 伍非百. 墨子大义述 [M]. 南京：国民印务局，1933.

[58] 栾调甫. 墨子研究论文集 [C]. 北京：人民出版社，1957.

[59] 方授楚. 墨学源流 [M]. 上海：中华书局，1937.

[60] 方授楚. 墨学源流 [M]. 北京：商务印书馆，2015.

[61] 蔡尚思. 墨子思想体系 [M]// 中国古代学术思想史论. 上海：上海古籍出版社，2013.

[62] 唐敬杲. 墨子 [M]. 武汉：崇文书局，2014.

[63] 张纯一. 墨子间诂笺 [M]. 北京：知识产权出版社，2015.

[64] 支伟成. 墨子综释 [M]. 北京：知识产权出版社，2013.

[65] 钱穆. 墨子 [M]. 北京：九州出版社，2011.

[66] 方勇译注. 墨子 [M]. 北京：中华书局，2015.

[67] 孙中原. 墨学七讲 [M]. 北京：中国人民大学出版社，2013.

[68] 郑杰文. 20世纪墨学研究史 [M]. 北京：清华大学出版社，2002.

[69] 谭家健，孙中原. 墨子今注今译 [M]. 北京：商务印书馆，2009.

[70] 郎擎霄. 孟子学案 [M]. 上海：商务印书馆，1928.
[71] 方勇译注. 孟子 [M]. 北京：中华书局，2015.
[72] 陈登元. 荀子哲学 [M]. 上海：商务印书馆，1928.
[73] 方勇，李波译注. 荀子 [M]. 北京：中华书局，2015.
[74] 陈烈. 法家政治哲学 [M]. 上海：华通书局，1929.
[75] 谢无量. 韩非 [M]. 上海：中华书局，1932.
[76] 曹谦. 韩非法治论 [M]. 上海：中华书局，1948.
[77] 陈启天. 中国法家概论 [M]. 上海：中华书局，1936.
[78] 石磊译注. 商君书 [M]. 北京：中华书局，2011.
[79] 罗根泽. 管子探源 [M]. 长沙：岳麓书社，2010.
[80] 司马琪. 十家论管 [M]. 上海：上海人民出版社，2008.
[81] 李山，轩新丽译注. 管子 [M]. 北京：中华书局，2019.
[82] 郭沫若. 十批判书 [M]. 北京：人民出版社，1954.
[83] 高维昌. 周秦诸子概论 [M]. 上海：商务印书馆，1930.
[84] 嵇文甫. 先秦诸子思想述要 [M]. 北平：北平开拓社，1932.
[85] 胡耐安. 先秦诸子学说 [M]. 上海：北新书局，1936.
[86] 杜守素. 先秦诸子思想 [M]. 上海：生活书店，1946.
[87] 钱穆. 先秦诸子系年 [M]. 北京：九州出版社，2011.
[88] 罗焌. 诸子学述 [M]. 上海：华东师范大学出版社，2008.
[89] 江瑔. 读子卮言 [M]. 上海：华东师范大学出版社，2011.
[90] 蒋伯潜. 诸子通考 [M]. 长沙：岳麓书社，2010.
[91] 蒋伯潜. 诸子学纂要 [M]. 北京：首都经济贸易大学出版社，2017.
[92] 傅斯年. 战国子家叙论 [M]. 上海：上海古籍出版社，2012.
[93] 熊梦. 晚周诸子经济思想史 [M]. 北京：知识产权出版社，2013.
[94] 宋洪兵. 国学与近代诸子学的兴起 [M]. 桂林：广西师范大学出版社，2010.
[95] 谢无量. 中国哲学史（第一编下）[M]. 上海：中华书局，1916.
[96] 陈元德. 中国古代哲学史 [M]. 上海：中华书局，1937.
[97] 赵兰坪. 中国哲学史（上卷）[M]. 上海：上海国立暨南学校出版部，1925.
[98] 陈鼓应. 中国哲学创始者——老子新论 [M]. 北京：中华书局，2015.
[99] 冯友兰. 中国哲学史（上）[M]. 重庆：重庆出版社，2009.
[100] 李石岑. 中国哲学十讲 [M]. 北京：中华书局，2015.

[101] 陈安仁. 中国政治思想史大纲 [M]. 上海：商务印书馆，1930.

[102] 杨幼炯. 中国政治思想史 [M]. 上海：商务印书馆，1937.

[103] 唐庆增. 中国经济思想史 [M]. 北京：商务印书馆，2010.

[104] 蔡元培. 中国伦理思想史 [M]. 南京：江苏文艺出版社，2007.

[105] 罗检秋. 近代诸子学与文化思潮 [M]. 北京：中国社会科学出版社，1997.

[106] 杨朝明，宋立林. 孔子家语通解 [M]. 济南：齐鲁书社，2013.

[107] 杨伯峻. 论语译注 [M]. 北京：中华书局，2017.

[108] 伍启元. 中国新文化运动概观 [M]. 合肥：黄山书社，2008.

[109] 常乃惪. 中国的文化与思想 [M]. 北京：中华书局，2012.

[110] 张君劢，等. 科学与人生观 [M]. 合肥：黄山书社，2008.

[111] 林毓生. 中国传统的创造性转化（增订本）[M]. 北京：生活·读书·新知三联书店，2011.

[112] 王中江. 进化主义在中国的兴起（增补版）[M]. 北京：中国人民大学出版社，2010.

[113] 姜义华. 社会主义学说在中国的初期传播 [M]. 上海：复旦大学出版社，1984.

[114] 黄克武. 近代中国的思潮与人物 [M]. 北京：九州出版社，2012，

[115] 陈勇，谢维扬. 中国传统学术的现代转型 [M]. 上海：上海人民出版社，2011.

[116] 郑师渠. 思潮与学派：中国近代思想文化研究 [M]. 北京：北京师范大学出版社，2005.

[117] 章清. "胡适派学人群"与现代中国的自由主义 [M]. 上海：上海古籍出版社，2004.

[118] 郑大华，邹小站. 中国近代史上的自由主义 [M]. 北京：社会科学文献出版社，2008.

[119] 罗志田. 道出于二：过渡时代的新旧之争 [M]. 北京：北京师范大学出版社，2014.

[120] 罗志田. 权势转移：近代中国的思想与社会（修订版）[M]. 北京：北京师范大学出版社，2014.

[121] 邓秉元. 新文化运动百年祭 [M]. 上海：上海人民出版社，2019.

[122] 刘东，文韬. 审问与明辨：晚清民国的"国学"论争 [M]. 北京：北京大学出版社，2012.

后　　记

本书属于上海市高峰学科建设计划复旦大学中国史学科系列项目之一，感谢复旦大学历史学系中国近现代史教研室的大力支持。

本书是《现代性的本土回响：近代杨墨思潮研究》（世界图书出版公司2015年版）的姊妹篇，考察的范围由近代杨朱思潮、近代墨学思潮进一步向整个近代新子学思潮延伸，考察的对象是近代新子学话语体系的生成原因、脉络、理念、方法、内容、成就、局限、影响等，考察的重点是新文化运动及其领军人物陈独秀、胡适、梁启超等，也关注章太炎对近代新子学话语体系的建构，特别关注西方学理的影响及其本土化的效果。

本书的写作得到我爱人颜英的鼎力支持，她也参与了部分书稿的资料搜集与讨论，我受益匪浅。

何爱国

2020年7月